Brigitte Dyck

30 Fragen, die dein Leben bereichern

Brigitte Dyck

30 Fragen, die dein Leben bereichern

Dein Turbo für mehr Klarheit, Wachstum und außergewöhnlichen Erfolg

WILEY

WILEY-VCH GmbH

1. Auflage 2025

Bibliografische Information der Deutschen Nationalbibliothek

Die Deutsche Nationalbibliothek verzeichnet diese Publikation in der Deutschen Nationalbibliografie; detaillierte bibliografische Daten sind im Internet über http://dnb.d-nb.de abrufbar.

Print ISBN: 978-3-527-51228-7
ePub ISBN: 978-3-527-85295-6

Umschlaggestaltung: Susan Bauer, Heddesheim
Coverbild: Cagkan – stock.adobe.com
Autorenbild: Kitty Fried
Satz: Straive, Chennai, India
Druck und Bindung: CPI books GmbH Leck, Germany

Inhalt

> »Erfolgreiche Menschen stellen bessere Fragen, als Resultat bekommen sie bessere Antworten.«
>
> Tony Robbins

Vorwort

Eigentlich hätte ich für dieses Vorwort gar keine Zeit gehabt. Aber dann kam Brigitte Dycks Buch *30 Fragen, die dein Leben bereichern* in meine Hände – und plötzlich war alles anders. Ein einziges Blatt genügte, um zu spüren: Dieses Buch ist eine Ausnahme.

Brigitte Dyck hat etwas geschaffen, das weit mehr ist als eine bloße Sammlung kluger Fragen. Es ist eine Einladung, tiefer zu blicken – in die Welt der Kommunikation und, noch wichtiger, in uns selbst. Dieses Buch ist ein Schatz für die Selbstreflexion. Mit beeindruckender Klarheit und feinem Gespür zeigt sie uns Wege, die uns aus der Komfortzone oberflächlicher Antworten hinausführen.

Sie nimmt uns an die Hand und führt uns durch das alltägliche Labyrinth von Unsicherheit und Unentschlossenheit, ohne jemals belehrend zu wirken. Vielmehr öffnet sie Türen – zu Aha-Momenten, tiefem Nachdenken und einem Verständnis für unser neues Selbst.

Was mich besonders begeistert hat, ist die Leichtigkeit, mit der Brigitte Dyck selbst tiefgründige Themen aufgreift. Sie macht Mut, Verantwortung für sich und die eigenen Entscheidungen zu übernehmen. Dieses Buch ist gleichermaßen ein Kompass für Führungskräfte genauso wie für alle, die sich selbst führen und weiterentwickeln wollen. Die Fragen und Beispiele sind wie kleine Wegweiser: Sie führen zu Klarheit, Entschlossenheit und einem harmonischeren Miteinander.

Für mich ist *30 Fragen, die dein Leben bereichern* eine der wichtigsten Entdeckungen des Jahres – eine Quelle der Inspiration. Es wird meinen beruflichen Alltag begleiten und ich bin mir sicher, auch den meiner Kunden und Klienten, denen ich es wärmstens ans Herz legen werde.

Ich wünsche allen Leserinnen und Lesern nicht nur viel Freude bei der Lektüre, sondern auch eine erkenntnisreiche Reise zu sich selbst.

Werner Katzengruber

Einleitung

Warum sind oft die einfachsten Fragen die, die wir nie stellen? Hast du dich jemals gefragt, wie anders dein Leben verlaufen würde, wenn du die richtigen Fragen stellen würdest – an andere, aber auch an dich selbst?

In unserer dynamischen und zuweilen hektischen Welt sprechen wir oft endlos, doch die echten, einfachen Fragen bleiben unausgesprochen. In all den Jahren als Kommunikationstrainerin und Coach habe ich genau das beobachtet: Es sind nicht die komplexen Fragen, die uns weiterbringen – es sind die einfachen, die naheliegenden Fragen, die wir so oft übersehen.

Gerade diese Fragen haben die Kraft, ganze Gespräche, Beziehungen und sogar unser Leben zu verändern. Statt im Gespräch zu interpretieren und Vermutungen über das Gemeinte anzustellen, hältst du mit diesem Buch nun deinen Turbo in der Hand für mehr Klarheit, Wachstum und außergewöhnlichen Erfolg.

Was wäre, wenn du genau die Fragen kennen würdest, die eine echte Veränderung auslösen?

Dieses Buch ist eine Einladung, dir selbst und anderen die Fragen zu stellen, die wirklich zählen. Also, willkommen zu *30 Fragen, die dein Leben bereichern*. Ich habe dir genau die Fragen zusammengestellt, die deinem Führungs- und Privatleben mehr Tiefe und Schärfe verleihen. Jede Frage ist inspiriert von wahren Erlebnissen und Herausforderungen aus dem Alltag und der Arbeitswelt. Die Protagonist:innen und Situationen sind allerdings so vermischt und verändert, dass selbst Beteiligte sie nicht erkennen. Die Geschichten sind lebendig, humorvoll und manchmal überraschend – genau wie die Fragen selbst. Und das Beste: Diese Fragen sind nicht nur theoretisch – du kannst sie sofort anwenden und wirst ihre Wirkung spüren.

Dieses Buch ist keine Pflichtlektüre von vorne bis hinten. Folge deiner Neugier, blättere zu den Kapiteln, die dich spontan ansprechen. Ich lade dich ein, nimm dir nach jedem Kapitel Zeit, um die Frage auszuprobieren. Beobachte, was sich verändert – in dir und um dich herum. Lass dich überraschen, wie mächtig eine einfache Frage sein kann.

Das ist meine Gebrauchsanweisung für die *30 Fragen, die dein Leben bereichern.* Aber lass uns gleich mit deinem ersten kleinen »FragenQuickie« starten: **»Was macht für dich ein wirklich gutes Gespräch aus?«** Klingt einfach, oder? Aber wenn du dir diese Frage eine Woche lang jeden Morgen stellst, wirst du merken, wie sich kleine, unmerkliche Veränderungen in deiner Kommunikation einschleichen – Veränderungen im Kontakt mit anderen und dir selbst, die einen großen Unterschied machen.

Also, auf was wartest du? Tauche ein in die Fragen, die dein Leben bereichern werden!

1 Was ist dein Return on Time Invest (RoTI)?

Was dir dieser FragenQuickie bringt:
Effektivität – Zeitgewinn – Lebensqualität

Jedes meiner Seminare startet folgendermaßen, also nach der Begrüßung, Agenda etc.:

»Ich bin davon überzeugt, dass wir zwei Dinge im Leben ganz genau wissen. Wir wurden irgendwann geboren und wir werden irgendwann sterben. Das scheint bei allen so zu sein. Aber was wir dazwischen machen, obliegt allein uns. Klar, werdet ihr jetzt sagen, aber ich habe Familie, ein Haus, ich muss arbeiten und mich kümmern. Ich kann nicht einfach ein Jahr nach Thailand gehen und am Strand liegen. Hm, ja, und gleichzeitig triffst du diese Wahl. Jeden Tag. Du könntest schon, entscheidest dich allerdings für das, was dir im Moment wichtiger ist. Dennoch frage ich mich immer wieder: Mal angenommen, ich sterbe mit 104, was ist mein Return on Time Invest? Hat sich mein Leben gelohnt? Was habe ich getan, gelassen, gedacht, gefühlt, dass ich nun, mit 104, weiß, diese Aspekte in meinem Leben haben sich gelohnt? Und jetzt kommen Time und Invest rein. Ich frage mich dann, was muss passieren oder kann ich tun, damit sich mein Leben gelohnt hat?

Und hier im Seminar frage ich euch: Was muss passieren, dass ihr sagt, das Seminar hat sich absolut gelohnt? Nicht, war schon okay, oder joaaa, passt schon. Nein, das hat sich absolut gelohnt.«

Und dann kommen die Ideen …

Als selbstständige Moderatorin und Trainerin bin ich voller Tatendrang. Vor einigen Jahren nahm ich jede Gelegenheit wahr, neue Projekte an Land zu ziehen, Netzwerktreffen zu besuchen und jede Anfrage sofort zu beantworten. Mein Kalender war voll und ich fühlte mich ständig beschäftigt – doch nach einigen Monaten merkte ich, dass ich nicht wirklich vorankam. Trotz all meiner Bemühungen schien der große Durchbruch in meiner Selbstständigkeit auszufallen.

Eines Tages saß ich wieder über einer Einladung zu einem Netzwerk-Event, als mir auffiel, dass ich mir nie wirklich die Frage gestellt hatte: **Was bringt mir diese Zeitinvestition?** Würde dieses Event neue, relevante Kontakte bringen? Würden daraus Aufträge entstehen? Ich war immer »beschäftigt«, aber nicht unbedingt produktiv.

Ein Blick auf meine letzten Monate zeigte mir, dass ich viel Zeit in Aktivitäten gesteckt hatte, die zwar beschäftigt wirkten, aber keinen echten Return on Time Invest (RoTI) lieferten. Statt mich auf hochwirksame Aufgaben zu konzentrieren – wie die Vermarktung meiner Online Leadership Academy oder die gezielte Akquise von Kunden, die wirklich zu meinem Profil passen –, hatte ich viel Zeit in allgemeine Netzwerktreffen und kleinere Aufgaben investiert, die wenig zur Entwicklung meines Geschäfts beitrugen.

Mein Learning daraus war eindeutig: Ich musste klar priorisieren und mich bei jeder Aktivität fragen, **welchen Mehrwert sie mir wirklich bringt**. Ich begann, meine Zeit anders zu strukturieren, setzte mir klare Ziele und investierte in Aktivitäten, die direkt zu meinem Wachstum als Moderatorin und Trainerin führten – sei es durch hochwertige Trainingsentwicklung, gezielte Kundenakquise oder strategische Partnerschaften.

Schließlich war ich nicht nur beschäftigt, sondern wirklich effektiv und sah endlich Fortschritte in meinem Geschäft.

Wenn du dich im Geschäft und im Privaten *nicht* nach deinem Return on Time Invest (RoTI) fragst, könnte das sowohl deine Produktivität als auch deine Lebensqualität beeinträchtigen. Ohne die Frage nach dem RoTI läufst du Gefahr, deine Zeit für Tätigkeiten zu nutzen, die wenig oder keinen echten Mehrwert bringen – sowohl im Beruf als auch im Privatleben. Du könntest in Aufgaben versinken, die zwar viel Zeit in Anspruch nehmen, aber keinen oder nur geringen Nutzen liefern. Also nicht falsch verstehen: Ein Abend mit Chips auf der Couch und Trash TV ist für die Entspannung eine gut investierte Zeit. Machst du das fünf Abende hintereinander, darfst du dich von nun an fragen: **Was ist mein RoTI?** Verbringe ich Zeit mit Aktivitäten, die zu meinem Wohlbefinden oder meinen langfristigen Zielen beitragen? Oder vernachlässige ich als Couchpotato möglicherweise wichtigere, wertvollere Aktivitäten? Nutze ich meine wertvolle Lebenszeit für Dinge, die mir auf lange Sicht wirklich wichtig sind, wie Familie, persönliche Weiterentwicklung oder Erholung?

Klar ist spätestens nach dem Gedanken, dass Zeit eine begrenzte Ressource ist, dass die **Frage nach deinem RoTI** ein großer Invest in dich selbst ist. Wenn du dich *nicht* nach dem RoTI fragst, riskierst du, Zeit in Aktivitäten zu investieren, die nicht zum gewünschten Ergebnis führen. Das setzt voraus, dass du dir Gedanken um deine gewünschten Ergebnisse im Leben machst.

Wollen wir etwas spiritueller werden – spirituell, nicht esoterisch. Lass dich drauf ein, auf eine Geschichte, die zwar fiktiv und gleichzeitig bemerkenswert ist:

In einem abgelegenen Bergdorf lebte ein weiser Mönch namens Tao. Eines Tages kam der junge Reisende Jorin zu ihm, erschöpft von all den Projekten und Zielen, die er verfolgte, doch ohne das Gefühl, wirklich voranzukommen.

Tao führte Jorin zu einem Fluss und sagte: »Schau dir das Wasser an. Es gibt viele Steine, aber nur die berührten werden von Bedeutung geformt. So ist es auch mit deiner Zeit. Frage dich: *Was ist mein Return on Time Invest?* Nicht jede Aufgabe bringt dir echten Wert.«

Er ließ einen Stein ins Wasser fallen und sah die Wellen sich ausbreiten. »Überlege weise, wofür du deine Zeit investierst. Dein Wachstum kommt nur, wenn du das Wesentliche fokussierst.«

Jorin erkannte, dass er sich zu oft in Nebensächlichkeiten verlor. Er beschloss, sich auf das zu konzentrieren, was wirklich zählte, und fand so Erfüllung und Erfolg.

Wenn du *nicht* bewusst priorisierst und den RoTI berücksichtigst, könntest du in eine ständige »Beschäftigung« verfallen – immer beschäftigt, aber nicht unbedingt produktiv. Das führt klar zur Überforderung und einem Gefühl, nie genug zu schaffen, weil du deine Zeit nicht gezielt auf die wichtigsten Aufgaben und Aktivitäten fokussierst. Hast du schon mal einen Burnout gehabt? Oder dich nur leer gefühlt, weil du so voll warst mit Dingen? Ja, dann weißt du, wovon ich rede. Ich selbst war tief gefallen und mich hatte er kräftig erwischt, dieser Burnout. Und daher kann ich dir sagen, es dauert viel, viel, viel, viel länger, da wieder rauszukommen, als sich vorher immer mal wieder die Zeit zu nehmen und zu fragen: **Was ist der Return on MY Time Invest?** Stell dir die Frage immer wieder und damit wirst du merken, dass du viel mehr deinen Fokus auf Aktivitäten lenkst, die wirklich wertschöpfend oder zukunftsorientiert sind, die dir Chancen bieten. Und diese Chancen, die plötzlich da sind, werden dein Leben bereichern. Das verspreche ich dir. Ist ja auch logisch. Denn schon Albert Einstein sagte einst:

> **»Die reinste Form des Wahnsinns ist es, alles beim Alten zu lassen und gleichzeitig zu hoffen, dass sich etwas ändert.«**

Kurz gesagt: Ohne die Frage nach dem RoTI verlierst du leicht den Überblick über die wirklich wertvollen Aktivitäten und riskierst, deine Zeit ineffizient zu nutzen, was zu geringerem Erfolg und weniger Zufriedenheit führt.

So weit für dich selbst. Lass uns noch schauen, wie du diese Frage bei anderen Menschen anwenden kannst.

Ein Freund überlegt, Zeit in ein Hobby zu investieren, das ihn nicht wirklich erfüllt, oder nimmt an vielen sozialen Ereignissen teil, obwohl es ihn stresst. Du könntest fragen: »**Was bringt dir das?** Gibt es etwas anderes, das dir mehr Wert und Zufriedenheit bringt?«

Ein Mentee erwägt, Zeit in eine neue Weiterbildung zu investieren. Du könntest fragen: »**Was ist der RoTI für dich?** Wirst du durch diese Weiterbildung die nächsten Schritte in deiner Karriere besser erreichen?« Damit motivierst du dein Gegenüber, in Aktivitäten zu investieren, die langfristig den größten Einfluss auf die berufliche oder persönliche Entwicklung haben.

Ein Kollege möchte eine komplexe neue Marketingstrategie umsetzen, aber du stellst die Frage: »**Was ist der RoTI für diese Maßnahme?** Gibt es einen Weg, um Zeit effizienter zu nutzen und die gleichen oder bessere Ergebnisse zu erzielen?« Die Frage nach der Effizienz und Wirkung im Projekt stellt sicher, dass unnötige oder weniger wertvolle Schritte vermieden werden.

Und final eines meiner Lieblingsbeispiele, weil es so häufig passiert. Du oder dein:e Kollege/Kollegin bekommt einen Meetingtermin nach dem anderen eingestellt. »**Was ist jeweils der Return on Time Invest?**« Könnt ihr wirklich etwas mitnehmen oder etwas beitragen in den Meetings? Ich nehme hier bewusst die Mehrzahl, denn es gibt so viele Meetings, an denen die Menschen nur halbherzig teilnehmen. Die Frage, ob du wirklich weiterhelfen kannst oder einen Mehrwert bietest, ist grundlegend. Bringe dich und andere dazu, Meetings und Events bewusster zu wählen und nur dann zu handeln, wenn ein klarer Mehrwert vorhanden ist. Damit wirst du effizienter und kannst deine Aufgaben mit einem besseren Verhältnis zwischen Zeitaufwand und Nutzen erledigen.

Die Frage nach dem **Return on Time Invest (RoTI)** – auch der »Rendite« auf die investierte Zeit – richtet sich gezielt danach, den Wert oder Nutzen zu bewerten, der im Verhältnis zur Zeit entsteht, die in eine bestimmte Aufgabe oder Aktivität investiert wurde. Sie ist eine Art Erweiterung des bekannten Konzepts »Return on Investment« (ROI), das sich auf finanzielle Renditen bezieht, jedoch liegt der Fokus hier auf der Ressource Zeit.

Du fragst dich bei einer Fastenkur, an der du sieben Tage nur trinkst und nicht isst, ja auch, ob es den gewünschten Effekt wie Entgiftung, Entschlackung etc. hat. Oder der Invest in dein Aktienportfolio, bei jedem Kauf fragst du dich: Bringt mir diese Aktie, dieser ETF oder ein anderer Invest etwas für meine finanzielle Freiheit?

Bevor du einen Laptop kaufst, fragst du dich automatisch: »Was bekomme ich für mein Geld?« Du bewertest, ob der Laptop die Funktionen bietet, die du brauchst, ob er leistungsstark genug ist und wie lange er dir nützlich sein wird. Du möchtest sicherstellen, dass der Wert des Produkts den Preis rechtfertigt.

Ähnlich kannst du im Kontext der Zeit fragen: »Was bekomme ich für meine investierte Zeit?« Anstatt nur Geld investierst du hier Lebenszeit als Ressource und möchtest sicherstellen, dass der Nutzen – ob beruflich oder privat – den Aufwand wert ist.

Kurzer Gedanke dazu: Lebenszeit ist im Grunde deine einzige Währung, denn die setzt du in jeder Minute, bei jeder Tätigkeit und Untätigkeit ein. Lebenszeit ist das Einzige, was begrenzt ist in deinem Leben.

Der RoTI-Ansatz zwingt dich, deine Aufgaben danach zu bewerten, welche einen echten Nutzen bringen. Anstatt einfach der Reihe nach zu arbeiten oder das Dringendste zuerst zu erledigen, fragst du dich: »Welcher Nutzen entsteht durch diese Aufgabe im Verhältnis zur investierten Zeit?« Es hilft dir, Prioritäten klar zu definieren und deine Zeit in die Aktivitäten zu investieren, die am meisten bringen – sei es in Bezug auf Produktivität, persönliches Wachstum oder Zielerreichung.

Jeder Tag, jede Stunde, jeder Moment ist ein Tropfen in den Fluss deines Lebens. Du kannst ihn nicht zurückholen, aber du kannst entscheiden, wohin er fließt. Frage dich: **Was ist der wahre Wert meiner investierten Zeit? Was ist MEIN RoTI?** Ist die Zeit gut angelegt, was dir tiefen Frieden, Erfüllung und Wachstum bringt? Oder rinnt sie unbemerkt durch deine Finger, verloren an das Unwesentliche? Die Antwort darauf entscheidet, ob du wirklich lebst – oder nur die Tage zählst.

Halte inne, spüre nach und richte deine Zeit auf das, was dir tiefen Sinn schenkt! Denn was du heute investierst, formt den Fluss deines Lebens.

2 Ist das eine Frage oder eine Aussage?

Was dir dieser FragenQuickie bringt:
Klarheit – Freiheit – Präzision

Lara, meine Coachingklientin aus einem mittelständischen Unternehmen, das medizinische Geräte entwickelt, saß eines Morgens verwirrt in unserem Online-Meeting. Die Haltung geknickt, die Stimme piepsig. Sie ist eine ambitionierte junge Mitarbeiterin im Vertrieb und berichtete, dass sie verunsichert über die Kommunikation von ihrem Chef sei.

»Ich saß an meinem Schreibtisch und arbeitete mich durch meine E-Mails. Mein Chef kam mit zügigen Schritten auf mich zu. Mit einem Lächeln auf den Lippen, das er oft trug, aber nie ganz seine Eile verbarg, sagte er: ›Könntest du heute den Kunden vom Pharmakonzern anrufen?‹

Ich sah auf«, berichtetet sie, »und antwortete: ›Natürlich, Herr Müller‹, doch in meinem Inneren war ich verwirrt. **War das eine Anweisung oder eine Frage?** Wollte er, dass ich es unbedingt erledigte, oder fragte er mich nur, ob ich es für möglich hielt? Ich wollte nicht unhöflich wirken, also fragte ich nicht nach. Stattdessen widmete ich mich anderen Aufgaben, in der Hoffnung, dass sich die Bedeutung seiner Worte später klären würde.« Sie schaute mich noch immer verwirrt an, also munterte ich sie auf, weiterzuerzählen.

Doch zuvor schauen wir hinter die Kulissen. Woran liegt es, wenn Anweisungen in einer fragenden oder unsicheren Weise formuliert sind? Da stelle ich mir natürlich sofort die Frage, hängt es am Sender oder am Empfänger? Wer ist eigentlich verantwortlich für Nachrichten?

Im Normalfall sind sowohl der Sender als auch der Empfänger verantwortlich, aber auf unterschiedliche Weise: Der Sender ist dafür verantwortlich, seine Nachricht klar, präzise und verständlich zu formulieren. Dies bedeutet, dass er sich Gedanken darüber machen muss, wie er seine Botschaft so codiert (also in Worte oder Symbole kleidet), dass sie vom Empfänger richtig interpretiert werden kann. Er muss auch die Kontextfaktoren (zum Beispiel Kultur, Situation, emotionale Lage des Empfängers) berücksichtigen, um sicherzustellen, dass die Nachricht nicht missverstanden wird. Wichtig ist in diesem Zusammenhang, dass der Sender auch auf Feedback achtet, um zu prüfen, ob seine Nachricht richtig angekommen ist und verstanden wurde.

Der Empfänger trägt die Verantwortung, die Nachricht aktiv und aufmerksam zu empfangen. Das bedeutet, dass er sich bemühen muss, die Botschaft zu decodieren (also den Sinn der Nachricht zu verstehen). Er ist dafür verantwortlich, Rückfragen zu stellen oder Feedback zu geben, falls die Nachricht unklar ist oder Missverständnisse bestehen. Durch das Feedback wird der Sender darüber informiert, wie die Nachricht verstanden wurde. Wenn es zu Missverständnissen kommt, liegt die Verantwortung oft bei beiden Parteien.

Genau das war aus meiner Sicht bei Lara und ihrem Chef der Fall: Anstatt klar und direkt zu sein, wirkte die Anweisung auf Lara wie eine Bitte oder ein Vorschlag, wodurch die Verbindlichkeit verloren ging. Menschen reagieren oft auf klare, entschiedene Aussagen. So auch hier.

Sicherlich kannst du aus dem Stand eine Person benennen, die Anweisungen vage bzw. wie eine Frage formuliert. Fühlst du dich dann dazu verpflichtet, diese umzusetzen? Erkennst du die Dringlichkeit oder Relevanz? Da hilft nur eines: Rückfragen stellen. Sobald ich verunsichert bin, weil ich keinen blassen Schimmer habe, ob das nun eine Frage oder eine Anweisung ist, frage ich nach. Und zwar genau so! Gerade heute habe ich eine Keynote gehalten mit der Quintessenz: Das Wissen um das Nichtwissen ist keine Schwäche, sondern die größte Stärke.

Zurück zu Lara, die weitererzählte. »Die Stunden vergingen und ich bemerkte, dass Herr Müller immer unruhiger wurde. Kurz vor Feierabend kam er erneut zu mir und fragte mit einem Stirnrunzeln, ob ich den Kunden vom Pharmakonzern angerufen hätte.«

Ich spürte, wie ihr Herz schneller schlug. »Äh, nein, hatte ich natürlich nicht. Ich dachte, er hätte nur gefragt, ob ich es könnte. Ich wusste nicht, dass es dringend war. Mein Chef schloss die Augen und atmete tief durch. ›Lara‹, sagte er, ›es ist wichtig, dass wir solche Dinge klar kommunizieren. Wenn ich Ihnen eine Aufgabe gebe, dann muss das eindeutig sein. Ich hätte klarer sein sollen.‹

Diese Verwirrung führte zu einem missglückten Geschäftsabschluss, der das Unternehmen einen wichtigen Kunden kostete …«, schloss Lara und schaute etwas verschüchtert von unten nach oben.

Wenn nicht klar ist, ob es sich um eine Aussage oder eine Frage handelt, treten häufig Unklarheiten auf, die zu Missverständnissen führen. Ich erlebe es oft in meinen Begleitungen, dass der Empfänger der Nachricht nicht sicher ist, wie er reagieren soll. Das führt häufig zu falschen Annahmen und Fehlern. Wenn die Kommunikation nicht eindeutig ist, passiert es, dass Aufgaben nicht erledigt oder doppelt ausgeführt werden. Dies führt zu einer ineffizienten Nutzung von Zeit und Ressourcen. So hatte die unklare Kommunikation auch bei Lara zu Verunsicherung und Stress geführt, da sie nicht sicher war, was von ihr erwartet wurde. In anderen Fällen, die ich erlebe, führt es auch zur negativer Beeinflussung der Arbeitsmoral und Produktivität. Und wie bei Lara passiert, können solche Missverständnisse wichtige Projekte verzögern oder Kundenbeziehungen schädigen, was langfristig finanzielle und reputationsbezogene Schäden verursacht.

Nach unserem Coaching, in dem wir klärten, dass sie bei solchen Unsicherheiten die Frage **»Ist das eine Frage oder eine Aussage oder eine Ansage«?** stellen kann, sprach Lara mit ihrem Chef und sagte ihm, dass die Dringlichkeit für sie nicht deutlich wurde. Sie hatte einen hervorragend reflektierten Chef, der seine Kommunikationsweise überdachte und sich am nächsten Tag in der Teambesprechung mit dem gesamten Team zusammensetzte. »Es ist entscheidend, dass wir in unserer Kommunikation präzise sind. Ich möchte, dass wir uns alle darauf konzentrieren, Aussagen bzw. Ansage und Fragen klar zu formulieren.«

»Und nicht nur das«, sagte Lara begeistert am Telefon, als ich sie später danach fragte. »Er nannte uns auch wichtige Gründe dafür.« In ihrer Kommunikation hatten die beiden ein »Miss-Verständnis«.

Wenn du es besser machen willst, dann wird durch deine klaren Aussagen und Rückfragen die Wahrscheinlichkeit von Missverständnissen reduziert. Du oder dein Gegenüber werdet unnötige Fehler verhindern. Wenn jeder weiß, was genau von ihm erwartet wird, werden Aufgaben schneller und effektiver erledigt. Meiner Erfahrung nach wird durch die Frage **»Ist das eine Frage oder eine Aussage«** das Vertrauen im Team gefördert, da jeder sicher sein kann, dass er die richtigen Informationen hat. Die darauf folgende präzise Ausdrucksweise erleichtert die Zusammenarbeit, da alle Beteiligten die gleichen Ziele und Erwartungen haben. Wenn Fragen und Aussagen eindeutig sind, können fundierte Entscheidungen getroffen werden, die auf klaren Informationen basieren.

In der Teambesprechung bei Lara wurde dieses Thema für alle verständlich erläutert. Die Teammitglieder erkannten sich selbst in ähnlichen Situationen wieder und es war ein AHA-Erlebnis, bei Unsicherheiten die Verständnisfrage **»Ist das eine Frage oder eine Aussage bzw. Ansage?«** zu stellen. Bis heute achten alle darauf, Aussagen und Fragen so klar wie möglich zu formulieren. Die Effizienz im Büro verbesserte sich und auch die Stimmung im Team wurde besser, da jeder wusste, woran er war. Und so wurde aus einem kleinen Missverständnis eine wertvolle Lektion in klarer Kommunikation. Und wenn die Kommunikation mal nicht so klar ist, wissen alle in diesem Team, welche Rückfrage sie stellen.

Kürzlich bin ich über ein Zitat zum Thema Missverständnisse gestolpert, welches ich dir nicht vorenthalten möchte. Es stammt von George Bernard Shaw:

> **»The single biggest problem in communication is the illusion that it has taken place.« (»Das größte Problem in der Kommunikation ist die Illusion, dass sie stattgefunden hat.«)**

Dieses Zitat verdeutlicht, dass Missverständnisse oft entstehen, weil Menschen glauben, sie hätten sich erfolgreich ausgetauscht, obwohl die Nachricht nicht wirklich klar angekommen ist oder richtig verstanden wurde. Es unterstreicht die Notwendigkeit von Klarheit und Feedback in der Kommunikation, um Missverständnisse zu vermeiden.

Einen besonders heiklen Fall hatte ich in der hektischen Welt des internationalen Handels mit einem führenden Anbieter von Import- und Exportdienstleistungen. Meine Klientin Margarete, eine talentierte Mitarbeiterin im Vertriebsmanagement, ist unheimlich effizient und sehr strukturiert in ihrer Denkweise. Ich finde sie ganz fantastisch. Ihr Chef Paul schätzt ihre Arbeit sehr, hat jedoch eine Angewohnheit, die Margarete zunehmend Schwierigkeiten bereitet: Er stellt oft Aussagen als Fragen und Fragen als Aussagen dar. Mit den Auswirkungen von diesem Thema kam sie in mein Coaching.

Sie begann genervt zu erzählen: »Mein Chef kam letzte Woche morgens, während einer wichtigen Projektbesprechung, zu mir und sagte: ›Könntest du den Vertrag mit unserem neuen Partner in Shanghai durchsehen?‹ Ich nickte, nahm den Stapel Dokumente und kehrte an meinen Schreibtisch zurück. Während ich den

Vertrag prüfte, klingelte mein Telefon. Es war mein Kollege aus der Logistikabteilung, der dringend meine Hilfe benötigte. Ich war mir in dem Moment unsicher, was ich priorisieren sollte. Hatte Paul mich gebeten, den Vertrag sofort zu prüfen, oder war das eine allgemeine Bitte ohne Dringlichkeit?«

Mit diesem fragenden Blick schaute sie mich an und ich grinste ein wenig in mich hinein, da es oft diese Kleinigkeiten sind, die einen Unterschied machen. **War das eine Frage oder war das eine Aussage bzw.Ansage?** Margarete erzählte weiter, dass sie sich dafür entschied, dem Kollegen aus der Logistikabteilung zu helfen, in der Annahme, dass der Vertrag weniger dringend war. »Später am Nachmittag«, berichtete sie weiter, »klopfte Paul an meine Bürotür. ›Margarete, hast du den Vertrag durchgesehen?‹, fragte er, einen Ausdruck der Besorgnis auf seinem Gesicht. Ich sagte ihm, dass ich noch nicht damit begonnen hatte. Ich dachte, es sei keine dringende Aufgabe. Er seufzte tief und sagte mir eindringlich: ›Margarete, unser Partner in Shanghai erwartet heute eine Rückmeldung. Es ist wichtig, dass solche Aufgaben Priorität haben, wenn ich sie anspreche.‹«

Ich sah, dass Margarete sich auch im Nachgang noch ertappt fühlte und sich ärgerte über die fehlende Klarheit in der Kommunikation. Im Coaching erarbeiteten wir dann, was ihre Verwirrung ausmachte, und sie erkannte, dass sie sich nicht klar darüber war, **ob es eine Aussage oder eine Frage war.** Sie wollte ein Gespräch mit Paul vereinbaren, welches wir vorbereiteten. In diesem Gespräch erklärte Margarete ihre Verwirrung und Paul erkannte, dass seine unklare Formulierung zu diesem Missverständnis geführt hatte. Zugleich hätte sie sofort nachfragen können, ob es eine Frage oder Aussage war. Sie war immer noch verärgert über den Vorfall und gleichzeitig froh, dass sie das Thema bei ihm angesprochen hatte. Er lernte aus diesem Gespräch, dass Klarheit in seiner Kommunikation entscheidend ist, um solche Situationen zu vermeiden, und sie lernte, dass es immer wichtig ist, **nachzufragen, ob das eine Anweisung, eine Ansage oder eine Frage ist**. Zumindest hörte ich dazu nie wieder etwas.

Es gibt klare Unterschiede zwischen Aussagen und Fragen und es ist wichtig, diese zu verstehen und deutlich zu kommunizieren. Klare Aussagen weisen eine eindeutige Verantwortung zu, während klare Fragen sicherstellen, dass Unsicherheiten ausgeräumt werden. Erst wenn jeder weiß, was von ihm erwartet wird, können Aufgaben zuverlässig und effizient priorisiert und termingerecht erledigt sowie Ressourcen optimal genutzt werden. Dadurch erleben wir weniger Stress und Unsicherheiten im Team, was zur Stärkung des Vertrauens zwischen Mitarbeitenden und Führungskräften führt, da Missverständnisse minimiert werden.

Ein klares Unterscheiden zwischen Aussagen und Fragen ist daher entscheidend, um eine effiziente und effektive Kommunikation sicherzustellen und die genannten Probleme zu vermeiden.

PS: Gerade war ich mit meiner 4-Jährigen beim Einkaufen. Als sie ins Auto steigt, sage ich ihr: »Schnallst du dich bitte an?« Ihre Antwort: »Nö!« Natürlich, was sollte ich auch anderes erwarten bei ihr. Ich musste direkt in mich rein grinsen, weil ich soeben dieses Kapitel geschrieben hatte, und sagte ihr: **»Das war keine Frage, das war eine Aussage.«**

3 Willst du die ehrliche oder die sozial erwünschte Antwort?

Was dir dieser FragenQuickie bringt:
Türöffner – Feedbackkultur – Offenheit

Feedback geben und Feedback nehmen gehören zu den wichtigen Führungskompetenzen. Wie aber machen wir das? Ehrlich? Oder sozial erwünscht? Es ist manchmal eine Gradwanderung oder ganz einfach:

Es war ein sonniger Morgen, als ich das Bürogebäude eines Tech-Innovation-Kunden betrat. Ich war hier, um eine Reihe von Workshops für die Führungskräfte des Unternehmens zu leiten und ihnen zu helfen, ihre Kommunikations- und Führungsfähigkeiten zu verbessern. Nach einer intensiven Woche voller Seminare und Einzelgespräche mit den Führungskräften stand nun das Abschlussgespräch mit dem Geschäftsführer Timo auf dem Programm.

Timo war bekannt für seine zielstrebige und manchmal fordernde Art. Er begrüßte mich in seinem modernen Büro mit einem festen Händedruck und einem Lächeln. »Brigitte, ich habe viel Gutes über deine Workshops gehört. Es ist mir wichtig, dass wir uns stetig verbessern. Daher möchte ich gerne dein Feedback zu meinem Führungsstil. Sei bitte ehrlich«, sagte er und setzte sich offensichtlich voller Vorfreude an seinen Schreibtisch.

Ich setzte mich ebenfalls und fühlte einen Moment der Unsicherheit. Ich hatte in der Vergangenheit oft erlebt, dass ehrliches Feedback nicht immer willkommen war.

Ich bin Fan von ehrlichem und klaren Feedback mit Feedforward. Daher hier ein kleiner Exkurs, was es mit diesem Feedforward, oder frei übersetzt »Vorwärtsschub«, auf sich hat. Feedforward konzentriert sich nicht auf vergangene Fehler, sondern auf zukünftige Verbesserungsmöglichkeiten. Anstatt nur zu analysieren, was schiefgelaufen ist, gibt es konstruktive Vorschläge, wie das nächste Mal besser gehandelt werden kann. Das hilft der Person, sich auf positive Veränderungen und konkrete Handlungsschritte zu fokussieren. Während Feedback oft als Kritik wahrgenommen wird und demotivierend wirken kann, ist Feedforward lösungsorientiert und ermutigt zur Weiterentwicklung. Es schafft eine positive Perspektive und motiviert, weil es auf Potenzial und Optimierungsmöglichkeiten hinweist, anstatt sich auf Vergangenes zu beschränken. Feedforward stärkt die Beziehung zwischen den Gesprächspartnern, da es zeigt, dass der Fokus nicht nur auf der Bewertung der Leistung liegt, sondern auf der gemeinsamen Entwicklung von Lösungen. Das fördert eine konstruktive und partnerschaftliche Kommunikation und ebnet den Weg für eine nachhaltige Verbesserung.

Mit einem tiefen Atemzug fasste ich Mut und fragte: »Timo, **möchtest du die ehrliche oder die sozial erwünschte Antwort?**«

Timo sah mich überrascht an, ich hielt seinem Blick stand, dann erschien ein nachdenkliches Lächeln auf seinem Gesicht. »Brigitte, ich schätze deine Offenheit. Ich möchte die ehrliche Antwort. Nur so kann ich wirklich an mir arbeiten.«

Erleichtert, aber auch vorsichtig, begann ich zu sprechen. »Zunächst einmal möchte ich betonen, dass deine Vision und dein Engagement beeindruckend sind und das Team motivieren. Allerdings habe ich von einigen Führungskräften gehört, dass sie sich manchmal nicht gehört fühlen, weil für wichtige Entscheidungen zwar ihre Meinung gefragt, dann aber nicht berücksichtigt wird. Dies führt zum einen zur Verunsicherung, ob die Ideen gut genug sind, und andererseits dazu, dass sie eben nichts mehr sagen, was einem Gefühl des Desinteresses gleichkommt.«

Timo nickte, während er aufmerksam zuhörte und sich Notizen machte. »Das ist wichtig zu wissen. Ich werde daran arbeiten«, sagte er schließlich.

Ich fühlte mich erleichtert, dass Timo meine ehrliche Meinung respektvoll aufgenommen hatte. »Timo, möchtest du gern eine Idee hören, wie du hier besser agieren kannst?«, fragte ich ihn. Er wollte. Also empfahl ich ihm, die Mitarbeitenden zur Ausführung der Ideen zu befragen. »Frage die Einzelnen, was genau meinst du mit dieser Idee? Höre sie dir genau an, wenn du sie einforderst, und entscheide dann, ob sie zielführend ist oder nicht. Bitte begründe jeweils die Entscheidung. So stellst du sicher, dass deine Mitarbeiter:innen auch weiterhin Ideen liefern.«

Wenn wir Feedback nur schönreden, vergeben wir wichtige Chancen zur Verbesserung. Was helfen uns schöne Worte ohne wirklichen Inhalt, die zu einem Klima der Unehrlichkeit und untergrabenem Vertrauen führen? Ohne ehrliches Feedback bleiben unsere Schwächen unerkannt und wir können uns nicht weiterentwickeln. Aus Führungsperspektive ist es entscheidend, für psychologische Sicherheit zu sorgen. Wenn sich Mitarbeitende nicht ernst genommen fühlen und ihre ehrliche Meinung nicht gewünscht ist, steigt die Frustration. Langfristig führt ein Mangel an echtem Feedback zu einer geringeren Teamleistung, da Probleme nicht behoben werden.

Sich zu überwinden und mutig zu sein, um einem Chef die Frage zu stellen, ob er **ehrliches oder sozial erwünschtes Feedback** haben möchte, ist anfänglich herausfordernd.

Wenn du den Gewinn davontragen möchtest, brauchst du nur ein wenig Überwindung und Mut. Die Vorbereitung auf diese Frage ist insofern wichtig, als dass diese es dir erleichtert, in der konkreten Situation souverän die Frage **»Möchtest du gern die ehrliche oder die sozial erwünschte Antwort?«** zu stellen.

> **»Fragen ist die Fähigkeit, sich der Realität zu stellen.«**

Das ist meine Erfahrung, welche im Laufe der Jahre immer mehr an Gewicht gewinnt.

Erinnere dich daran, dass Feedback wichtig und wertvoll ist, sowohl für die persönliche Entwicklung als auch für das Unternehmen. Frage dich, was willst du mit dem Feedback erreichen? Wie kann dies der Person dir gegenüber und dem Unternehmen helfen? Motiviere dich selbst und spreche dir Mut zu. Frage dich immer wieder, welchen Gewinn habe ich davongetragen, als ich in vergangenen Situationen erfolgreich Feedback gegeben habe? Im Übrigen erkennt dein Gegenüber, dass du es ernst meinst mit dem Feedback, und das stärkt langfristig die Beziehung und Transparenz. Und hey, was ist das Schlimmste, das passieren kann, wenn dein Gegenüber sich selbst entscheiden kann, ob er/sie **ehrliches oder sozial erwünschtes Feedback** erhalten möchte? Er/sie hat sich für eine Option entschieden. Ermutige dich, Risiken einzugehen und dich daran zu erinnern, dass ehrliches Feedback langfristig positive Auswirkungen hat.

Wie geht es dir, wenn du nach einem Workshop oder Meeting individuelles Feedback von jedem deiner Teammitglieder einholen möchtest und keiner sagt etwas? Richtig. Entweder denkst du dir, super, ist alles in Ordnung, oder, wieso sagen sie nichts?! Ich erlebe oft, dass ich als Zwischenvariable fungiere. Meist zwischen zwei Führungsebenen. Wenn während des Feedbacks nichts gesagt wird, aber im Nachgang das gesamte Feedback zu mir als externe Coachin kommt, frage ich mich schon, woran es liegt, dass ein Feedback nicht direkt ausgesprochen wurde. Die Gründe liegen oftmals in der psychologischen Sicherheit und dem Vertrauen, welches der Führung nicht gegeben wird. Lösen lässt sich das Problem mit der ernst gemeinten Frage: **Willst du ein ehrliches oder sozial erwünschtes Feedback?**

Vor Jahren war ich ja selbst noch Mitarbeiterin und nahm an einem intensiven viertägigen Workshops zum Thema Führungskompetenzen und Kommunikationsstrategien teil. Wir Teilnehmende, allesamt (angehende) Führungskräfte und Teamleiter:innen, hatten uns aktiv beteiligt und wertvolle Einsichten gewonnen. Am letzten Tag des Workshops stand die Feedback-Runde an.

Helena, die Trainerin, versammelte die Gruppe in einem gemütlichen Besprechungsraum. Die Atmosphäre war entspannt, aber es lag eine gewisse Spannung in der Luft, als wir unsere Erfahrungen und Eindrücke teilen sollten.

Helena eröffnete die Runde mit einem Lächeln. »Ich möchte mich bei euch allen für eure aktive Teilnahme und eure Offenheit während dieser vier Tage bedanken. Jetzt würde ich gerne euer Feedback hören, damit ich weiß, was gut gelaufen ist und wo ich mich verbessern kann. Seid bitte ehrlich!«

Wir sahen uns an, einige lächelten, andere schauten etwas unsicher. Da meldete ich mich, weil ich es wichtig finde, Feedback zur Weiterentwicklung zu geben. »Helena«, sagte ich, »bevor wir anfangen, möchte ich dich etwas fragen: **Möchtest du die ehrliche oder die sozial erwünschte Antwort?**«

Ein Raunen ging durch die Gruppe und alle Augen richteten sich auf Helena. Ich hatte das Gefühl, sie einen Moment verunsichert zu haben, doch dann nickte sie bestimmt. »Brigitte, ich schätze deine Offenheit. Ich möchte die ehrliche Antwort. Nur so kann ich wirklich an mir arbeiten und künftige Workshops verbessern.«

Ich nickte und begann zu sprechen. »Gut, dann möchte ich zunächst sagen, dass deine Workshops gut strukturiert und informativ sind. Du hast uns viele nützliche Werkzeuge und Techniken vermittelt. Aber ich denke, es wäre hilfreich, wenn du mehr Zeit für praktische Übungen und Gruppenarbeiten einplanen würdest. Viele von uns lernen am besten durch praktisches Tun und manchmal fühlte sich der Theorieanteil etwas überwältigend an.« Helena machte sich Notizen und nickte zustimmend. »Danke. Das ist sehr wertvoll. Ich werde das in zukünftigen Workshops berücksichtigen.«

Vielleicht teilten durch meine Frage auch die anderen Teilnehmer ihre Gedanken. Einige lobten die interaktiven Elemente, andere wünschten sich mehr individuelle Feedback-Sessions.

Helena nahm jedes Feedback dankbar an und versprach, es in ihre Arbeit einfließen zu lassen. Nach der Feedback-Runde sprach Helena die Gruppe noch einmal an. »Ich möchte euch allen danken, dass ihr so offen und ehrlich wart. Ehrliches Feedback ist der Schlüssel zu persönlichem und beruflichem Wachstum.«

Die Frage »**Willst du die ehrliche oder sozial erwünschte Antwort?**« ist ein Türöffner für ehrliches Feedback. Dieses wiederum die Grundlage für persönliches und berufliches Wachstum aller Beteiligten. Ist diese Tür offen, so wird das Vertrauen im Team und zwischen Mitarbeitenden und Führungskräften gestärkt. Wenn du diesen Türöffner nutzt, hilft darauffolgendes konstruktives Feedback, Schwächen zu erkennen und zu beheben, was die Gesamtleistung verbessert und damit ein Klima der offenen Rückmeldung fördert – Kreativität und Innovation können entstehen, da Mitarbeitende neue Ideen und Verbesserungen vorschlagen können. Frag dich selbst: Wenn du das Gefühl hast, dass deine Meinung zählt, steigen dann deine Zufriedenheit und Motivation?

Um es krasser und für mich als alte Klarheits-Aktivistin in den Worten von Ernst R. Hauschka auszudrücken:

»Wer die Wahrheit hören will, den sollte man vorher fragen, ob er sie ertragen kann.«

Nenn es Schicksal oder sonst was. Während ich dieses Kapitel hier gerade schreibe, sitzt meine 8-jährige Tochter neben mir und malt ein Abschiedsbild für ihre Lehrerin am Ende der 2. Klasse. Sie fragt mich, ob das, was sie auf das Bild geschrieben hat, gut geschrieben ist. Oje, denke ich mir, es ist 20.30 Uhr, und sie jetzt zu verletzen, gibt ein riesiges Gejammer. An der Rechtschreibung dürfen wir noch arbeiten. Also frage ich sie mit einem Grinsen – wobei sie es natürlich nicht deuten kann: »**Willst du die ehrliche oder die erhoffte Antwort?**« Sie wollte die ehrliche Antwort und es gab kein Gejammer! Puh.

4 Ich habe es noch nicht ganz verstanden. Kannst du es bitte noch einmal erläutern?

Was dir dieser FragenQuickie bringt:
tieferes Verständnis – zielführende Kommunikation – Klarheit

In einem modernen Bürogebäude in der Innenstadt bereitete ich mich auf ein Meeting für einen neuen Auftrag vor. Wahrscheinlich würde ich diesen wichtigen Kunden gewinnen, der eine komplette Leadership-Ausbildung für Teile seines Unternehmen benötigte. Das Projekt war umfangreich und die Erwartungen hoch. »Wir möchten gern, dass die Teams irgendwie besser zusammenarbeiten. Uns ist wichtig, dass die Führungskräfte Verantwortung übernehmen. Und wir möchten, dass sie ihre Entscheidungen treffen, ohne die eigene Führungsriege mit einzubeziehen.« Aha, denke ich. Will wohl jeder.

Aber **was genau? Und wie genau soll es am Ende aussehen**? In meiner Arbeit als Moderatorin von Führungs- und Teammaßnahmen lege ich großen Wert auf das Thema Auftragsklärung. Die Jahre haben mir gezeigt, dass viele Menschen nur so in etwa wissen, was sie wollen und wohin sie wollen. Da greift dann gern mein Gedanke: ›Mir ist es besonders wichtig, ganz genau zu verstehen, wo sie am Ende hin wollen. Denn 3 Grad daneben sind langfristig ganz schön weit weg. Das ist in etwa so, wie wenn Sie von München nach New York fliegen und 3 Grad nördlich fliegen – wo, glauben Sie, kommen Sie an? Ich habe das mal gegoogelt, da kommen Sie nach Springfield zu den kleinen gelben Männchen, zu den Simpsons. Und jetzt ist die Frage, wollen Sie in der Weltstadt landen oder bei den Simpsons?‹ Neben einem erfreuten Lächeln ernte ich hier natürlich ein Verständnis für die Frage:

Ich habe es noch nicht genau verstanden. Können Sie es mir noch einmal erläutern?

Mit dieser Frage und der weiteren »Was noch? Und was noch?« (siehe Kapitel 5) konnten wir alle klarstellen, wie das beste Ergebnis in 14 Monaten aussehen sollte. Ich konnte effizient und zielgerichtet arbeiten. Die Konzepte wurden konkretisiert und auf die Bedürfnisse des Kunden zugeschnitten.

Am Ende war der Kunde begeistert von den Ergebnissen der Maßnahme und lobte die Führungskräfte für ihre Weiterentwicklung.

Dank der Frage »**Kannst du es mir nochmal erläutern?**« und der anschließenden klaren Auftragsklärung war das Projekt ein voller Erfolg.

Gewöhnlich verläuft nach dieser Frage das Gespräch mit vielen Fragen hinter den Fragen. Und das Interessante an dem Ganzen ist immer wieder, dass erst im Gespräch durch die vielen gezielten Fragen und meinem Nichtwissen darüber, was und wohin mein Gegenüber eigentlich will, er oder sie selbst versteht, was das beste Ergebnis für sie/ihn ist. Sozusagen eine Win-win-Situation.

Es gibt eine Vielzahl von Studien in der Kommunikations- und Bildungsforschung, die zeigen, dass Nachfragen bei Unklarheit ein äußerst effektiver Weg ist, um das Verständnis zu verbessern. Insbesondere in den Bereichen der Lernpsychologie und der zwischenmenschlichen Kommunikation wurde diese Strategie untersucht. Eine konkrete Studie, die sich damit befasst, ist das Konzept der klarstellenden Rückfragen (»clarifying questions«). Rosenshine & Meister zeigten beispielsweise bereits 1994 in ihrer Metaanalyse zu »Reciprocal Teaching« (Reziprokes Lehren), einer Methode, bei der Schüler durch Fragen, Zusammenfassen, Klären und Vorhersagen gemeinsam lernen, dass das Klärungsverfahren (»clarification«) eine der wirksamsten Methoden ist, um das Verständnis zu vertiefen. Schüler, die bei Unklarheiten Rückfragen stellen und um zusätzliche Erklärungen bitten, zeigen oft ein signifikant besseres Verständnis des Materials. Noch spannender fand ich die Forschungen von Tannenbaum &

Schmidt, die bereits 1958 Kommunikation in Führungssituationen untersuchten und betonten, wie wichtig es ist, dass der Empfänger von Anweisungen oder Erklärungen bei Unsicherheiten Rückfragen stellt. Die Studie zeigt, dass Teams, die regelmäßig um Klarstellung bitten, effizienter arbeiten und Missverständnisse vermeiden. Wir reden hier von einer Zeit, in der das Führungsverständnis noch autoritär geprägt war. Und weil es so schön ist und du bestimmt genauso interessiert bist, hier noch eine letzte Studie von 1988. Schneider & Ingram befassten sich mit dem Konzept des »aktiven Zuhörens« in der Kommunikation. Hier wurde untersucht, wie das Nachfragen (**»Kannst du es nochmal erläutern?«**) dazu beiträgt, Missverständnisse zu reduzieren und die Kommunikationsqualität zu steigern. Das gezielte Nachfragen hat sich als entscheidend erwiesen, um implizite Annahmen aufzudecken und Klarheit zu schaffen.

Wer mir also nicht glaubt, wie sinnvoll dieser Mut ist, zuzugeben, dass ich etwas noch nicht ganz verstanden habe, den überzeugen vielleicht diese genannten Studien. Das gezielte Nachfragen, wie **»Ich habe es noch nicht verstanden, kannst du es mir nochmal erläutern?«**, fördert nachweislich das Verständnis und die Klarheit in der Kommunikation. Dies hilft nicht nur, Missverständnisse zu vermeiden, sondern stärkt auch die zwischenmenschliche Beziehung, da der Empfänger zeigt, dass er aktiv zuhört und bemüht ist, die Nachricht vollständig zu verstehen.

Wenn du jetzt sagst, ist doch logisch, mach ich sowieso schon im Job, dann hör mal tief in dich rein, wie es im Privaten ist. Denn nur weil ich diese Klarheit im Job anwende, darf ich mir eingestehen, dass es im Privaten nicht immer so ist. Kommt dir vielleicht bekannt vor? Meinem Mann schon. Entschuldige, lieber Mann!

Heute, an diesem sonnigen Freitagmorgen, beschlossen mein Mann und ich, zum Auftakt der Fußball-EM mit dem Spiel gegen Deutschland einen gemeinsamen Grillabend mit den Nachbarn zu veranstalten und dann Fußball zu schauen. Wir sind begeisterte Grillfans, aber unsere kulinarischen Vorstellungen sind durchaus unterschiedlich. Während mein Mann auf klassische Würstchen und Steaks schwört, will ich meine Ernährung gesünder gestalten.

»Ich kümmere mich um das Fleisch, du machst die Beilagen und den Fisch, okay?«, schlug er vor, während er seine Sonnenbrille aufsetzte. »Klingt gut«, antwortete ich und lächelte. »Dann werde ich frisches Gemüse und Fisch besorgen.« Einige Stunden später kam ich mit meiner Einkaufstasche voller bunter Paprika, Zucchini, Auberginen und frischem Lachs nach Hause. Mein Mann war bereits im Garten und legte seine Steaks neben den Grill.

»Schau mal, was ich alles gekauft habe!«, rief ich begeistert und zeigte ihm meine Ausbeute. »Wow, das sieht fantastisch aus«, antwortete er. »Ich habe die besten Steaks ausgesucht, die ich finden konnte.« Während ich das Gemüse vorbereitete und den Fisch würzte, bemerkte ich, dass mein Mann etwas unzufrieden wirkte. Er stand neben dem Grill und schien nicht ganz bei der Sache zu sein. »Alles in Ordnung?«, fragte ich, als ich die marinierten Gemüsespieße auf einen Teller legte. »Ja, alles gut«, sagte er und zuckte mit den Schultern. »Ich frage mich nur, ob das heute Abend wirklich so gut zusammenpasst.«

Ich hielt inne und schaute ihn an. »**Was genau meinst du damit? Kannst du mir nochmal erläutern, was genau für dich der klassische Grillabend ist?**« Mein Mann seufzte. »Ich dachte, wir machen einen klassischen Grillabend mit Steaks und Würstchen. Aber Fisch und Gemüse? Ich bin mir nicht sicher, ob das das Richtige für einen Fußball-Grillabend ist.« Ich grinste und fragte: »**Kannst du es mir nochmal erläutern, was du genau möchtest?** Wir reden offenbar aneinander vorbei. Dann können wir uns besser abstimmen.« Mein Mann überlegte kurz und antwortete: »Na ja, ich liebe es einfach, wenn wir klassische Grillgerichte haben – Steaks und Würstchen. Aber ich verstehe auch, dass du es gerne gesund magst. Vielleicht könnten wir einen Kompromiss finden.« Ich nickte. »Wie wäre es, wenn wir mit den Nachbarn sowohl deine Steaks auf dem einen Grill als auch meinen Fisch und das Gemüse auf dem anderen grillen? Dann haben wir beides: klassisch und gesund.« Er grinste. »Das klingt nach einem guten Plan. So ist für jeden etwas dabei.«

Am Ende des Abends waren alle zufrieden und satt. Selbst die Kinder haben den Fisch und das Gemüse gern gegessen. Wir haben wieder einmal gelernt, wie wichtig es ist, klar zu kommunizieren und sicherzustellen, dass wir beide unsere Wünsche äußern.

»Ich habe es noch nicht verstanden. Kannst du es mir bitte noch einmal genau erläutern?« ist so vielfältig einsetzbar. Die Frage könnte sogar Leben retten. Wenn der Instruktor beim Fallschirmfliegen zum Beispiel sagt: »Zieh einfach an der Schnur, wenn du bereit bist!« Und du lieber die Rückfrage stellst, statt irgendwo zu ziehen: »**Ich habe es noch nicht verstanden. Kannst du es mir bitte noch einmal genau erläutern?** Welche Schnur und wann genau soll ich ziehen? Ich möchte sicherstellen, dass das nicht mein letzter Sprung ist.« Oder etwas weniger dramatisch, wenn der Koch zu dir sagt: »Füge einfach eine Prise von dem Salz dazu!« Und du lieber hinterfragst: »**Ich habe es noch nicht verstanden. Kannst du es mir bitte noch einmal genau erläutern?** Was ist ›eine Prise‹? Soll ich da wirklich nur drei Salzkörner reinmachen?«

Diese Frage ist immer dann sinnvoll, wenn du das leiseste Gefühl hast, die Aufgabe/Anweisung/Idee/Umsetzung noch nicht verstanden zu haben. Du kannst sie also immer anwenden, sobald du nicht sofort loslegen kannst, weil du überlegst, wo die Reise eigentlich hingehen soll. Missverständnisse entstehen aus meiner Erfahrung meist im Hinblick auf unklare Aussagen. Diese wiederum entstehen, weil dem Sender selbst entweder nicht ganz klar ist, was genau er oder sie möchte, oder aber, weil davon ausgegangen wird, dass der Empfänger sicher schon versteht, was gemeint ist.

Ich finde die Kommunikation und das Menschsein an diesem Punkt immer äußerst spannend. Wir gehen also davon aus, dass unser Gegenüber schon verstehen wird, wenn wir ein paar

Wort- oder Gedankenfetzen rüber schmeißen. Erstaunlicherweise funktioniert das recht häufig und an den Stellen, an denen es nicht funktioniert, hast du nun eine neue Frage: **Mir ist noch nicht ganz klar, was du meinst. Kannst du es mir bitte noch einmal genauer erläutern?**

Meiner Erfahrung nach wird vor allem dem Sender danach deutlich, dass er noch etwas nachschärfen darf. An dieser Stelle hat Kommunikation eine echte Chance. Vor allem dahingehend, sich langfristig besser und einfacher zu verstehen. Wissenschaftliche Studien, wie oben einige zitiert, zeigen, dass durch wiederholtes Erklären und aktives Zuhören das Gehirn Informationen besser verarbeiten und speichern kann. Das fördert langfristiges Lernen und Verständnis.

Diese Frage signalisiert, dass der Fragende sichergehen möchte, die Information richtig zu verstehen. Ist doch schön. Denn schon Sokrates sagte:

> **»Das Gelingen ist zwar nichts Kleines, fängt aber mit Kleinigkeiten an.«**

Wie mit einer einzigen Frage.

5 Was noch? Was noch? Und was noch?

Was dir dieser FragenQuickie bringt:
Innen – Vorwärtsschreiten – Unentdecktes

»Wir pimpen unseren Körper, indem wir die Muskeln pumpen, Botoxen, Joggen, uns unters Messer legen. Alles für das Außen. Lasst uns unser Innen trainieren und damit Top-Performance liefern.« So beende ich meine Keynote zum Thema »Sprungbrett aus der Krise – nutze deine Stärken«.

Was hat das denn jetzt nun wieder mit Fragen zu tun, fragst du dich vielleicht. Dann lass dich inspirieren mit einem kleinen Summary …

In jeder Krise steckt das Potenzial für einen Neuanfang. Krisen sind wie Sprungbretter – sie werfen uns heraus aus dem Gewohnten, oft mitten ins Unbekannte. Doch genau dort liegt die Chance. Wenn wir die Krise nicht als Endstation, sondern als Wendepunkt begreifen, öffnet sich der Raum für neue Möglichkeiten.

Doch wie gelangen wir zu dieser Veränderung? Die Antwort liegt in der Frage: »**Was noch?**« bzw. deren Varianten.

Welche verborgenen Stärken können wir aktivieren? **Welche noch?**

Welche Türen öffnen sich, die wir vorher nicht gesehen haben? **Welche noch?**

Welche neuen Wege können wir einschlagen, um gestärkt und verändert aus der Krise hervorzugehen? **Welche noch?**

Wenn wir uns fragen: »**Was noch?**«, eröffnen wir neue Möglichkeiten, erkennen verborgene Potenziale. Noch tiefer zu fragen – »**Was noch?**« –, hilft uns, die Krise nicht als Endpunkt zu begreifen, sondern als Ausgangspunkt. Und ein drittes »**Und was noch?**« lässt uns über die Grenzen unseres Denkens hinausblicken, zu ungeahnten Lösungen.

Jede Antwort bringt uns einen Schritt weiter auf unserem Weg. Wie uns eben jedes Joggen oder jeder Muskelaufbau einen Schritt weiter in Richtung Top-Figur bringt, so haben wir jeden Tag die Möglichkeit, im Innen zur Top-Performance zu schreiten oder auch innere Stabilität zu gewinnen.

Lange bin ich als Angehörige im Cockpit der Lufthansa mitgeflogen und dort habe ich meinen Umgang mit Panik kennengelernt. Wann hattest du schon mal Panik? Ich rede nicht von Angst, sondern wirklicher Panik. Es war Folgendes: Wir flogen, ich glaube über Afrika, nachts, alles war still, dunkel, die Besatzung entspannt. Der Kapitän stand auf und streckte sich. Plötzlich blitzte es auf. Ich rede nicht von draußen, sondern von direkt an den Fensterscheiben.

Es war kein gewöhnlicher Blitz – die gesamte Cockpitscheibe begann zu leuchten, als wäre sie von einer unheimlichen, elektrischen Aura umhüllt. Ein geisterhaftes Leuchten, das über die Scheiben tanzte – blau, schimmernd und beängstigend: Elmsfeuer.

Panik stieg in mir auf. »Was ist das? Was passiert hier?«, schrie ich, mein Blick war hektisch, während meine Gedanken sich überschlugen. Es fühlte sich an, als würden wir jeden Moment abstürzen. Mein Magen zog sich zusammen, meine Hände griffen krampfhaft nach dem Sitz, als könnte ich mich irgendwie festhalten.

Doch die Crew blieb ruhig und unberührt. Der Kapitän sah mich an, ein Lächeln huschte über sein Gesicht. »Alles in Ordnung. Das ist nur Elmsfeuer. Kein Grund zur Sorge«, sagte er, als wäre das leuchtende Spektakel für jeden eine Alltäglichkeit.

»Macht doch was! Wir müssen was tun!«, rief ich verzweifelt, meine Stimme überschlug sich. Wie konnten sie so ruhig bleiben, während ich das Gefühl hatte, der Himmel würde uns verschlingen?

Doch sie blieben ruhig. »Vertrau uns«, sagte der Co-Pilot, mein Freund, gelassen, »es sieht dramatischer aus, als es ist.«

So war es auch.

Als ich noch immer zitternd im Cockpit saß, das Elmsfeuer langsam verblassend, kämpfte ich innerlich mit der überwältigenden Scham. Die Besatzung hatte sich kaum bewegt, während ich in Panik ausgebrochen war. Die Ruhe, die sie ausstrahlten, war fast unerträglich für mich – als ich einen dramatischen Moment erlebt hatte, den sie nicht einmal bemerkten.

»**Was genau** ist das … dieses Elmsfeuer?«, fragte ich, jetzt leiser, schüchtern.

Der Kapitän drehte sich zu mir um, immer noch mit diesem gelassenen Lächeln. »Es ist ein elektrisches Phänomen, das oft bei Gewittern auftritt. Völlig harmlos. Es passiert manchmal, wenn wir durch starke Wetterbedingungen fliegen.«

Ich nickte, aber mein Herz pochte immer noch. Die Erinnerung an meine Panik war tief. Ich wollte sicherstellen, dass ich alles richtig verstanden hatte – damit mir sowas nicht nochmal passierte.

»**Und was noch?**«, fragte ich vorsichtig, als ich die letzte Unsicherheit aus dem Weg räumen wollte.

»Es bedeutet nicht, dass das Flugzeug in Gefahr ist. Es ist einfach ein Zeichen für die hohe elektrische Spannung in der Atmosphäre. Aber es hat uns nicht beeinträchtigt«, erklärte er weiter.

»**Was noch?**«, drängte ich, meine Augen fixierten seine, auf der verzweifelten Suche nach einer Bestätigung.

»Es ist wirklich nur ein optisches Phänomen. Wir wissen, dass es nicht gefährlich ist, daher bleiben wir ruhig.«

»**Und was noch?** Weißt du, ich will es wirklich verstehen, diese Panik und das Schreien eben ist mir total peinlich«, erklärte ich mich, die Worte schwer, aber notwendig. Ich wollte alles wissen, keine Lücke mehr lassen für zukünftige Panik.

»Es sieht spektakulär aus, aber du kannst uns vertrauen. Wenn wir gelassen bleiben, ist alles in Ordnung. Du kannst die Frage ruhig weiterstellen – aber irgendwann musst du auch loslassen und vertrauen.«

Ich atmete tief durch. »**Was noch, was noch und was noch**« war mein Schlüssel, um sicherzugehen, dass ich alles verstanden hatte. Aber ich spürte, dass die wahre Lektion darin lag, dem Wissen und der Erfahrung anderer zu vertrauen – und nicht jeder Angst blind nachzugeben. So würde ich hoffentlich das nächste Mal die Ruhe bewahren und mir eine solche Peinlichkeit ersparen. Allerdings habe ich dieses erstaunliche Wetterphänomen nie wieder erlebt. Schade eigentlich. Jetzt wo ich es sogar genießen könnte.

Die wiederholte Frage »**Was noch?**« ist in der Kommunikation unglaublich sinnvoll, weil sie verschiedene wichtige Funktionen erfüllt: So helfen dir diese Fragen, sicherzustellen, dass du alle relevanten Informationen erhältst. Oft neigen Menschen dazu, nur die offensichtlichsten oder am leichtesten zugänglichen Informationen preiszugeben. Durch wiederholtes Nachfragen kannst du tiefer in ein Thema eintauchen und möglicherweise verborgene Details oder Gedanken ans Licht bringen. Wie du nun bereits weißt, ist es in der Kommunikation oft so, dass das Gesagte und das Verstandene nicht übereinstimmen. Die wiederholte Frage »**Was noch?**« hilft dir, Missverständnisse zu vermeiden und sicherzustellen, dass du wirklich alles erfasst hast. Gerade in kritischen oder emotionalen Situationen – wie in meiner Elmsfeuer-Erfahrung – hilft es, Klarheit zu gewinnen und Unsicherheiten zu beseitigen.

Anstatt das Gespräch zu früh zu beenden oder in eine Richtung zu lenken, eröffnet »**Was noch?**« Raum für weitere Ideen, Lösungen oder Perspektiven. Diese Frage ermutigt zur Exploration neuer Gedanken, ohne zu bewerten oder zu begrenzen.

Ich kann dir im Zusammenhang mit dieser Frage zahlreiche Situationen schildern, wann und wie ich sie anwende. Das liegt ganz einfach daran, dass ich sie häufig benutze. Sie ist zwar noch nicht ganz meine Lieblingsfrage, aber auf der Prio-Liste schon ganz weit oben. Denn »**Was noch?**« fordert mein Gegenüber auf, weiter nachzudenken und zusätzliche Informationen preiszugeben. Es entstehen oft unerwartete Einsichten, die zu einer besseren Entscheidungsgrundlage führen. Im beruflichen Kontext habe ich häufig erlebt, dass dadurch entscheidende Ideen oder Risiken zum Vorschein kommen, die vorher nicht bedacht wurden.

Für mich ist diese minikleine Frage ein echter Genuss. Mich nicht einfach zufriedenzugeben mit einer einzigen Antwort, beschenkt mich oft mit kritischen Gesichtern meiner Klienten. »Wie? Reicht doch!«, heißt es da. »Reicht doch?«, frage ich zurück. »**Was noch? Mal angenommen, es könnte noch etwas geben, was wäre es?**« Puh, und dann kommen langsam die Antworten. So auch im Fall von Jakob.

Jakob saß mir gegenüber, seine Augen funkelten zufrieden. Nach intensiver Arbeit im Coaching-Prozess hatte er endlich das Gefühl, die perfekte Lösung für sein Problem gefunden zu haben. »Ich hab's«, sagte er mit einem entschlossenen Nicken. »Das ist die Lösung. So mach ich es.«

Ich sah ihm zu, wie er sich in seiner Erkenntnis sicher glaubte, fast schon erleichtert, dass er nun einen Weg gefunden hatte. Doch etwas in mir sagte, dass hier noch mehr zu entdecken war. Die Erleichterung, die er verspürte, war echt, aber es gab oft tiefere Ebenen, die wir erst dann erkennen, wenn wir weiterfragen.

»**Was noch?**«, fragte ich ruhig.

Jakob runzelte die Stirn. »**Wie, was noch?** Das reicht doch!« Sein Ton war überrascht, schnell etwas defensiv. Für ihn war der Prozess abgeschlossen, die Lösung klar, der Weg vorgezeichnet. Wozu weiter fragen?

»Reicht doch?«, wiederholte ich langsam. »**Mal angenommen, es gäbe noch etwas, was wäre das?**« Diese Frage ist so schön mehrdimensional. Zum einen bin ich davon überzeugt, es gibt noch was und stelle diese Überzeugung nicht infrage, und zum Zweiten gehe ich in einen leichten Konjunktiv (wäre), damit es etwas weicher wirkt. Wenn hier nichts mehr kommt, lasse ich es gut sein. Meistens zumindest, denn erfahrungsgemäß fängt jetzt der Möglichkeitsraum an.

Schauen wir wieder zu Jakob. Er schaute mich einen Moment lang verwirrt an, dann lehnte er sich zurück und verschränkte die Arme. »Ich weiß nicht … Ich meine, das ist es doch. Es fühlt sich gut an. Warum soll ich weitergraben, wenn ich die Lösung doch habe?«

Ich nickte verständnisvoll, machte ein längere Pause, aber ich blieb bei meiner Frage. »Mal angenommen, es gäbe noch etwas. Etwas, das dir bisher noch nicht eingefallen ist. Was könnte das sein?«

Jakob starrte einen Moment lang auf den Boden, seine Gedanken sichtbar in Bewegung. Ein kurzer Moment der Stille folgte, bevor er widersprüchlich antwortete. »Na ja … vielleicht … ich habe noch nicht wirklich bedacht, wie das langfristig aussehen könnte. Ich denke, kurzfristig vergeht es, aber was, wenn das in ein paar Monaten wieder scheitert?«

»Interessant«, sagte ich, »und was könnte in diesem Fall noch eine Lösung sein? Was könntest du tun, um langfristig erfolgreich zu sein?«

Langsam begann Jakob, neue Möglichkeiten in Betracht zu ziehen, neue Szenarien abzuwägen. Die erste Lösung fühlte sich gut an, aber die Frage **»Was noch?«** öffnete ihm den Raum, auch die Aspekte zu berücksichtigen, die er in seiner Euphorie übersehen hatte.

»Ich könnte einen Plan B einbauen … oder schauen, ob ich Unterstützung in bestimmten Bereichen brauche, wenn es langfristig schwierig wird«, murmelte er, mehr zu sich selbst als zu mir.

Sein Blick klärte sich, als er erkannte, dass es nicht darum ging, seine ursprüngliche Lösung zu verwerfen, sondern sie zu erweitern, zu festigen. »Okay«, sagte er schließlich. »Ich verstehe. Ich habe eine gute Lösung, aber es könnte noch besser werden, wenn ich weiterdenke.«

Ich lächelte. »Genau. Die erste Antwort ist oft gut. Aber die zweite, dritte – auf die Frage ›**Was noch?**‹ – kann das Bild komplettieren. Es reicht nicht immer, eine gute Lösung zu haben. Manchmal gibt es noch mehr und das kann den entscheidenden Unterschied machen.«

Jakob nickte langsam. Es war nicht das Ende seines Prozesses, sondern ein weiterer Schritt auf einem tieferen Weg, seine Lösung nicht nur zu finden, sondern zu meistern. Jetzt hatte ich auch ein gutes Bauchgefühl.

Es ist wichtig, die Frage »**Was noch?**« so lange zu stellen, bis du das Gefühl hast, dass wirklich alle Möglichkeiten ausgeschöpft sind, weil sie hilft, tiefere Einsichten zu gewinnen und versteckte Potenziale freizulegen. Oft denken wir, dass wir mit der ersten Antwort schon am Ziel sind, aber durch wiederholtes Nachfragen entstehen neue Perspektiven, kreative Lösungen und zusätzliche Details, die vorher unentdeckt blieben. Diese Frage fordert uns auf, über das Offensichtliche hinauszugehen, gründlicher zu reflektieren und sicherzustellen, dass keine wichtigen Aspekte übersehen werden. So verhinderst du, dass ihr euch zu früh zufrieden gebt, und stattdessen eine umfassendere, fundierte Lösung erreicht – bis ihr das klare Gefühl habt: *Jetzt haben wir wirklich alles bedacht.*

6 Wer ist dieser Man(n) eigentlich, von dem du da redest?

Was dir dieser FragenQuickie bringt:
Klarheit – Identifikation – Verbindlichkeit

»Man müsste mal …« »Man hat das noch nicht gesehen.« »Da hat man die Feedbacks eben angenommen.«

»**Wer ist dieser Mann, von dem du da redest?!**«, schießt es ganz intuitiv und reflexartig aus meinem Mund. Immer. Ich finde es erstaunlich, wie viel Ego auf der einen Seite bei manchen Menschen vorhanden ist und im Selbigen die direkte Sprache doch so weit weg. Aber von Anfang an:

Ich stand im großen Besprechungsraum, die Sonne strömte durch die Fenster und beleuchtete die Gesichter der Teammitglieder, die sich zur Retrospektive des letzten Projekts im Finanzbereich eines Automobilkonzerns versammelt hatten. Ich wusste, dass dieser Workshop entscheidend sein würde, um die Lernerfahrungen der letzten drei Monate zu reflektieren und künftige Verbesserungen zu identifizieren.

»Willkommen, alle zusammen«, begann ich und lächelte in die Runde. »Heute möchten wir einen genauen Blick auf unser Projekt werfen, die Erfolge feiern und aus den Herausforderungen lernen. Lasst uns offen und ehrlich über unsere Erfahrungen sprechen.«

Die Teammitglieder nickten und ich eröffnete die Runde. Zunächst schien alles reibungslos zu verlaufen, aber ich bemerkte auch, dass fast jeder Beitrag mit dem Wort »man« begann.

»Man hätte die Budgetplanung genauer verfolgen sollen«, sagte Markus, der Projektmanager. »Man hat nicht genug Zeit für die Testphase eingeplant«, fügte Svenja, die Leiterin der Finanzabteilung, hinzu. Diese unpersönliche Sprache erschwerte es dem Team, Verantwortung zu übernehmen und konkrete Verbesserungen zu formulieren.

Ich mag es, Fragen zu stellen, die die Menschen zunächst etwas befremdlich finden. Das ist der »Hallo-Wach-Effekt«. Weniger für mich als für mein Gegenüber. In diesem Falle fühlen sich die Menschen ertappt. Dahingehend, dass durch die Verwendung von »man« die Verantwortung abgeschwächt oder vermieden wird. Anstatt zu sagen, was »ich« oder »wir« tun oder denken, wirkt es so, als seien die Aussagen allgemeingültig und nicht auf die eigene Person bezogen. Das führt dazu, dass sich niemand verantwortlich fühlt. Wir sind aber verantwortlich.

»Man« schafft eine Distanz zwischen dem Sprecher und dem Thema. Es wirkt weniger persönlich. So nach dem Motto, vielleicht wird ja nicht bemerkt, dass ich hier geschludert habe. Das jedoch bringt niemanden weiter.

Ich beschloss, einen Moment innezuhalten und das Thema direkt anzusprechen.

»**Wer ist dieser Mann eigentlich, von dem ihr da sprecht?** Mir ist aufgefallen, dass wir oft von ›man‹ sprechen, aber wer ist ›man‹? Wer genau hätte die Budgetplanung genauer verfolgen sollen? Und wer hat nicht genug Zeit für die Testphase eingeplant?«

Die Teammitglieder schauten mich an und nickten langsam, als sie begriffen, worauf ich hinauswollte.

»Lasst uns versuchen, unsere Aussagen zu personalisieren«, schlug ich vor. »Sprechen wir von ›ich‹ oder ›wir‹. Dadurch wird es klarer, wer verantwortlich war und wer es in Zukunft besser machen kann.«

Markus räusperte sich und begann erneut. »Okay, ich hätte die Budgetplanung genauer verfolgen sollen. Es war meine Aufgabe und ich sehe jetzt, dass ich da nachlässig war.«

Sarah nickte zustimmend. »Und wir, das Finanzteam, haben nicht genug Zeit für die Testphase eingeplant. Das war ein Fehler, den wir uns eingestehen müssen.«

Mit diesen Änderungen in der Sprache wurde die Diskussion viel lebendiger und persönlicher. Die Teammitglieder fühlten sich nicht mehr hinter einem unpersönlichen »man« versteckt, sondern nahmen aktiv Verantwortung für ihre Handlungen und Entscheidungen. Damit wurde die Diskussion tiefer und ehrlicher.

Aussagen, die mit »man« formuliert werden, wirken oft weniger verbindlich, weil sie nicht verpflichtend und vage erscheinen. Wenn jemand stattdessen »ich« oder »wir« sagt, zeigt das mehr Engagement und Entschlossenheit für das Gesagte. Das wurde auch in meinem Termin klar.

Mein Mann ist auch so ein Kandidat. Zumindest zu Hause. Hier die häufigsten Man-Aussagen meines Mannes: »Kann man den Geschirrspüler noch ausräumen?« »Man hat doch schon den Tisch gedeckt.« Und, mein Liebling: »Man müsste XYZ anrufen.« Leicht zu erraten, was ich dann immer direkt und süffisant frage?!? Richtig. **»Wer ist dieser Mann eigentlich, von dem du da sprichst?!«** Die Reaktion? Ein/zwei Augenbrauen, die hochgezogen werden. Aber, um sich die Blöße nicht zu geben, definitiv kein: »Kannst du da bitte mal anrufen?!« Selbst rein sarkastisch genutzt, führt in diesem Fall die Verwendung von »man« zu Missverständnissen. Für mich ist schließlich nicht klar, wer genau gemeint ist. Sprechen wir über eine allgemeine Regel, eine gesellschaftliche Norm oder über die eigene Person? Probiere es doch einfach mal aus.

Dieses Thema knüpft an das 4-Seiten-Modell (auch bekannt als das Nachrichtenquadrat) von Friedemann Schulz von Thun an. Es besagt, dass jede Nachricht, die wir senden, immer vier verschiedene Ebenen hat: die Sachebene, in der die reine Information oder Tatsache mitgeteilt wird. Die Selbstoffenbarungsebene beschreibt, was der Sprecher über sich selbst preisgibt (gewollt oder ungewollt). Was der Sprecher über die Beziehung zum Empfänger aussagt (zum Beispiel durch Tonfall oder Ausdrucksweise), beschreibt die Beziehungsebene. Der Sprecher möchte etwas erreichen oder eine Wirkung erzielen, so sprechen wir von der Appellebene. Im Beispiel »Man müsste den Geschirrspüler ausräumen« oder ersetzbar mit »Es zieht hier«, ist offenbar ein Appell integriert, jedoch nicht formuliert.

Wie reagiert der Empfänger? Das beschreibt das 4-Ohren-Modell, bei dem der Empfänger die Nachricht ebenfalls auf diesen vier Ebenen interpretieren kann – je nachdem, auf welches »Ohr« er besonders stark hört.

Der Satz »Es zieht hier« kann auf dem Sachohr als einfache Feststellung darüber, dass die Temperatur im Raum niedrig ist und es Zugluft gibt, interpretiert werden. Oder empfindet der Sprecher den Raum als unangenehm und friert vielleicht, so wären wir beim Selbstoffenbarungsohr, auf dem der Empfänger hört. Der Empfänger könnte allerdings auch auf dem Beziehungsohr verstärkt hören und würde interpretieren, dass der Sender meint, er selbst sei nicht aufmerksam genug, um den Zug zu bemerken. Wir merken schon, sehr kompliziert, diese Kommunikation. Wird auf dem Appellohr gehört, wird vermutlich das Fenster geschlossen. Egal, ob es vom Sender so gemeint war oder nicht.

Dieses Modell zeigt, wie komplex Kommunikation ist und wie Missverständnisse entstehen können, wenn Sender und Empfänger auf unterschiedlichen Ebenen kommunizieren.

Der Mann, von dem alle reden, lässt unheimlich viel Interpretation beim Empfänger zu.

Jedoch, durch die Personalisierung unserer Sprache übernehmen wir nicht nur Verantwortung, sondern machen die Themen nahbarer und klarer, effektiver und persönlicher. Wenn du »ich« oder »wir« sagst, wird sofort klar, wer die Verantwortung trägt. Dies hilft, Missverständnisse zu vermeiden, und sorgt dafür, dass jeder weiß, wer für bestimmte Aufgaben oder Entscheidungen zuständig ist. Personalisierte Sprache fördert eine Kultur der Ehrlichkeit und Offenheit. Wenn Menschen »ich« sagen, drücken sie ihre eigenen Gedanken und Gefühle aus, was zu authentischeren und tiefergehenden Gesprächen führt. Die Kommunikation wird also persönlicher und fördert das Gefühl der Zusammenarbeit. Als soziale Wesen fühlen wir uns stärker verbunden und als Teil eines gemeinsamen Prozesses, was das Vertrauen und den Zusammenhalt im Team stärkt.

»Man sollte den Müll rausbringen«, sagte ich kürzlich zu meinem Mann. »Hm«, war seine Antwort. Es war nicht meine gewünschte … Passiert ist genau gar nichts. Er wollte nicht. »Man sollte wirklich öfter mal ins Theater gehen«, sagte ich dann, ohne den Blick von meiner Zeitschrift zu heben. Mein Mann nickte abwesend. »Ja, man sagt, dass es gut für die Seele ist.« »Man hat auch gesagt, dass das neue Stück im Stadttheater sehr sehenswert ist«, fuhr ich fort. Er zuckte mit den Schultern. »Man hört auch, dass die Kritiken großartig sind.« Ich musste in mich hineinlachen, und als ich ihn anblickte, sah ich es auch bei ihm. Wir wussten, dass wir uns nicht wirklich verstanden hatten und keine konkreten Pläne gemacht waren. Also sagte er: »Ich würde wirklich gerne mal wieder ins Theater gehen. Das neue Stück im Stadttheater interessiert mich sehr. Möchtest du vielleicht nächstes Wochenende mit mir hingehen?« »Das klingt nach einer großartigen Idee. Ich würde auch gerne mal wieder ins Theater gehen. Lass uns Karten besorgen und einen schönen Abend planen.« Uns war klar, dass das Gespräch vorher unpersönlich und vage gewesen war, weil wir ständig »man« benutzt hatten. Durch die Verwendung von »ich« und »wir« wurde das Gespräch plötzlich viel persönlicher und konkreter, klarer und bedeutungsvoller.

Durch diese kleine Veränderung in unserer Kommunikation hatten wir konkrete Pläne, auf die wir uns freuten. Geht doch!

Die klare Kommunikation erhöht die persönliche Verantwortlichkeit. Das ermutigt, Verantwortung für Handlungen zu übernehmen und sich aktiv an der Lösung von Problemen zu beteiligen, anstatt sich hinter vagen Aussagen zu verstecken. Meiner Erfahrung nach hilft es, wenn Führungspersönlichkeiten sich selbst und die Teammitglieder auf ein »Ich« hinweisen, damit identifizieren sie spezifische Handlungen und Entscheidungen. Dies erleichtert die Analyse von Fehlern und die Entwicklung von gezielten Lösungen. Klar benannte Verantwortlichkeiten helfen dabei, Probleme schneller und effektiver zu lösen. Indem Menschen bewusst »ich« oder »wir« statt »man« verwenden, wird die Kommunikation präziser, persönlicher und zielgerichteter. Das führt zu einer stärkeren Verantwortungskultur, verbessert die Zusammenarbeit (im Privaten wie im Business) und fördert eine offene und ehrliche Kommunikationsumgebung.

»Viele Missverständnisse entstehen dadurch, dass eine Frage nicht gefragt, sondern nur gedacht wird.«

Das ist eines meiner Zitate zur Kommunikation und es trifft hier besonders gut zu.

»Wer ist dieser Mann eigentlich, von dem du da sprichst?« nutze ich immer mit einem Lächeln, niemals, wenn ich Menschen neu begegne. Ich finde, dass dieser Satz bereits einer gewissen persönlichen Ebene bedarf. Er ist sinnvoll, wenn es darum geht, mehr Verbindung und Verbindlichkeit ins Thema zu bringen. Vielleicht wird die etwas sarkastische Frage nicht immer gleich verstanden, daher empfehle ich dir, frage genauso lächelnd nochmal: **»Na dieser Mann, von dem du da sprichst, wer ist das?«** Spätestens dann fällt der Groschen. Dein Gegenüber wird automatisch von »ich« oder »wir« sprechen. Und schon konkretisieren und oftmals entspannen sich Situationen. Dir wünsche ich jetzt viel Spaß beim Ausprobieren mit »diesem Mann«.

7 Was genau? Wie genau?

Was dir dieser FragenQuickie bringt:
Gelassenheit – Klärung – Sicherstellung

»Du, Brigitte, wir müssen über dein Coaching reden. Hier gab es Beschwerden. Du coachst zu Gehaltsthemen, aber dein Auftrag ist doch Führung.« Das höre ich von meinem Ansprechpartner aus der Personalabteilung an einem Freitagnachmittag.

Puh, da war er, der Stein in meinem Bauch. »Ich mache was??« »Ja, die Geschäftsführung hat sich beschwert, dass du ihnen Tipps für Gehaltsgespräche gibst, was nicht dein Auftrag ist, und jetzt hat sie kein Vertrauen mehr in dich.«

BÄMM! Okay?!?

»Was genau hat sie gesagt? Was genau haben die Mitarbeitenden gesagt?«, frage ich meine Ansprechpartnerin.

»Ja, so ganz genau weiß ich das nicht«, höre ich am anderen Ende der Telefonleitung.

So, da bin ich erstmal baff und sprachlos und hänge völlig in der Luft. Ich krame in meinen Gedächtnis, ob ich es tatsächlich gemacht habe. Gehe alle Coachees innerhalb von Sekunden durch. So ein Gehirn ist ja ein Hochleistungsautomat. Und dann benutze ich es wieder, mein Gehirn.

»Gut, wenn das so ist, brauchen wir einen Termin«, sage ich und lasse einen Termin zwischen der Geschäftsführung und mir vereinbaren.

Ständig werfen wir selbst oder bekommen Sätze in die Runde geworfen, die verkürzt, verzerrt oder generalisiert sind. Man nennt das Phänomen generative Sprachgestaltung. In der Transderivationalen Suche beispielsweise werden fehlende Informationen einer Aussage des Senders vom Empfänger internal aus dem eigenen Erlebensraum ergänzt. Diese Ergänzungen haben unter

Umständen nichts mit der Aussage des Senders zu tun. So auch hier. Es war wie stille Post. Und ich war die Nummer vier in der Kette. Da musste irgendwo Inhalt auf der Strecke bleiben.

Eine Woche später endlich das klärende Gespräch. Ich frage nach, was aus ihrer Sicht bei ihnen angekommen ist.

Erstaunlich, aber hier höre ich den Text doch etwas anders: Die Führungskräfte sind auf die jeweilige Geschäftsleitung nach ihrem Coaching mit mir mit verschiedenen Themen zugekommen. Sie erläutern mir in diesem Gespräch leicht angespannt, dass ihre Mitarbeitenden geballt u. a. mit den Punkten Gehaltserhöhung auf sie zugekommen sind. »Weißt du, Brigitte, wir wollen ja, dass sie sich coachen lassen. Wir finden das toll. Aber nicht zu ihrem Gehalt. Es war so auffallend, dass die Mitarbeitenden nach deinem Coaching direkt mit einer Gehaltsanfrage zu uns gekommen sind. Das ärgert uns.«

Noch kann ich den Vorwurf nicht hören. Noch höre ich raus, dass meine Klienten genau mit den Themen Klarheit und Haltung sowie Mut und Verantwortungsübernahme ihre Hausaufgaben machen – eben bei ihren Chefs.

»Was genau haben sie gesagt zu dem Thema Gehalt in Bezug auf das Coaching?«, frage ich und wende damit die Frage an, um zu erkennen, ob erstens der Vorwurf aus der Personalabteilung korrekt war und zweitens die stille Post ihr Unwesen getrieben hat.

»Naja«, höre ich, »es sind vier Mitarbeitende, die du im Coaching hattest, gleichzeitig zu uns gekommen. Mit verschiedenen Themen, aber alle mit einer Gehaltsforderung. Und da liegt es doch nahe, dass du sie auf dieses Thema gecoacht und ihnen Tipps gegeben hast.«

Aha! Es liegt also nahe, denke ich mir und langsam entspannt sich meine angestrengte äußere Haltung. »Haben sie **genau gesagt**, dass ich sie zum Gehalt gecoacht habe und ihnen Tipps für die Herangehensweisen gegeben habe?«, frage ich mit direktem Blick in die drei Kameragesichter auf meinem Bildschirm.

»Nein, das hat keiner gesagt.«

Okay! Ich soll Verantwortung, Haltung und Klarheit coachen, aber sie sollen nicht für sich selbst einstehen? Schon klar!

Ich habe verstanden, dass keiner meiner Klienten gesagt hat, ich würde ihnen Tipps für die Gehaltsverhandlung mitgeben.

So, da ist er, mein Einsatz. Selbstverständlich habe ich mich auf dieses Gespräch sehr gut vorbereitet. Ich hatte ja auch eine Woche Zeit mit unruhigen Nächten und praktischerweise meinem Mediationshintergrund in petto.

»Wie mit dem Vorstand besprochen, ist es das Ziel, dass die Führungskräfte Verantwortung übernehmen. Sie sollen mutig sein und eine klare Haltung entwickeln. Das ist doch klasse, dass wir hier bereits auf dem richtigen Weg sind. Ich freue mich, dass wir bereits in einer Richtung erkennen können, dass sie sich weiterentwickelt haben. Sie waren mutig und haben die Verantwortung übernommen. Wir wollen alle eine Verbesserung.

An welcher Stelle können wir das denn bereits beim Kundenkontakt erkennen?«

Hier wird es kurz still auf meinem Bildschirm, bevor ein kurzes »Gute Frage, das werden wir mal in Erfahrung bringen« hervorkommt.

Ich freue mich immer, wenn ein/e Klient:in nach einem Coaching-Gespräch sein/ihr Learning tatsächlich anwendet und es eine tolle Verbesserung gibt. Das nenne ich Umsetzung. So mal am Rande …

Kürzlich erzählte mir meine Freundin Anna von einer Situation: »Es war ein regnerischer Samstagmorgen, als Ben und ich beschlossen, zusammen das Frühstück vorzubereiten. Wir hatten uns darauf geeinigt, einen entspannten Tag zu Hause zu verbringen. Während Ben den Tisch deckte, begann ich, die Zutaten für unsere Lieblingspfannkuchen zusammenzusuchen.

›Könntest du mir das Mehl geben?‹, fragte ich, während ich die Milch in eine Schüssel goss. Ben griff in den Schrank und reichte mir doch glatt eine Tüte mit Roggenmehl.

›Nein, das normale Mehl‹, sagte ich etwas ungeduldig. ›Aber das hier ist doch auch Mehl‹, entgegnete Ben verwirrt.«

Klassiker!, dachte ich mir. Anna schaute mich mit einer Mischung aus nachträglicher Genervtheit und etwas Schuldbewusstsein an. »Ich seufzte und nahm das Roggenmehl aus seiner Hand. ›Ich meinte das Weizenmehl. Das, was wir immer für Pfannkuchen benutzen.‹ Ben schüttelte den Kopf und holte schließlich die richtige Tüte heraus. ›Warum hast du nicht einfach gesagt, dass du Weizenmehl willst?‹, fragte er mich. Ich zuckte mit den Schultern. ›Für mich ist das das normale Mehl.‹

Während ich die Pfannkuchen zubereitete, blieb eine leichte Spannung im Raum, ich ärgerte mich. Schließlich, als wir uns zum Frühstück hinsetzten, bemerkte Ben, dass ich immer noch etwas verärgert wirkte, der Schlaufuchs. ›Was genau meinst du damit, wenn du normales Mehl sagst?‹, fragte er, diesmal in einem versöhnlicheren Ton.

Ich hielt inne und dachte nach. ›Du hast recht. Für mich ist Weizenmehl das, was ich immer benutze und deshalb das normale Mehl. Ich hätte klarer sein sollen.‹

Gut, dass Ben es drauf hat«, grinste Anna mich jetzt an. »Wieso, wie hat er denn darauf reagiert?«, wollte ich wissen. »Ben nickte und sagte, dass wir vielleicht einfach immer genauer sagen sollten, was wir meinen, um solche Missverständnisse zu vermeiden.«

Ich lächelte. »Ja, das klingt nach einem guten Plan.«

»Soll ich noch etwas dazu sagen?«, fragte ich, natürlich ebenfalls grinsend. »Ja, schon klar, ich sollte nicht so ungeduldig sein«, kam es von Anna.

»Nein, also doch auch, aber vor allem, Klarheit hilft. Oder die Frage: **Was GENAU meinst du damit?** Hätte Ben ja auch fragen können …«

Das Wissen vom Nichtwissen ist sinnvoll und ein entscheidender Schlüssel in der Kommunikation. Im Coaching und insbesondere in der Auftragsklärung ist es für mich der größte Vorteil, die Unwissendste im Raum zu sein. So habe ich die Chance, wirklich zu verstehen, was mein Gegenüber meint. Was steht also hinter dem Thema und noch dahinter? Und das wirklich Interessante an der gesamten Thematik: Mein Gegenüber weiß meist auch noch nicht alles. Oft ist da auch nur eine Idee, aber eben noch nicht konkret das Thema.

Was genau meinst du damit? Was genau hat sie gesagt? Oder auch »**Wie genau meinst du das?**« gehören zu den wertvollsten Fragen im Leben. Sie machen frei von Interpretationen.

Hier ist eine kurze Geschichte, die illustriert, wie wichtig es ist, präzise nachzufragen:

Ich fing als junge Changemanagerin mit Mitte 20 bei einem großen Unternehmen an und war fest entschlossen, alle Projekte erfolgreich abzuschließen. Eines Tages erhielt ich den Auftrag, ein neues Marketingkonzept zu entwickeln. Der Geschäftsführer sagte nur: »Wir brauchen ein Konzept, das unsere Kunden wirklich anspricht.«

Voller Enthusiasmus machte ich mich an die Arbeit. Ich entwarf ein Konzept, das meiner Meinung nach alle Kundenbedürfnisse abdeckte und eine innovative Kampagne beinhaltete. Nach Wochen harter Arbeit präsentierte ich mein Konzept dem Team. Die Reaktionen waren gemischt – einige waren beeindruckt, andere stellten fest, dass es nicht den Erwartungen entsprach.

Verwirrt und frustriert bat ich den Geschäftsführer um ein Feedbackgespräch. Während des Gesprächs stellte sich heraus, dass er eine spezifische Zielgruppe im Sinn hatte und konkrete Vorstellungen davon hatte, welche Aspekte des Produkts hervorgehoben werden sollten. Was für mich offensichtlich war, war für ihn ein völlig anderes Bild.

Er erkannte, dass ich nicht die richtigen Fragen gestellt hatte, um seine Vorstellungen klar zu verstehen. »Es ist entscheidend, präzise nachzufragen«, sagte er. »**Was genau meinst du damit?** Oder: **Was ist das Ziel?** wären für dich die richtigen Fragen gewesen.«

Ich lernte eine wichtige Lektion, damals mit Mitte 20: In der Geschäftswelt ist es oft nicht nur wichtig, Aufgaben auszuführen, sondern auch sicherzustellen, dass man die Anforderungen und Erwartungen klar versteht. Durch präzises Nachfragen konnte ich beim nächsten Projekt Missverständnisse vermeiden und effektiver arbeiten. Vielleicht war das sogar der Einstieg in mein Lieblingsthema: Fragen stellen.

Denn durch genaue Fragen stellen wir sicher, dass die Anforderungen, Erwartungen und Ziele verstanden werden. Das reduziert das Risiko von Missverständnissen und Fehlinterpretationen.

Trau dir das ruhig zu. Geh mal das Abenteuer ein und nutze bei der kleinsten Unklarheit diesen Satz: **Wie genau meinst du das?** Du wirst NICHT erleben, dass du schief angeschaut wirst. Du wirst erleben, dass dein Gegenüber sowas sagt wie: »Ja klar, also …« Wenn du genau verstehst, was benötigt wird, kannst du zielgerichtete Lösungen entwickeln, die den tatsächlichen Bedürfnissen entsprechen. Dies führt zu besseren Ergebnissen. Klarheit zu Beginn spart Zeit, die ansonsten für Korrekturen und Anpassungen aufgewendet werden müsste. Und schließlich ist es oft doch genau die Zeit, die uns allen fehlt. Also gib dir Zeit, statt sie dir zu nehmen.

8 Du könntest oder du machst? Du würdest oder du wirst?

Was dir dieser FragenQuickie bringt:
Bestimmtheit – Sicherheit – Ausdruckskraft

Kennst du diese gesellschaftliche Krankheit namens »Konjunktivitis«? Besonders betroffen sind meiner Erfahrung nach Menschen im Alter zwischen 30 und open end. Das Symptom ist eine Art Weichmacherei und Unklarheit. Die Beschwerden äußern sich vor allem in Missverständnissen und Ineffektivität. Leidest du auch an der Krankheit? Oder kennst du jemanden, der jemanden kennt, der jemanden kennt ...?!? Dann kommt hier Frau Prof. Dr. Dyck mit der Ursachenanalyse: Gewöhnlicherweise sprechen wir Kommunikationsexperten/-expertinnen von Konjunktivitis, wenn Personen viele Weichmacher in der Sprache verwenden. »Ich *könnte* die Rechnung fertig stellen.« »*Würdest* du den Müll runterbringen?«. »Ich *hätte* da eine Idee«, oder auch sehr verbreitet: »Ich *würde* die Präsentation jetzt starten.« Schwere Fälle dieser Krankheit sind ebenso heilbar wie Fußpilz – man muss dranbleiben (wer ist dieser Mann eigentlich, von dem ich da spreche?!?!) ... Ich verbessere mich: Du darfst dranbleiben.

Es war einer dieser typischen Montagnachmittage, an denen die Luft im Konferenzraum schwer und stickig war. Ich saß am Kopf des langen, polierten Holztisches und beobachtete, wie die Mitglieder des Führungsteams langsam Platz nahmen. Einige tuschelten untereinander, andere sahen nervös auf ihre Smartphones. Wir warteten auf Martin, den CEO des Unternehmens, der bekannt dafür war, nie pünktlich zu erscheinen. Schließlich öffnete sich die Tür und Martin trat ein, mit seiner üblichen Mischung aus lässigem Selbstvertrauen und einer Spur Hektik in seinen Bewegungen.

»Guten Nachmittag zusammen«, sagte er und setzte sich an seinen Platz. »Wir könnten jetzt anfangen und schauen, welche Dinge auf der Agenda stehen. Wer würde denn starten?«

Ich unterdrückte ein Seufzen und meinen Gedanken: ›**Wir könnten oder fangen jetzt an?**‹ Martin war ein brillanter Kopf, keine Frage. Doch in letzter Zeit war mir aufgefallen, dass seine Kommunikation immer häufiger von Unsicherheit geprägt war. Immer wieder verfiel er in den Konjunktiv, als würde er versuchen, sich selbst abzusichern und bloß keine klaren Ansagen zu machen. Keine:r übernahm die Führung.

»Es wäre vielleicht eine gute Idee, wenn wir über die neuen Marktentwicklungen nachdenken würden«, fuhr Martin fort. »Wir könnten uns überlegen, ob es Sinn machen würde, unsere Strategie anzupassen. Was meint ihr?«

Boah, ob es da ein Antibiotika für so eine Schwere der Konjunktivitis gibt, war einzig mein Gedanke. Ich wurde schon ganz hibbelig, hielt mich dennoch zurück. Schließlich wollte ich sehen, wie das Team darauf reagiert. Es ist ja immer ganz erhellend, das gesamte System einmal laufen zu lassen.

Einige Kollegen und Kolleginnen nickten zögerlich, andere schauten fragend in die Runde. Niemand schien genau zu wissen, was er oder sie sagen sollte. Die Unsicherheit lag spürbar in der Luft und ich als Moderatorin fühlte mich gezwungen, einzugreifen.

»Martin«, begann ich vorsichtig, »**wäre es eine gute Idee, über Marktentwicklung nachzudenken, oder möchtest du gern, dass wir an der Marktentwicklung arbeiten?**«

Er sah mich prüfend an. »Ja, wie ich eben sagte …« »Okay«, sagte Janine, Leiterin Marktanalyse, »welche konkreten Schritte sollten wir deiner Meinung nach in Betracht ziehen?«

Martin lächelte unsicher. »Nun, ich würde sagen, dass wir darüber nachdenken könnten, unsere Produktpalette zu erweitern. Aber natürlich müssten wir das genauer analysieren und könnten auch erstmal eine Marktstudie in Erwägung ziehen.«

Wieder nur Konjunktive. Ich spürte, wie sich die Spannung in der Gruppe verstärkte. Es war, als ob wir alle in einem dichten Nebel stocherten und keiner wusste, in welche Richtung wir uns bewegen sollten.

»Martin«, setzte ich noch einmal an, diesmal etwas fester, »kannst du uns klar sagen, was du möchtest? **Würdest du sagen, dass wir die Marktpalette erweitern sollten, oder ist das auf jeden Fall ein Ziel? Sollen die Kollegen und Kolleginnen dazu eine Marktstudie durchführen oder ist es nur in Erwägung zu ziehen?**«

Martin zuckte mit den Schultern und wich meinem Blick aus. »Ja, also, das wäre sicherlich eine Möglichkeit. Aber wir sollten vielleicht auch überlegen, ob es sinnvoll wäre, das Ganze zu verschieben, bis wir mehr Daten haben.«

In diesem Moment wurde mir klar, dass Martins ständige Verwendung des Konjunktivs nicht nur seine eigene Unsicherheit widerspiegelte, sondern auch die gesamte Kommunikation des Teams lähmte. Niemand wagte es, klare Entscheidungen zu treffen, weil Martin selbst keine klare Richtung vorgab. Es war, als ob er immer einen Schritt zurücktrat, anstatt voranzugehen.

Ich fasste einen Entschluss. »Okay, Martin«, sagte ich fest und lehnte mich nach vorne. »Wir brauchen Klarheit. Was genau ist deine Entscheidung?«

Martin schaute mich an und für einen Moment sah ich, wie seine Unsicherheit durchbrach. Dann nickte er langsam. »In Ordnung. Wir werden eine Marktstudie durchführen. Wer übernimmt das Thema federführend?«

Sofort spürte ich, wie sich die Atmosphäre im Raum veränderte. Die Unsicherheit war verflogen und es kehrte eine konzentrierte, zielgerichtete Energie zurück. Die Kollegen und Kolleginnen begannen, konkrete Vorschläge zu machen und Aufgaben zu übernehmen. Martins klare Ansage hatte die Richtung vorgegeben und alle konnten endlich mit der Arbeit beginnen.

Das Phänomen von zu viele Konjunktiven kennen wir vermutlich alle. Werden unsere Aussagen unklar, führt das in der Regel dazu, dass das Gegenüber nicht genau weiß, was gewünscht oder erwartet wird. »Könntest du dein Zimmer aufräumen« geht bei Kindern in das eine Ohr rein und du siehst es förmlich aus dem anderen wieder rausspringen. Dabei ist es sicher nicht durch das Gehirn gelaufen. »Ich würde den Handwerker jetzt anrufen« vermittelt Unsicherheit und mangelndes Vertrauen in die eigenen Aussagen oder Entscheidungen. Warum?!, frage ich mich da. Was gibt es für Hindernisse? Welche Fragezeichen müssen noch in Ausrufzeichen verändert werden?

Ich erlebe Situationen wie oben beschrieben auf allen Ebenen und Rollen im Unternehmen. Vor allem, wenn Führungskräfte nicht klar und deutlich kommunizieren, kann dies die Entscheidungsfindung verlangsamen und die Effizienz des Teams beeinträchtigen. Denn die häufige Verwendung von Konjunktiven wird zu Missverständnissen führen, da die Aussagen mehrdeutig, vor allem aber interpretationsbedürftig sind. Die wahrgenommene ständige Unsicherheit in der Sprache führt dazu, dass eine Führungskraft als weniger kompetent oder entscheidungsfreudig wahrgenommen wird.

Prüfe an der Stelle gern deine Kommunikation auf Konjunktive. »Wir *könnten* vielleicht darüber nachdenken, ob wir nächste Woche mit dem Projekt starten sollten.« Besser: »Wir starten nächste Woche mit dem Projekt.«

»Es *wäre* gut, wenn Sie die Präsentation bis Freitag fertigstellen könnten.« Lieber so: »Bitte stellen Sie die Präsentation bis Freitag fertig!«

»Wir *würden* uns überlegen, wie wir die neue Strategie umsetzen könnten.« Klarer: »Wir setzen die neue Strategie um. Beziehungsweise wir planen die Umsetzung der neuen Strategie.«

Klare Ansagen und Entscheidungen beschleunigen Arbeitsprozesse. Das ist im beruflichen Kontext der gleiche Effekt wie im Privaten. Denn direkte und entschlossene Kommunikation stärkt das Vertrauen in die Führungskraft und motiviert das Team – oder eben die Kinder (okay, hier erliegen wir manchmal Illusionen ab einem gewissen Alter, da setzt sich die Vernunft noch nicht 100% durch).

Dennoch, wenn du klar kommunizierst, verhinderst du Missverständnisse und stellst sicher, dass alle Beteiligten die gleichen Informationen haben und wissen, was zu tun ist. Die Verwendung von klarer Sprache zeigt Verantwortung und Entschlossenheit, was sowohl die eigene Position stärkt als auch die Zusammenarbeit erleichtert. Dadurch werden Ziele deutlich formuliert und der Fokus auf die wesentlichen Aufgaben gelenkt. Rein nach dem Motto »Gut gebügelt ist halb genäht« (*Petra Hauf*) hilft es, einen Satz von Anfang an in die Klarheit zu bringen, damit die gesamte Kommunikation in Klarheit stattfinden kann.

Ein weiteres Beispiel: Es war ein besonderer Abend im Haus von Mia und Jonas. Mias Mutter Anna hatte Geburtstag und die ganze Familie war zusammengekommen, um zu feiern. Ich war bereits früher da und half meinen Freunden etwas. Der Tisch war festlich gedeckt und in der Küche duftete es nach frischen Kräutern und gebratenem Gemüse. Die Stimmung war gut und alle waren gespannt auf das Essen, das Mia und Jonas gemeinsam zubereitet hatten.

»Ich könnte vielleicht noch etwas mehr Salz in die Suppe geben«, sagte Jonas, während er den Deckel des Kochtopfs anhob und vorsichtig daran schnupperte.

Ich musste innerlich grinsen – wobei, wahrscheinlich auch äußerlich. Als Kommunikationsexpertin habe ich bestimmte Trigger in der Sprache. Konjunktive sind auf meiner Top Ten.

Mia, die gerade die letzten Vorbereitungen für den Nachtisch traf, warf einen Blick auf ihn. »Meinst du wirklich? Oder sollten wir lieber warten, bis alle probiert haben?« Jonas zuckte die Schultern. »Ja, vielleicht. Es wäre aber auch gut, wenn die Suppe gleich perfekt wäre.«

Ich konnte den Drang, mich einzumischen, nicht unterdrücken und lächelte sanft. »Wenn ihr meint, dass die Suppe noch ein wenig Salz braucht, dann gebt doch einfach etwas dazu.«

Jonas nickte. »Das könnten wir machen, aber vielleicht wäre es besser, wenn wir es später machen würden.«

Die Konversation ging so noch eine Weile hin und her, ohne dass eine klare Entscheidung getroffen wurde. Schließlich war das Essen fertig und alle nahmen am Tisch Platz. Während des Essens setzte sich das zögerliche Hin und Her fort. »Der Wein könnte etwas zu stark für das Essen sein, oder?«, fragte Mia unsicher. »Vielleicht«, antwortete Jonas. »Aber er würde auch gut zum Hauptgang passen.«

Wer mich kennt, weiß, dass ich eine geraume Zeit lang geduldig bin und irgendwann bricht es aus mir heraus. Um den Anstand zu wahren und mich nicht mit Konjunktivitis rumzuschlagen, versuchte ich das Gespräch in eine andere Richtung zu lenken. »Der Nachtisch sieht wunderbar aus, Mia. Möchtest du ihn etwas früher servieren?« Mia nickte. »Ja, das wäre eine Möglichkeit. Aber wir könnten auch noch ein bisschen warten, bis alle bereit sind.«

So, und da war der Punkt gekommen, an dem ich es nicht mehr aushielt. Mag egoistisch klingen. Gleichzeitig fand ich es schade, wenn der Abend verstrich, ohne dass jemand wirklich zufrieden war. Die unsicheren Aussagen hatten verhindert, dass klare Entscheidungen getroffen wurden, und die Feier hatte dadurch an Energie verloren. Da es sehr gute Freunde sind, atmete ich tief durch und sagte: »So, genug mit der Konjunktivitis! **Könnte der Wein zu stark sein oder ist er zu stark?** Fragt doch, was die anderen meinen. **Könnte er zum Hauptgang passen oder passt er zum Hauptgang?** Entscheidet es. **Könnte die Suppe zu salzig sein oder ist sie für den einen oder die andere zu salzig?**«

Schweigen. Verdutzte Blicke. Offene ungläubige Augen.

Und dann brach ein prustendes Lachen aus Mia heraus. Ich fing ebenfalls an zu lachen und der Rest verstand nun auch. »Es hätte schon von Anfang an ein schönes und unbeschwertes Fest sein können, fühlte sich nur wie ein ständiges Abwägen und Zweifeln an«, sagte ich. Der Abend verlief danach ganz wunderbar und entgegen dem Anfang nahmen wir uns alle auf den Arm, wenn jemand wieder einen kleinen Konjunktivitis-Anfall spürte.

Schauen wir noch einmal auf die Metaebene: Die ständige Verwendung von Konjunktiven in der Kommunikation führte dazu, dass keine klaren Entscheidungen getroffen werden. Dies schafft eine Atmosphäre der Unsicherheit und des Unbehagens. Alle Beteiligten fühlten sich unentschlossen und werden unsicher, was als Nächstes passieren sollte. Dies verhinderte im Fall von Mia und Jonas, dass die Feier so entspannt und freudig verlief, wie sie hätte sein können. Der ständige Gebrauch von Konjunktiven strahlte eine Unsicherheit aus, die die Stimmung am Tisch beeinflusste und dazu führte, dass sich keiner wirklich wohlfühlte. War es ein »auf den Tisch hauen« von mir? Vielleicht. Definitiv veränderte sich die Stimmung zum Positiven und wir hatten einen sehr netten und emotionalen Abend.

Anna bat mich am Ende des Abends um eine einfache Übung, um jeden Tag an klarer Sprache zu arbeiten. Ich erzählte von der »Entweder-oder-Methode«:

1. Schärfe deine Wahrnehmung: Beginne, deine eigene Sprache zu beobachten. Achte besonders darauf, wann du Konjunktive wie »könnte«, »würde«, »sollte« verwendest.

2. Triff klare Entscheidungen: Versuche bei jedem Gebrauch eines Konjunktivs eine klare Entscheidung zu treffen. Anstatt zu sagen: »Ich könnte das machen«, entscheide dich und sage: »Ich mache das.« Oder eben: »Ich mache das nicht.«

3. Reflektiere am Ende jeden Tages kurz: Gab es Momente, in denen ich den Konjunktiv benutzt habe? Wie hätte ich klarer sprechen können?

4. Übe: Finde jemanden, mit dem du diese Übung gemeinsam machen kannst. Gebt euch gegenseitig Feedback und ermutigt euch, klare, direkte Sätze zu formulieren.
5. Suche eine positive Verstärkung: Belohne dich, wenn du es schaffst, Konjunktive zu vermeiden und klar zu sprechen. Kleine Erfolge sollten gefeiert werden, um die Motivation zu stärken.

»Aha«, fragte Anna, »durch diese Übung könnte ich lernen, meine Sprache bewusster zu wählen und in meiner Kommunikation sicherer und entschlossener zu werden?« **»Könntest du oder kannst du?«**, erwiderte ich grinsend.

Wichtig sind mir in diesem Zusammenhang Unterschiede zwischen schriftlicher und mündlicher Kommunikation: Mündliche Kommunikation bietet die Möglichkeit, durch Tonfall, Körpersprache und Mimik zusätzliche Informationen zu vermitteln. Unsicherheiten können so besser kompensiert werden, aber Konjunktive fallen in diesem Kontext besonders auf und schwächen die Wirkung einer Aussage.

In der schriftliche Kommunikation hingegen werden keine Betonungen, kein Humor und keine nonverbale Sprache übertragen. Hier sind Konjunktive als Weichmacher für mich absolut sinnvoll. Denn als Sender einer E-Mail weiß ich nie genau, in welcher Stimmung der Empfänger diese liest. Ist er im Stress, wird er denselben Inhalt anders wahrnehmen und interpretieren als im entspannten Modus.

Da der Ton in schriftlicher Kommunikation schnell als unhöflich oder schroff empfunden werden kann, verwende vermehrt Höflichkeitsformen wie »bitte« und »danke«! Diese tragen zu einem freundlicheren Ton bei. Achte zudem darauf, dass deine Sätze nicht mehrdeutig sind und keine doppelten Bedeutungen haben! Dies hilft, Missverständnisse zu vermeiden.

In beiden Fällen gilt: Klarheit in der Sprache ist der Schlüssel zu effektiver und glaubwürdiger Kommunikation.

9 Was genau hast du verstanden?

Was dir dieser FragenQuickie bringt:
Selbstreflexion – gemeinsames Verständnis – Verantwortung

Online-Meeting: Agenda steht, Ziel steht – zumindest so der Idealfall. Der Projektleiter startet pünktlich, die Hälfte der Teilnehmenden hat ihre Kamera ausgeschaltet. Die anderen sitzen still da, blicken entweder abwesend auf ihre Bildschirme oder scheinen gedanklich woanders zu sein. Während der Projektleiter seine Folien präsentiert, ist kaum Reaktion zu sehen. Ab und zu ein kurzes Nicken, aber der Funke springt nicht wirklich über.

Ich sitze begleitend zum Thema »Effektive Online-Meeting-Moderation« im Projektmeeting zum Messeauftritt eines neuen Kunden.

Am Ende, wie immer, stellt der Projektleiter die obligatorische Frage: »Sind alle Fragen geklärt? Gibt es noch etwas?« Stille. Niemand meldet sich. Mit einem erleichterten »Gut, dann beenden wir hier«, schließt der Projektleiter das Meeting. Alle loggen sich aus, zurück bleibt das Gefühl, dass die Stunde wenig bewegt hat.

Kennst du? Klar, ist ja auch oft so.

Diese geschlossene Frage »Gibt's noch Fragen?« schließt unseren Denker. Wir haben quasi keine andere Chance, als ja oder nein zu sagen. Viele Teilnehmende fühlen sich unwohl, in einer großen Runde Fragen zu stellen, aus Angst, dass sie dumm wirken könnten oder ihre Frage unwichtig erscheint.

Das Problem dahinter ist nur, dass Aufträge danach oft ungenügend ausgeführt werden. Einfach weil wir ein sogenanntes Modell der Welt besitzen. Ich meine damit, dass JEDE:R von uns ein unterschiedliches Modell der Welt besitzt. Wir alle, wie wir diesen Text lesen, sind unterschiedliche Jahrgänge, aus unterschiedlichen Sozialisationen, unterschiedliche Kulturen prägen uns, unterschiedliche Ausbildungen und Erfahrungen, unterschiedliche Überzeugungen und Perspektiven formen unsere Wahrnehmung. Diese individuelle »Welt« beeinflusst, wie wir Dinge verstehen, interpretieren und auf sie reagieren. Da jeder Mensch unterschiedliche Erfahrungen gemacht hat, hat auch jeder ein eigenes Modell der Welt.

Und jetzt, in diesem Moment, lesen wir alle den gleichen Text. Da wäre es doch töricht, anzunehmen, dass jeder exakt das Gleiche versteht.

Daher ist die offene Frage »**Was genau hast du verstanden?**« ein wertvolles Element, sobald du gewiss sein möchtest, dass dein Anliegen auch angekommen ist.

Stell dir vor, Magarete und Paul arbeiten zusammen an einem Projekt. Magarete kommt aus einem kreativen Bereich, liebt es, spontan zu arbeiten und neue Ideen zu entwickeln. Paul hingegen ist ein Ingenieur, der strukturiert und planvoll vorgeht. Hier haben wir zumindest eine unterschiedliche Ausbildung und unterschiedliche Erfahrungen im Bezug auf die Aufgaben. Während eines Meetings schlägt Magarete eine neue, unkonventionelle Idee vor, doch Paul reagiert skeptisch und weist darauf hin, dass es keinen klaren Plan für die Umsetzung gibt.

Beide geraten in eine Diskussion, weil sie nicht verstehen, warum die anderen so anders denken. Doch hier kommt das Modell der Welt ins Spiel: Magarete sieht die Welt durch ihre kreative Linse, in der Flexibilität und Innovation zentral sind. Paul sieht die Welt jedoch durch die Linse der Präzision und Planung, wo Struktur wichtig ist.

Jetzt stell dir die Situation vor, dass Magarete Paul fragt: »**Was genau hast du verstanden**, was das Ziel meines Vorschlages ist?« (Dem geneigten Leser wird auffallen, dass hier zusätzlich noch nach dem Ziel gefragt wird, siehe Kapitel 20.)

Dann könnten Magarete und Paul erkennen, dass sie aufgrund ihrer unterschiedlichen Weltsichten nicht exakt verstehen, was der andere meint. Sie würden, im besten Fall, beginnen, die Perspektive des anderen zu respektieren und einen gemeinsamen Weg zu finden, der Kreativität und Struktur vereint.

Das Modell der Welt erklärt auch, dass Missverständnisse oft entstehen, weil jeder die Welt auf seine eigene Weise wahrnimmt – und effektive Kommunikation darin besteht, diese unterschiedlichen »Welten« zu verstehen und zu berücksichtigen. Die Frage **»Was genau hast du verstanden?«** zielt auf die unterschiedliche Wahrnehmung ab.

Wenn das Meeting nur aus Monologen oder Präsentationen besteht, entsteht keine aktive Beteiligung. Am Ende des Meetings haben die Teilnehmenden entweder nicht mehr die Energie oder die Motivation, Fragen zu stellen. Nimm dir also zukünftig zum Schluss eines Meetings zehn Minuten Zeit und frage gezielt einzelne Personen, **was genau sie verstanden haben**. Das könnte dann ungefähr so lauten: »Thomas, ich möchte nur sichergehen, dass wir beide genau wissen, was die nächsten Schritte sind. Daher, **was genau hast du verstanden**, was deine Aufgabe ist?« Thomas wird hoffentlich aktiv am Meeting teilgenommen haben und genau wissen, wie es weitergeht. Sollte dem nicht so sein, kannst du den Cross-Check machen und wohlwollend reagieren. Ungefähr so: »Sehr gut, das sind auf jeden Fall Teile der Aufgaben. Zusätzlich ist mir noch wichtig, dass ABC bis zum Zeitpunkt X erledigt wird.«

Entweder wirst du hier bereits plötzlich in wachere Gesichter blicken, weil irgendjemand der Nächste sein wird. Dann empfehle ich dir, noch einmal in die Runde zu fragen: **Welche Fragen habt ihr noch?** Oder aber du sprichst eine:n andere:n Mitarbeiter:in in der gleichen Art und Weise an.

Und eines ist klar. Von mir schon zigmal ausprobiert und weitergegeben. Das machst du in maximal zwei Meetings und dann nicht mehr. Warum?!? Klar, weil jetzt jeder dabei ist. Keiner will sich die Blöße geben, nicht zugehört zu haben. Fühlt sich das für dich erstmal komisch an? Sicher! Hast du damit einen enormen Zeitgewinn? Absolut! Du wirst im Nachgang nicht zig E-Mails oder Termine erhalten, in denen noch einmal gefragt wird, was eigentlich genau die Aufgabe ist.

»Die wenigsten Menschen sind mutig genug, Fragen zu stellen.«

Diese Haltung sehe ich leider immer wieder. Sei du mutig und stelle diese Frage. Du kannst nur gewinnen. An der Stelle möchte ich einen kleinen Ausflug zum Thema Fragearten machen und dich dabei auf die Reise zum Unterschied zwischen offener und geschlossener Frage mitnehmen. Eine offene Frage lässt dem Gesprächspartner Raum für eine ausführliche, freie Antwort. Sie beginnt oft mit »Was«, »Wie« oder »Wozu« etc. und lädt zur Reflexion oder detaillierten Beschreibung ein. Beispiel: »Was hat dir an dem Projekt besonders gut gefallen?« statt einer geschlossenen Frage: »Hat dir das Projekt gefallen?« Die geschlossene Frage erfordert eine kurze, meist eindeutige Antwort, oft »Ja« oder »Nein«. Sie zielt präzise und zielgerichtet auf eine schnelle Informationsgewinnung ab.

Beide haben selbstredend Vor- und Nachteile.

Immer, bevor du eine Frage stellst, mach dir klar, was das Ziel ist. Immer. Gibt es Ausnahmen? Nein.

Willst du eine ausführliche Antwort und tiefer in das Thema eintauchen und mehr Details oder Hintergründe erfahren – dann stelle eine offene Frage. Sie hilft, ein umfassendes Bild von den Gedanken, Gefühlen oder Meinungen des Gesprächspartners zu bekommen. Du zeigst damit echtes Interesse und ermöglichst es dem Gesprächspartner, sich zugehörig und verstanden zu fühlen. Klar, vieles (außer meine absolute Lieblingsfrage in Kapitel 30). was Vorteile hat, hat auch Nachteile. Offene Fragen können lange und ausschweifende Antworten nach sich ziehen, was mehr Zeit beansprucht. Manchmal werden Antworten zu unspezifisch oder verwirrend, was das eigentliche Ziel der Frage verfehlen kann. Die gewonnenen Informationen sind dann oft weniger strukturiert und schwerer zu analysieren oder in konkrete Handlungen umzusetzen.

Ist also dein Ziel, viele Informationen zu gewinnen, dann stelle eine offene Frage.

Möchtest du jedoch schnell klare und eindeutige Antworten, dann stelle eine geschlossene Frage. Diese sind ideal, wenn präzise Informationen benötigt werden. Praktischerweise sind geschlossene Fragen leicht zu formulieren und der Antwortaufwand ist für den Gesprächspartner minimal. Die Antworten sind meist direkt und übersichtlich, was ihre Auswertung vereinfacht. Allerdings liefern geschlossene Fragen oft nur oberflächliche oder knappe Antworten, wodurch wertvolle Details und Hintergründe verloren gehen. Der Gesprächspartner hat nicht die Möglichkeit, seine Gedanken oder Gefühle ausführlicher darzulegen. Wobei wir wieder bei dem »geschlossenen Denker« sind. Wir geben bei dieser Frageart gar keine Möglichkeit, den Denker im Kopf des anderen zu öffnen. Zumal wir auch bei dieser Frageart wenig Denkzeit geben. Daher werden Gespräche eher eingeschränkt und nicht zu weiterem Austausch anregen, wodurch der Dialog schnell abbricht.

Wie gesagt, es geht nicht um besser oder schlechter. Sondern darum, was du erreichen willst. Soll es lediglich eine Entscheidung sein, dann frage geschlossen. Oder möchtest du viele Infos und dich austauschen, dann fragst du offen. Stell dir eine Kommunikation wie einen Filter vor. Oben kommen viele offene Fragen rein, damit ein Thema eingegrenzt wird. Dann hast du zwischendrin noch viele andere Möglichkeiten von Fragearten, die extrem zielführend sind. Diese schau dir gern in der Online Academy an. Die Infos dazu findest du am Ende des Kapitels. Am Ende vom

Filter, wenn er quasi zusammengeht, stellst du nur noch Entscheidungsfragen. Ja oder nein.

Es war ein typischer Nachmittag und wie so oft hatte ich meiner großen Tochter eine kleine Aufgabe gegeben. »Könntest du bitte dein Zimmer aufräumen und danach den Tisch für das Abendessen decken?«, sagte ich, während ich in der Küche beschäftigt war. Sie antwortete schnell und ohne zu zögern: »Ja, ja, Mama!« und lief in ihr Zimmer.

Nach einigen Minuten schaute ich nach, ob sie mit dem Aufräumen begonnen hatte. Als ich jedoch in ihr Zimmer kam, lag sie gemütlich auf dem Teppich und spielte Lego. Das Zimmer sah genauso unordentlich aus wie zuvor. Ich spürte, dass sie meine Anweisungen wohl nicht wirklich beachtet hatte. Nach anstrengenden Tagen ist eine Diskussion mit einer Vorpubertären durchaus anstrengend. Ich habe es mir aber angewöhnt, was übrigens ein längerer Prozess war, mein Kommunikationswissen aus der Führungswelt in die Kinderwelt zu übertragen. Wenn es bei den einen funktioniert, warum auch nicht bei den anderen.

Daher fragte ich sie: »**Was genau hast du verstanden, was du machen sollst?**«

Sie blickte mich etwas verwirrt an und zuckte mit den Schultern: »Weiß ich nicht, Mama. Ich hab' nicht zugehört.« Du kannst dir vorstellen, wie tiefenentspannt ich bei solchen Aussagen bin.

Jetzt stell dir doch bitte mal vor, wie es ist, wenn das dein:e Mitarbeiter:in zu dir sagt. Wird so nicht passieren. Aber denken wird er/sie es bestimmt.

Ich atmete tief durch, um nicht sofort frustriert und in meiner Stimme allzu energisch zu werden. Dann setzte ich mich zu ihr und erklärte noch einmal ruhig: »Ich möchte, dass du zuerst dein Zimmer aufräumst. Das bedeutet, dass du die Spielsachen wegräumst, deine Bücher ins Regal stellst und dann den Tisch für das Abendessen deckst, okay?«

Diesmal sah sie mich an, nickte und ich merkte, dass sie nun wirklich zugehört hatte. »Alles klar, Mama. Okay.« Sie sprang vom Bett und begann, ihr Zimmer in Ordnung zu bringen.

Manchmal braucht es einfach ein paar zusätzliche Sekunden, um sicherzustellen, dass unsere Kinder wirklich verstehen, was wir von ihnen wollen.

Zum Thema Fragearten schau gern in den Online-Kurs »Kommunikation, die dein Leben bereichert« unter www.brigitte-dyck.com/shop oder direkt über den QR-Code.

10 Was hast du bereits dafür getan? Was wirst du noch dafür tun? Und was brauchst du jetzt konkret von mir?

Was dir dieser FragenQuickie bringt: Zeitgewinn – Verantwortungsübernahme – Kompetenzentwicklung

»Meine Tür steht immer offen. Die Open-Door-Politik ist bei uns gang und gäbe. Es ist mir wichtig, dass alle Mitarbeitenden immer auf mich zukommen können. Aber ehrlich, ich hab keine Zeit dafür«, sagt Norbert, Teilnehmer einer meiner Leadership Masterclasses. Als Abteilungsleiter in einem mittelständischen Unternehmen weiß er, wie wichtig es ist, für sein Team da zu sein. Trotzdem türmten sich die Aufgaben auf seinem Schreibtisch, und oft wusste er nicht, wo er anfangen sollte. Das war auch der Grund, warum er zusätzlich zur Ausbildung noch bei mir im Einzelcoaching auftauchte.

»Gestern erst wieder versuchte ich mich durch eine Flut von E-Mails zu kämpfen, da stand Sarah, eine meiner jüngeren Mitarbeiterinnen, in der Tür. Sie sah gestresst aus«, beschrieb er mir die Situation. »Sie fragte, ob ich einen Moment habe. Innerlich seufzte ich, lächelte aber nach außen hin und deutete auf den Stuhl vor meinem Schreibtisch. Sie erzählte, sie würde mit ihrem Projekt nicht weiterkommen. Sie wusste nicht, wie sie das Problem mit den Lieferanten lösen soll, und fragte mich nach Hilfe.«

Ich fragte ihn, wie er Sarah geholfen hat. Darauf erläuterte er mir, dass er ihr natürlich hilft, wenn sie darum bittet, und die Sache sofort angegangen ist. »Aber zu meiner Arbeit bin ich nicht gekommen.«

In dem folgenden Coaching befragte ich ihn, welche Möglichkeiten er stattdessen gehabt hätte. Dann erinnerte er sich an ein Thema in unserem Seminar, welches wir vor Kurzem behandelt hatten.

Es ging um effektive Führung und darum, wie wichtig es ist, Mitarbeitenden zu helfen, ihre eigenen Lösungen zu finden und Verantwortung zu übernehmen. »**Was *genau* hast du bereits dafür getan?**«, dämmerte es ihm und er schaute mich grinsend an. »Ja natürlich! Ich kann mich in meinem Stuhl zurücklehnen und fragen: ›**Was *genau* hast du bereits dafür getan?**‹« »Genau. Und was könnte sie antworten?« Norbert wirkte überrascht: »Sie könnte sagen, dass sie die Lieferantenliste überprüft und versucht hat, alternative Anbieter zu finden. Aber wahrscheinlich wird sie sagen, dass keiner die benötigte Qualität liefern kann.« »Wahrscheinlich«, sagte ich zu ihm. »Erinnerst du dich noch, was der zweite und dritte Schritt bei der Rückdelegation ist?«

»Klar: ›**Was *genau* wirst du noch tun?**‹ Und: ›**Was *genau* brauchst du jetzt von mir?**‹«

Wir spielten das Szenario durch und er erkannte, dass es im Grunde diese Fragen sind, die ihm langfristig mehr Zeit geben.

Die Vorteile von den Fragen in dieser Reihenfolge liegen auf der Hand: Rückdelegation hilft den Mitarbeitenden, ihre Fähigkeiten zu erweitern und selbstständig Probleme zu lösen. Das fördert ihr Selbstbewusstsein und ihre Selbstwirksamkeit und damit die berufliche Weiterentwicklung des Teams. Durch die Frage »**Was *genau* hast du bereits getan?**« kannst du abschätzen, inwieweit Mitarbeitende bereits ihre eigenen Ideen eingebracht haben. Mit der zweiten und wichtigsten Frage »**Was *genau* wirst du noch dafür tun?**« forderst du Mitarbeitende regelmäßig, ihre eigenen Lösungen zu finden. Damit entwickeln diese bessere Problemlösungsfähigkeiten und lernen, ihre Aufgaben eigenständig zu bewältigen, was dem gesamten Team zugutekommt, da es zu innovativeren und effizienteren Lösungen führt. Startest du damit, wirst du es schaffen, dass vorhandene Ressourcen direkt besser genutzt werden und sich damit die Produktivität erhöht.

Die dritte Frage »**Was *genau* brauchst du jetzt von mir?**« klärt, welche Hilfe exakt Mitarbeitende brauchen. Hier wird nach konkreter Unterstützung gefragt – im Unterschied zur einfachen Frage nach Hilfe. Die Rückdelegation fördert das Verantwortungsbewusstsein der Mitarbeitenden. Sie lernen, die Konsequenzen ihrer Entscheidungen zu tragen, und fühlen sich stärker mit ihren Aufgaben verbunden. Sie kommen in die Proaktivität. Dadurch reduzierst du deine Arbeitslast und kannst dich auf strategische Aufgaben konzentrieren, die für das Unternehmen von größerer Bedeutung sind.

Norbert wendete gleich am nächsten Tag die drei Fragen der Rückdelegation bei seinem Azubi Tim an. Nach der Frage »**Was genau wirst du noch dafür tun?**« erläuterte er: »Das ist auch eine gute Gelegenheit für dich, diese Erfahrung zu sammeln. Wie wäre es, wenn du ein paar Vorschläge machst, wie wir das Problem angehen könnten, und wir besprechen das dann zusammen?«

»Am nächsten Tag kam Tim wieder zu mir«, schrieb Norbert mir kurz das Ereignis via E-Mail. »Diesmal mit einem Lächeln im Gesicht und berichtete, dass er sich zwei ähnliche Fälle rausgesucht und anhand des einen Falls eine Lösung gefunden hat.« Er selbst war beeindruckt, wie selbstständig Tim die Aufgabe für sich gelöst hatte.

Tim hatte nicht nur Verantwortung übernehmen und wachsen können. Es hatte auch Norbert gezeigt, wie wichtig diese Art der Führung war. Seine Tür stand weiterhin offen, aber er hatte gelernt, dass manchmal die beste Hilfe darin besteht, die richtigen Fragen zu stellen und den Mitarbeitenden zu vertrauen, dass sie ihre eigenen Lösungen finden können. Mit der Zeit merkte er, dass sein Team selbstständiger und selbstbewusster wurde. Und er hatte endlich wieder mehr Zeit, sich auf die strategischen Aufgaben zu konzentrieren, die für das Unternehmen genauso wichtig waren.

Was passiert, wenn ich diese Fragen nicht stelle als Führungskraft? Das zeigt sich immer wieder deutlich, wenn meine Begleitung in Anspruch genommen wird. Wenn die Führungskraft ständig operative Aufgaben übernimmt, wird sie schnell überlastet. Dies kann zu Burnout führen und ihre Fähigkeit beeinträchtigen, strategische Entscheidungen zu treffen. Ohne Rückdelegation haben Mitarbeitende weniger Möglichkeiten, ihre Fähigkeiten zu entwickeln und beruflich zu wachsen. Das führt zu Frustration und mangelnder Motivation. Und was ist, wenn die Führungskraft nicht greifbar ist, wenn die Mitarbeitenden sich immer auf die Führungskraft verlassen? Es entsteht eine Abhängigkeit. Die Handlungsfähigkeit des Teams wird eingeschränkt und es führt zu Engpässen. Zudem ist das Potenzial der Mitarbeitenden nicht voll ausgeschöpft. Als Norbert das verstanden hatte, änderten sich die Effizienz und Produktivität im Team. Ab dem Verständnis um die drei Fragen musste er sich nicht mehr um zu viele Details kümmern. Das machten diejenigen, die genau dafür eingestellt und bezahlt wurden. Rollenklarheit könnte man es auch nennen.

Studien betonen immer wieder, und das ist auch meine Erfahrung, dass Mitarbeitende, die keine Verantwortung übernehmen dürfen, sich oft unterfordert und nicht wertgeschätzt fühlen. Oftmals beantwortet das die Frage nach dem Grund für schlechtes Arbeitsklima und führt langfristig zu hoher Fluktuation im Team.

Aber was ist oft der Hinderungsgrund für nicht erfolgtes Delegieren? Meist ist es das Zeitproblem. Denn die Aussage »Ich schicke meinen besten Mitarbeiter und komme selbst« ist nicht ungewöhnlich. Und was ist der Auslöser für Rückdelegation, wenn das Phänomen verstanden wurde? Richtig. Zeit.

Ich erinnere mich an einen geschäftsführenden Gesellschafter eines mittelständischen Unternehmens, wir nennen ihn Nils. Das Thema war, wie meist, Überforderung und Zeitmangel. Seine Teamleiter und die Mitarbeitenden lösten ihre Probleme nicht selbst, sondern übertrugen ihre Aufgaben der Führungskraft. Mit Nils habe ich dann die drei Fragen besprochen und zur

Anwendung gebracht. Folgende Situation erzählte er mir einen Monat später:

»Eines Nachmittags betrat Markus, einer unserer erfahrenen Entwickler, mein Büro. ›Nils‹, sagte er, ›ich habe ein Problem mit der neuen Software-Integration. Es läuft nicht so, wie es soll. Kannst du mir helfen?‹« Nils lächelte voller Vorfreude, während er mir diese Situation erzählte. »Ich nickte und erinnerte mich an die Führungstechniken, die ich gelernt hatte, und stellte ruhig die Frage: ›**Was *genau* hast du bereits dafür getan?**‹ Markus zögerte kurz und antwortete dann: ›Ich habe die Dokumentation durchgesehen und einige Tests durchgeführt, aber ich komme nicht weiter.‹ Dann habe ich direkt weiter gefragt: ›**Und was *genau* wirst du noch tun?**‹ Er meinte, er könnte den Code nochmals überprüfen und versuchen, den Fehler einzugrenzen. Und dann habe ich ihn natürlich direkt gefragt: ›**Und was *genau* brauchst du jetzt von mir?**‹« »Und?«, fragte ich. »Was hat er geantwortet?« »Dass ich ihm einen Tipp geben soll, wo er noch nachsehen könnte. Oder ihn in die richtige Richtung lenken«, antwortete Nils. »Er kam strahlend zurück und meinte, er habe den Fehler gefunden und behoben!« Auf meine Frage, was seine Lernerfahrung dabei gewesen sei, erhielt ich folgende Antwort: »Naja, zunächst einmal schauten meine Teamleiter etwas skeptisch, weil sie es so nicht gewohnt waren. Aber ich habe gelernt, es geht nicht darum, die Probleme der Mitarbeitenden zu lösen, sondern ihnen auch zu helfen, selbstständig Lösungen zu finden und Verantwortung zu übernehmen. Jetzt haben meine Teamleiter das System bereits bei ihren Mitarbeitenden übernommen, ohne dass ich ihnen gesagt habe, was die Methode dahinter ist. Und ich habe wieder Zeit, mich auf das Wesentliche zu konzentrieren.«

Durch das gezielte Fragen hat Nils Markus ermutigt, eigene Lösungsansätze zu entwickeln, was seine Problemlösungskompetenz langfristig stärkt. Indem er reflektieren durfte, was er bereits getan hat und was er noch tun kann, wurden sein kritisches Denken und seine Fähigkeit, komplexe Situationen zu analysieren, gefördert. Nils sorgt seitdem für Klarheit über die Erwartungen und verbessert damit die Kommunikation. Seine Arbeitsabläufe wurden effizienter und seine Mitarbeitenden, auch in zweiter Instanz, haben gelernt, ihre eigenen Lösungsansätze zu finden und umzusetzen. Er berichtete davon, dass aus seiner Sicht das Selbstvertrauen und ihre Bereitschaft, Verantwortung zu übernehmen, gestärkt ist. »Durch die Selbstständigkeit der Mitarbeitenden spare ich mir Zeit, die ich in strategische und wertschöpfende Tätigkeiten investieren kann«, resümierte er bei unserem letzten Termin. Schade für mich – gut für ihn.

Gestern bemerkte ich, dass meine große Tochter bei ihrem Schulprojekt über den Amazonas-Regenwald Schwierigkeiten hatte. Sie kam abends zu mir und bat um Hilfe. Versucht war ich schon, aber anstatt sofort in die Problemlösung einzutauchen, stellte ich drei gezielte Fragen, um zu verstehen, wie ich am besten unterstützen konnte: **»Was genau hast du schon dafür getan?«,** fragte ich. Sie erklärte, dass sie bereits einige Bücher über den Amazonas angeschaut und erste Notizen gemacht hatte, aber Schwierigkeiten hatte, die Informationen zu strukturieren.

»Gut«, sagte ich. »Und **was genau wirst du noch dafür tun?**«, fragte ich weiter. Sie schaute mich zunächst verständnislos an. Sie wollte ja, dass ICH ihr helfe. Lächelnd stellte ich die Frage erneut. Darauf erklärte sie, dass sie plane, online zu schauen und vielleicht noch ein Gespräch mit ihrer Lehrerin zu führen, um weitere Klarheit zu bekommen. »Sehr gute Ideen hast du da. Finde ich klasse«, bestätigte ich ihr. **»Und was genau brauchst du jetzt von mir?«,** wollte ich wissen. Sie bat um Hilfe bei der Strukturierung ihrer Notizen und beim Erstellen einer Gliederung für ihre Präsentation. Gefragt – getan. Wir saßen noch recht lange am Abend bei Tee und Kerzenschein.

Durch diese Fragen habe ich ihr geholfen, ihre eigenen Fortschritte und nächsten Schritte zu reflektieren. Ich stellte fest, dass sie bereits viel Eigenarbeit geleistet hatte und nur noch gezielte Unterstützung benötigte. Wir hatten Mutter-Tochter-Zeit und erstellten eine klare Gliederung, was ihr viel Motivation für die kommenden Schritte einbrachte.

Sie lernte aus meiner Sicht, dass es hilfreich ist, sich zunächst selbst zu organisieren und gezielt nach Unterstützung zu fragen. Ich konnte durch die Fragen meine Tochter dabei unterstützen, ohne ihre Initiative zu untergraben, und half ihr gleichzeitig, ihre eigenen Ressourcen und Fähigkeiten zu nutzen. Immer habe ich die Geduld nicht dazu, kann ich hier gern mal zugeben. Aber zu sehen, wie kreativ das Kind ist und selbst Spaß daran findet, macht mich mächtig stolz.

11 Was ist dein erster Schritt? Was dein zweiter?

Was dir dieser FragenQuickie bringt:
Umsetzung – Vorwärtskommen – Nachhaltigkeit

»Ja, gute Idee, ich mach das dann«, sagte sie und verschwand. Kennst du das, im Business agierst du etwas anders als im Privaten? In diesem Fall war das genau so.

Manchmal gibt es einen feinen Unterschied zwischen der beruflichen Rolle und dem persönlichen Umgang, und genau in diesem Fall wurde er deutlich.

Privat ließ ich es dabei bewenden, stellte keine weiteren Fragen und vertraute darauf, dass sie die Sache schon angehen würde. Es bringt ja auch eine gewisse Leichtigkeit mit sich, wenn man weniger kritisch nachhakt und Dinge eher laufenlässt. Genau das wurde später zum Problem.

Doch im Coaching wäre ich anders vorgegangen. Ich hätte konkret nachgehakt: **»Was ist dein erster Schritt?«** Und anschließend: **»Was ist dein zweiter Schritt?«** Es hätte eine klare Struktur für die Umsetzung gegeben, die nicht nur den Blick in die Zukunft schafft, sondern auch das Handeln ins Rollen bringt.

Drei Dinge tauchten auf, die im Coaching sichtbar gewesen wären, aber hier im Privaten unbemerkt blieben:

Ihr »Ich mach das dann« war schwammig. Kein fester Zeitpunkt, keine klaren Schritte, nur eine vage Zusage. Im Coaching hätte ich sicher nachgefragt: »Wann genau wirst du damit beginnen?« Im Privaten hingegen überhörte ich diese Unschärfe.

Das Versprechen, es »dann« zu tun, ließ kein »Definitiv« spüren. Im Berufsleben ist die Klarheit entscheidend – du gehst sicher, dass die Person Verantwortung übernimmt. Hier jedoch vertraute ich darauf, dass sie es schon irgendwann tun würde, ohne den

Druck des Nachfassens. Schließlich bleibt die Frage der Nachhaltigkeit. Selbst wenn sie es getan hätte, hätte es wahrscheinlich an einem klaren System zur Umsetzung gefehlt. Ohne klare Schritte und ein Nachhalten wäre das Ergebnis möglicherweise nicht von Dauer gewesen.

Diese Punkte, die im Coaching-Prozess so deutlich auf den Tisch gekommen wären, blieben im Privaten verborgen. Vielleicht erkennst du, wie essenziell es ist, auch im persönlichen Umfeld, wenn es um wichtige Vorhaben geht, nicht nur zuzuhören, sondern auch nachzuhaken – allerdings ohne die berufliche Strenge. Denn ohne einen Plan bleiben viele Dinge einfach liegen.

Was es war? Ganz banal. Wir hatten über das Thema Sport und Gesundheit gesprochen. Sie sagte: »Ich sollte wirklich anfangen, regelmäßig zu joggen. Und vielleicht auch weniger Junk Food essen.« Dabei blieb es.

Übrigens, wenn du tatsächlich nachfragen würdest, könntest du direkt auch auf die Frage in Kapitel 22 zurückgreifen: »Und **was willst du stattdessen** essen?«

Nehmen wir das Ganze doch einmal auf der psychologischen Ebene auseinander. Was passiert hinter den Kulissen bei meiner Freundin?

Aus psychologischer Sicht gibt es mehrere Erklärungsansätze dafür, was passiert, wenn jemand sagt: »Ich mache das dann mal«, aber nicht in die Umsetzung kommt. Verschiedene kognitive und emotionale Mechanismen können eine Rolle spielen. Da gibt es zum einen die Absicht-Verhaltens-Lücke, die aufzeigt, dass es sich um eine Diskrepanz zwischen der Absicht (Intention), etwas zu tun, und dem tatsächlichen Verhalten handelt. Viele Menschen haben gute Absichten, aber diese werden nicht in Handlungen umgesetzt. Kennst du vielleicht auch. Ein typisches Beispiel dafür ist der Neujahrsvorsatz. Zum Teil aufgrund unklarer, nicht spezifischer und messbarer Ziele, oder auch wegen einem fehlenden klaren Plan, wann und wie die Handlung ausgeführt wird, bleibt es bei der Absicht. Der Sprung von der Absicht zur Ausführung erfordert strukturierte Schritte. Diese könntest du beispielweise über das SMART-Modell sehr einfach durchführen. Mehr dazu findest du am Ende vom Kapitel. Oft schieben Menschen Dinge auf, selbst wenn sie wissen, dass es besser wäre, sofort zu handeln. Das passiert häufig durch Ängste oder Unsicherheiten, zum Beispiel Angst vor dem Scheitern oder Perfektionismus – sie können dazu führen, dass jemand eine Aufgabe aufschiebt. Das Aufschieben gibt eine kurzfristige Erleichterung, da die Person der unangenehmen Aufgabe aus dem Weg geht. Dies verstärkt das Verhaltensmuster, nichts zu tun. Fragst du dich aber selbst, »**Was wäre jetzt der erste Schritt?**« für mein Ergebnis, gibt dir die Antwort erstens den Hinweis, ob du wirklich bereit dafür bist, etwas zu tun, und zweitens eine konkrete Idee für deinen ersten Schritt.

Die Selbstwirksamkeit ist das Vertrauen in die eigene Fähigkeit, ein bestimmtes Verhalten erfolgreich umzusetzen. Wenn jemand sagt, »Ich mache das dann mal«, und nicht handelt, dann könnte es an einem geringen Selbstvertrauen liegen, die Aufgabe tatsächlich zu meistern. Mangelnde Selbstwirksamkeit führt oft zu Vermeidungsverhalten, da sich die Person der Aufgabe nicht gewachsen fühlt. Und schwupps wird das Vorhaben unter den Teppich gekehrt mit Aussagen wie »Ach, das wird bestimmt nicht klappen« oder »Ich kann das nicht«. Hier ist es umso wichtiger, sich kleine Schritte vorzunehmen. Der zweite kommt auch erst nach dem ersten. Also frage dich nach der Klärung des ersten Schrittes: »**Was konkret ist mein zweiter Schritt?**« Und dann starte.

Mein Claim seit meiner Burnout-Erkrankung 2012 ist:

> **»Du kommst vorwärts, wenn DU dich bewegst.«**

Ich habe am eigenen Leib erfahren, wie herausfordernd es ist, eine innerliche Stagnation aufzulösen, und ich habe mit Freuden feststellen dürfen, dass kleine Schritte zum Erfolg führen. Einer nach dem anderen.

»Du kannst alles haben. Nur nicht gleichzeitig.«

Dieser Gedanke ist schwer für mich zu ertragen, jedoch notwendig fürs (Über-)Leben.

Ich hatte die Vision, eine Online Leadership Academy aufzubauen – ein großes Projekt, das Führungspersönlichkeiten helfen sollte, ihre Fähigkeiten in der digitalen Welt weiterzuentwickeln. Das Konzept war groß, ambitioniert und in meinem Kopf existierte bereits eine klare Vision. Aber wie es oft bei großen Vorhaben der Fall ist, schien der Berg einer Aufgabe endlos und der Weg dorthin überwältigend. Ich hatte das Gefühl, alles gleichzeitig tun zu müssen – von der Entwicklung der Inhalte bis hin zur Auswahl der Plattform. Es fühlte sich überwältigend an. Wo sollte ich überhaupt anfangen?

Wie jeden Montag sprach ich mit Katharina, meiner Sparringspartnerin. Sie hörte mir aufmerksam zu, wie ich von der Academy erzählte – den Kursen, den Webinaren, den Experten, die ich einbinden wollte. Doch plötzlich unterbrach sie mich und stellte eine einfache, aber entscheidende Frage:

»Das klingt nach einem großartigen Vorhaben. Aber sag mal: **Was ist dein erster Schritt?**«

Ich stockte. Den großen Plan hatte ich vor Augen klar, aber der erste Schritt? In meinem Kopf war so viel los, dass ich den Fokus auf den Anfang verloren hatte. Ich überlegte kurz und antwortete: »Ich sollte erstmal eine Bedarfsanalyse machen, um herauszufinden, was die Zielgruppe wirklich braucht.«

Katharina nickte, als ob sie wusste, dass dieser Moment entscheidend war. »**Und was wäre dann dein zweiter Schritt?**«, fragte sie ruhig.

»Ich könnte anfangen, alle gesammelten Themen inhaltlich aufzuarbeiten und ihnen eine innere Struktur zu geben«, erwiderte ich nach einer weiteren Pause. Im Übrigen nennt man das Aufteilen von Großem in kleinere Einheiten Chunking. Die IBAN ist so ein typisches Beispiel. Nach vier Stellen ist ein Lücke, damit wir uns die einzelnen Zahlen besser merken können.

Katharina lächelte. »Genau. Also fang doch mit dem ersten Schritt an, sprich mit der Zielgruppe. Danach konzentrierst du dich auf das Konzept für den ersten Kurs. Sobald das steht, gehst du zum nächsten Schritt über.« In diesem Moment wurde mir klar, dass der große Plan, den ich im Kopf hatte, nur dann real werden würde, wenn ich die kleinen, machbaren Schritte klar definierte. Dank Katharinas gezielter Fragen hatte ich nun nicht nur eine Vision, sondern auch einen konkreten ersten Fahrplan.

Das war für mich ein cooles Gespräch. Vor allem ein richtungsweisendes. Und das mit diesen wirklich einfachen Fragen. Unser menschliches Gehirn funktioniert zu einem großen Teil nach automatisierten Prozessen. Wenn du nicht über eine bestimmte Routine oder Gewohnheit verfügst, wird es schwierig, eine neue Aufgabe anzugehen. In meinem Bild von der fertiggestellten Academy hatte ich doch glatt vergessen, dass es auch den **ersten und zweiten Schritt** geben muss. Außerdem ist es bei mir so, dass, wenn eine Aufgabe nicht sofort eine Belohnung oder positive Konsequenzen mit sich bringt, ich dazu neige, sie zu verschieben. Mein Gehirn bevorzugt unmittelbare Belohnungen, und wenn die Belohnung für eine Handlung in weiterer Ferne liegt, ist es für mich schwerer, meine Motivation aufrechtzuerhalten. Vielleicht führt das auch bei dir dazu, dass du die Handlung auf unbestimmte Zeit verschiebst?

Wenn du etwas sagst oder vorhast, es aber nicht umsetzt, entsteht eine Spannung zwischen den eigenen Überzeugungen (»ich möchte das tun«) und dem tatsächlichen Verhalten (Nicht-Handeln). Diese kognitive Dissonanz kann zu unangenehmen

Gefühlen führen. Statt aber das Verhalten zu ändern, um die Diskrepanz aufzulösen, findest du Ausreden oder Rechtfertigungen, um das Nicht-Handeln zu rationalisieren. So wird die Absicht, »das dann mal zu machen«, innerlich gerechtfertigt, obwohl keine Handlung erfolgt.

Das Einfachste ist, hier die Frage zu stellen: »**Was könnte ein erster Schritt für mein Ziel sein?**« Achtung, es folgt ein wichtiger Hinweis in diesem Zusammenhang: Bitte gehe diesen ersten Schritt dann auch.

Hier noch ein paar Tipps am Rande, wie du dich an diese wertvolle Frage erinnern kannst: Erstelle visuelle Erinnerungen wie Post-its am PC oder mach dir einen wiederkehrenden Kalendereintrag mit der Frage. Das hilft bei mir übrigens sehr gut. So hab ich zweimal am Tag die Frage im Kalender: Heute schon meditiert?

Du könntest auch täglich reflektieren, was du vorhast, und dir dabei kleinere Schritte setzen. Oder wie Katharina und ich: Such dir Sparringspartner:innen, die auch völlig fachfremd sein können. Das war, ehrlich gesagt, eine Game-Changer für mich – der Austausch mit einem Blick von außen.

Wenn du also jemandem helfen willst, in die Umsetzung zu kommen, und dieser jemand könntest auch du selbst sein, dann kennst du nun die entscheidenden ersten Fragen: »**Was ist dein erster Schritt dafür? Und was ist dein zweiter?**«

Oder wie Konfuzius schon sagte:

> **»Der Mann, der den Berg abtrug, ist derselbe, der anfing, kleine Steine abzutragen.«**

Mehr zum SMART-Modell und weitere sofortige Umsetzung-Möglichkeiten findest du beim Thema Zeit für Selbstmanagement unter www.brigitte-dyck.com/shop oder hier im QR-Code:

12 Was ist deine Erwartungshaltung? Was ist nicht deine Erwartungshaltung?

Was dir dieser FragenQuickie bringt:
Klarheit – Bewusstheit – Effizienz

Das gönn ich mir jetzt. Das ist sicher die richtige Entscheidung. Gesagt, getan. Ich brauchte und suchte eine Assistenz und machte eine Woche Bewerbungsgespräche. Eine äußerst wichtige Frage als Führungspersönlichkeit an Mitarbeitende ist die nach den Erwartungshaltungen an sie. So frage ich am Ende von allen Bewerbungsgesprächen: »**Was ist deine Erwartungshaltung, wenn wir zusammen arbeiten?**« Diese Frage kann je nach Erfahrungsgrad recht gut beantwortet werden. Viel spannender jedoch finde ich die Frage: »**Was genau erwartest du *nicht* von mir?**«

Hier blickte ich bei meinen Gesprächen zunächst in fragende Gesichter. »Wie? Was ich nicht von dir erwarte?« Ich erläuterte dann: »Naja, mir ist wichtig, zu klären, was deine Nicht-Erwartungshaltung ist. Ich möchte gern verstehen, wie deine ›Gebrauchsanleitung‹ ist. Wenn ich dir Themen delegiere und erst zum Ergebnis wieder auf dich zukomme, ist das in Ordnung? Oder möchtest du gern, dass ich dich öfter zum Stand des Projektes befrage? **Was ist deine Nicht-Erwartungshaltung? Was erwartest du NICHT von mir?**«

Wenn ich weiß, was nicht von mir erwartet wird, reduziert dies meine Unsicherheiten in der Kommunikation und den Stress. Ebenso ist es umgekehrt.

In Auftragsklärungen mit Kunden mache ich mich frei von Druck, indem ich nach deren Erwartungshaltung an mich frage. Viel wichtiger für mich ist jedoch die Frage: »**Was erwartet ihr *nicht* von mir?**« Das gibt mir immer den Hinweis, was genau ich nicht leisten soll. Hier haben wir beide, der Kunde und ich, Klarheit, wo eine Abgrenzung von meiner Tätigkeit zur Tätigkeit der

Teilnehmenden oder des Auftraggebers ist. Ganz banal bin ich beispielsweise nicht verantwortlich, dass ein Fotoprotokoll entsteht oder dass die Teilnehmer in jedem Fall alles umsetzen. Das entlastet mich und gibt Klarheit.

Hast du schon mal überlegt, wie es wäre, bei einer Eheschließung über Nicht-Erwartungshaltungen zu sprechen? Der Dialog könnte ungefähr so lauten: »Schatz, wie schön, dass wir heiraten. Ich denke, wir sind uns einig, was und wie wir unser Leben verbringen wollen. Aber mal ehrlich: **Was erwartest du nicht von unserer Ehe**?« Was für eine Erleichterung wäre es, wenn die Antwort käme: »Na, ich erwarte natürlich nicht, dass wir alles zusammen machen. Oder dass du ständig den Haushalt schmeißt.« Oder auch ein sehr schönes Beispiel für die heutige Zeit: »Ich erwarte nicht, dass wir eine konservative Rollenverteilung haben, wie unsere Eltern es uns vorlebten.« Oh, ich wäre hier gern Mäuschen in diesen Dialogen … Ein passendes Zitat zum Thema Erwartungshaltung stammt von dem Philosophen Søren Kierkegaard:

> **»Das Leben kann nur rückwärts verstanden, aber es muss vorwärts gelebt werden.«**

Ich übertrage dieses Zitat gern auf Erwartungshaltungen, da es ausdrückt, dass man im Leben oft im Voraus nicht weiß, was kommt, und erst im Nachhinein versteht, warum bestimmte Erwartungen erfüllt oder nicht erfüllt wurden. Aus dieser Lernerfahrung können Erwartungshaltungen und Nicht-Erwartungshaltungen klarer formuliert werden. Und nochmal, es befreit von Interpretationen, Emotionen und falschem Verantwortungsgefühl – sei es in der Ehe, in Freundschaften oder im Alltag.

Meine liebe Freundin Marie beispielsweise möchte es vielen recht machen. So stresst sie sich selbst. Dieser Stress überträgt sich wiederum auf ihre Kinder. Stress ist eine natürliche Reaktion des Körpers auf Herausforderungen oder Bedrohungen. In akuten

Situationen aktiviert der Körper das »Kampf-oder-Flucht«-System: Das Gehirn schüttet Hormone wie Adrenalin und Cortisol aus, die den Herzschlag beschleunigen, den Blutdruck erhöhen und Energie freisetzen. Das war evolutionär sinnvoll, um schnell auf Gefahren zu reagieren. Aber diese Gefahren hat sie so nicht. Vor dem Säbelzahntiger muss sie nicht weglaufen und auch nicht mit dem Bären kämpfen. Und dennoch springt das System bei Stress an.

Ein Beispiel ist unser gemeinsamer Familienurlaub. Sie will es allen recht machen. Das Problem ist nur, ein JA zu jemand anderem ist oft ein NEIN zu mir selbst. Würde Marie öfter fragen: »**Was erwartest du gerade nicht von mir in diesem Urlaub?**«, wäre sie sicherlich weniger gestresst. Und wir wollen ja gar nicht erst anfangen mit den Auswirkungen auf den Körper, wenn der Stress über längere Zeit geht. Schlafstörungen, Verdauungsprobleme, mentale Erschöpfung, Schwächung des Immunsystems … okay, okay, ich hör schon wieder auf. Aber eins noch: Ich lade dich an dieser Stelle ein, dir bewusst zu machen, wie einfach es ist, durch Klärung der Nicht-Erwartungshaltung Stress abzubauen.

Ich möchte keine Missverständnisse und Unsicherheiten, denn diese führen meist zu Konflikten und Spannungen. Klare Kommunikation und Erwartungen fördern eine bessere Zusammenarbeit und ein besseres Zusammensein und damit ein harmonischeres Umfeld. Mit klaren Erwartungen und dem Wissen, was nicht erwartet wird, kann ich mit meinen Kunden effizienter und produktiver arbeiten.

Genauso verhielt es sich auch mit Stephanie, die in einer renommierten Werbeagentur als Teamleiterin einer dynamischen Gruppe von Designern und Marketingspezialisten arbeitet. Stephanie war talentiert und hatte viele kreative Ideen, aber ihre größte Herausforderung lag in der Führung ihres Teams. So schlug sie bei mir auf. Im Grunde war das Thema sehr typisch für junge Führungskräfte. Unklare Erwartungshaltungen führen oft zu Missverständnissen und Spannungen.

Stephanie berichtete mir bei der zweiten Session, als wir das Thema bereits besprochen hatten: »Eines Abends, kurz vor einer wichtigen Präsentation für einen großen Kunden, saß ich in meinem Büro und ging die Projektunterlagen durch. Plötzlich klopfte es an der Tür. Es war Tom, einer meiner besten Designer. Er fragte mich zögerlich, ob ich einen Moment Zeit habe.«

Gespannt lauschte ich, denn an ihren eigenen Beispielen lernen meine Klienten und Klientinnen immer am besten.

Stephanie fuhr fort: »›Natürlich, Tom. Was gibt's?‹, fragte ich ihn. Tom setzte sich und begann nervös zu sprechen. Er meinte zu mir: ›Ich bin mir nicht sicher, was genau du von mir erwartest. Soll ich mich auf die Kreativität konzentrieren oder mehr auf die technischen Details?‹

Ich war überrascht, denn ich dachte, meine Erwartungen hätte ich vorher klar kommuniziert. Aber wir haben letztens ja schon drüber gesprochen und deswegen erläuterte ich es ihm nochmal genau aus meiner Sicht. Ich sagte ihm, dass ich möchte, dass er beides berücksichtigt: Kreativität und technische Präzision. Beide sind gleichermaßen wichtig.‹« Stephanie schaute mich an, als ob mir sehr klar sein sollte, was die Erwartungshaltung und Nicht-Erwartungshaltung war.

»Tom nickte zwar, aber seine Unsicherheit blieb sichtbar«, erzählte sie weiter. »Selbst in dem Moment erkannte ich noch nicht, was eigentlich das Problem war. Erst als er anfing und fragte: ›Okay, aber … **gibt es etwas, was du nicht von mir erwartest?** Irgendwelche Bereiche, in denen ich mir keine Sorgen machen muss?‹, fiel mir unser Gespräch wieder ein. Natürlich, wir hatten über meine Unklarheit gesprochen.« Stephanie hielt inne und dachte nach.

»Genau, Stephanie«, bekräftigte ich sie, »**was erwarteten deine Mitarbeiter:innen nicht von dir? Und was erwartest du wirklich von ihnen?** Diese Fragen sind der Schlüssel, um die Unsicherheiten im Team zu lösen.«

Am Ende hatte Stephanie das Thema verstanden, allerdings noch nicht in ihr System eingebaut. Das braucht auch Übung. Allerdings erkannte Stephanie, dass sie oft unklare oder widersprüchliche Anweisungen gegeben hatte. Wir sprachen noch über die Formulierung klarerer Richtlinien und sie erkannte, dass diese neue Perspektive erstaunliche Ergebnisse bringen wird.

Wenn Mitarbeitende unsicher sind, was von ihnen erwartet wird, führt das zu Stress und geringerer Produktivität. Zeit und Ressourcen werden verschwendet, weil Mitarbeitende nicht wissen, worauf sie sich konzentrieren sollen, was dann zu Frustration und Demotivation im Team führt.

Da du es (von nun an) besser machst, formulierst du (ab jetzt) klare Erwartungen an dein Gegenüber, gibst eine klare Richtung und hilfst, sich auf die wichtigen Aufgaben zu konzentrieren. Ein klares Verständnis der Erwartungen führt zu höherer Motivation und Engagement im Business und damit zu einer besseren Zusammenarbeit und einem harmonischeren Arbeitsumfeld. Mit **klaren Erwartungen und dem Wissen, was nicht erwartet wird,** können Teams effizienter und produktiver arbeiten.

Mein Tipp für dich: Nimm dir 15 Minuten Zeit pro Mitarbeiter:in und stelle zwei Fragen:

1. »Was erwartest du von mir (in der Zusammenarbeit)?« Und lass sie/ihn zunächst diese Frage beantworten. Mit der Frage »**Was noch? Und was noch? Und was noch?**« (siehe Kapitel 5) stellst du sicher, dass alle Erwartungshaltungen geklärt sind.
2. Danach folgt: »**Welche *Nicht*-Erwartungshaltung hast du an mich?**« Alternativ auch: »**Was erwartest du *NICHT* von mir?**« Du hörst dann wieder nur zu, stellst höchstens Rückfragen. Keine Kommentare, keine Rechtfertigung, keine Begründung. Nur zuhören. Auch hier hilft zur Vollständigkeit die Frage: »**Was noch? Und was noch? Und was noch?**«

Schreib dir alles auf. Es bedeutet nicht, dass du alle Erwartungen befriedigst. Es bedeutet lediglich, dass Mitarbeitende die Freiheit bekommen, alles zu erwähnen. Du hast die Chance, alles zu hören. Dann entscheidest du, was du geben kannst und was nicht.

Viel Erfolg damit und hier ist mein Motto sehr passend: Du kommst vorwärts, wenn DU dich bewegst. Also starte damit und gehe kleine Schritte, aber geh sie.

13 Steckt da eigentlich ein Arbeitsauftrag für mich drin?

Was dir dieser FragenQuickie bringt:
Proaktivität – Verantwortung – Stressreduktion

Es ist schon sehr lange her und trotzdem erinnere ich mich gern daran zurück. Es war einer dieser typischen Abende nach einem langen Arbeitstag. Die Sonne war bereits hinter den Dächern verschwunden und das Wohnzimmer erstrahlte in einem warmen, gemütlichen Licht. Ich saß auf der Couch, meinen Laptop auf dem Schoß, und scrollte ziellos durch E-Mails und Nachrichten. Mein damaliger Partner David saß in der Küche und konzentrierte sich auf ein Puzzle. Die friedliche Stille, die nur von einem leisen Hintergrundgeräusch unterbrochen wurde, fühlte sich angenehm an – die Ruhe vor dem Sturm, wie ich später feststellen würde.

Während ich mich durch den Tag arbeitete, kam mir plötzlich eine Idee – etwas, das schon seit Wochen wie ein kleiner Stachel in meinem Hinterkopf steckte. »Die Fenster müssten mal wieder geputzt werden«, sagte ich beiläufig, den Blick weiter auf meinen Bildschirm gerichtet. Es war nicht mal eine Aufforderung, eher so ein Gedanke, der aus mir herausrutschte, ohne dass ich groß darüber nachgedacht hatte. Könnte natürlich das Sonnenlicht gewesen sein, was die Fenster in keinem guten Licht erscheinen ließ.

David hob den Kopf und sah mich von der Küche aus an. Er legte das Puzzleteil, das er gerade in der Hand hielt, vorsichtig zur Seite und fragte mit einem leichten Lächeln: **»Steckt da eigentlich ein Arbeitsauftrag für mich drin?«**

Ich war erst einmal perplex. Arbeitsauftrag? Es war doch nur eine Feststellung gewesen, ein harmloser Kommentar! Ich schüttelte den Kopf und lachte kurz. »Nein, ich hab's nur so gesagt«, antwortete ich und winkte ab. Aber da war dieses Lächeln in seinen Augen, das mir verriet, dass er das schon irgendwie ernst meinte – und ich begann darüber nachzudenken.

»Warte mal«, sagte ich, während ich den Laptop zur Seite legte und mich ihm zuwandte. »Hast du das wirklich als Auftrag verstanden?«

David zuckte mit den Schultern, immer noch mit diesem halb-ernsten, halb-lustigen Ausdruck im Gesicht. »Naja, du sagst sowas ja nicht einfach so aus heiterem Himmel. Meistens gibt es einen Grund. Und ich dachte, du möchtest vielleicht, dass ich es mache, ohne es direkt zu sagen.«

In diesem Moment wurde mir etwas klar, was ich bis dahin nie wirklich hinterfragt hatte: Wie oft werfen wir solche Aussagen einfach in den Raum, ohne zu wissen, was sie bei unserem Gegenüber auslösen? Was für mich ein beiläufiger Kommentar war, klang für David wie ein versteckter Auftrag – und das war nicht das erste Mal, dass so etwas zwischen uns passiert war.

Ich lachte und sagte: »Du weißt schon, dass du mich nicht durchgehend als deine Chefin sehen musst, oder?«

Er grinste. »Oh, ich weiß. Aber manchmal, naja … kommt es halt so rüber.«

In der Stille, die darauf folgte, spürte ich, dass hinter seinem Humor eine kleine Wahrheit steckte. Wie oft nehmen wir an, dass das, was wir sagen, genauso beim anderen ankommt, wie wir es meinen? Aber in Wirklichkeit haben wir alle unsere eigenen Filter, durch die wir die Welt und die Worte anderer wahrnehmen. Ein beiläufiger Satz kann bei dem einen Gedanken an Arbeit oder Verantwortung auslösen, während er für den anderen nicht mehr als ein flüchtiger Gedanke ist.

Nehmen wir uns noch einmal das Vier-Ohren-Modell von Friedemann Schulz von Thun vor. Erinnerst du dich noch an Kapitel 6 – das Beziehungs-, Selbstoffenbarungs-, Appell- und Sachohr? Genau, die Antwort auf die Frage, wie wir persönlich Aussagen aufnehmen. Dann erinnerst du dich sicher auch noch daran, dass ich die Aussage einfach nur sachlich, als Tatsache, verstehen könnte oder als einen Appell. Wenn du aber nicht genau weißt, wie eine Aussage zu verstehen ist, und du denkst, was soll denn das?!?, dann frage einfach zurück: **»Steckt da eigentlich ein Arbeitsauftrag für mich drin?«** Geht so ein klein wenig in die Richtung der Frage »Was genau ist deine Erwartungshaltung?«.

»Okay, ab jetzt werde ich darauf achten«, sagte ich schließlich mit einem versöhnlichen Lächeln. »Wenn es ein Auftrag ist, sag ich's klar. Und wenn nicht, dann lass ich es auch einfach so stehen.«

David lehnte sich zurück, zufrieden mit der neuen Regel. »Das klingt nach einem fairen Deal.« Die Frage, die ich mir insgeheim stellte, war, findet er es gut, wenn ich ihm öfter Arbeitsaufträge gebe? Mit dem kurzen Gedanken ›werde ich dann sehen‹ machte ich einen Haken dran.

Wir lachten beide und ich spürte, wie sich die Atmosphäre zwischen uns entspannte. Es war eine kleine, humorvolle Erkenntnis, aber sie ließ mich über die vielen subtilen Missverständnisse im Alltag nachdenken – und wie einfach es manchmal ist, sie zu vermeiden, wenn man sich bewusst macht, dass der Empfänger vielleicht etwas ganz anderes hört, als man selbst beabsichtigt hat.

Am Ende des Abends waren die Fenster zwar immer noch ungeputzt, aber auch heute begegnet mir diese Frage immer wieder. Nicht nur bei mir, auch und vor allem im Kontext von Beziehungen.

Die Frage **»Steckt da eigentlich ein Arbeitsauftrag für mich drin?«** bringt implizite Botschaften ans Licht und schafft Klarheit, die oft Missverständnissen vorbeugt.

Machst du auch manchmal Aussagen, die unbewusste Erwartungen enthalten? Zum Beispiel, indem du beiläufig sagst: *»Der Müll müsste mal rausgebracht werden.«* Das klingt zunächst neutral, kann aber von der anderen Person als Aufforderung verstanden werden. Indem dein Gegenüber nachfragt, ob hier ein Arbeitsauftrag drinsteckt, wird die Situation geklärt: War es nur eine

Feststellung oder ein indirekter Wunsch? Die Frage »**Ist das eine Frage oder eine Aussage**« aus Kapitel 2 passt hier natürlich auch für dein Gegenüber.

In der Kommunikationstheorie wird oft von »impliziter Kommunikation« gesprochen. Diese beschreibt Aussagen, die nicht klar als Aufforderungen formuliert sind, aber als solche verstanden werden können. Das liegt daran, dass Menschen oft indirekt kommunizieren, sei es aus Höflichkeit, Unsicherheit oder Gewohnheit. Ein klassisches Beispiel ist das Phänomen des »subtilen Hinweises«. Laut der *Sprechakttheorie* von John Searle gibt es indirekte Sprechakte, bei denen das, was gemeint ist, sich von dem unterscheidet, was wörtlich gesagt wird. Die Nachfrage hilft, solche impliziten Aufforderungen zu entschlüsseln. Durch die Nachfrage wird verhindert, dass der Empfänger etwas tut, was eigentlich nicht erwartet wurde, oder umgekehrt: Der Sender erwartet etwas, was nicht klar genug ausgedrückt wurde.

Meiner Erfahrung nach reduziert das Stress und mögliche Frustrationen, weil beide Seiten genau wissen, was von ihnen verlangt wird – oder eben nicht.

Mal angenommen, du würdest fragen, ob **ein Arbeitsauftrag für dich gemeint ist**, dann zeigst du, dass du aktiv zuhörst und aufmerksam bist. Es signalisiert: »Ich habe deine Aussage wahrgenommen, möchte aber sicherstellen, dass wir auf derselben Wellenlänge sind.« Jetzt meine Empfehlung für dich. Lies gleich morgen dieses Kapitel noch einmal und spätestens dann kannst du die Frage sofort einsetzen. Es ist wie ein Trigger, wenn eine vermeintlich normale Aussage einfach in den Raum gestellt wird. Du siehst diese rote Lampe, dieses Leuchtsignal direkt über der Aussage und stellst sofort und wie beiläufig die Frage: »**Du, sag mal, ist da eigentlich ein Arbeitsauftrag für mich drin?**« Kurzer Blick, keine Reaktion. Sehr gut, wohl nicht. Und insgeheim denkst du dir dann vielleicht: Puh, gut, dass ich aus der Nummer raus bin. Klar kannst du damit spielen. Stell die Frage und sag ganz schnell, noch bevor dein Gegenüber etwas antworten kann: »Nein? Sehr gut. Habe ich auch nicht so verstanden.« Am besten verlässt du den Raum. Gut, es wäre nicht förderlich für die Beziehung, weil es keine Klarheit, kein Vertrauen schafft, vor allem Missverständnisse stärkt und eine transparente und offene Kommunikation in dem Moment nicht möglich ist.

So auch, und es ist mir heute noch peinlich, an einem typischen Montagmorgen vor vielen Jahren im Büro. Die Kaffeemaschine summte leise, während sich die Kollegen allmählich in den Konferenzraum drängten. Die Luft war angefüllt mit dem vertrauten Rauschen von Gesprächen und dem Knistern von Papier, während die wöchentlichen Aufgaben verteilt wurden. Ich saß an meinem Platz, etwas müde, aber bereit, die Woche anzugehen. Da war er wieder – dieser Moment, den man schon kommen spürte, lange bevor er wirklich da war.

Mein Chef Jörg stand vorne am Tisch und sprach über das neue Projekt. In seinem typischen Stil ließ er Aufgaben durch den Raum schweben, ohne dabei wirklich jemanden konkret anzusprechen. »Wir müssen die Präsentation für die Geschäftsleitung bis Freitag fertig haben«, sagte er in den Raum hinein. Der Satz blieb für einen Augenblick hängen, wie eine Regenwolke, die darauf wartete, auf jemanden niederzugehen.

Ich spürte, wie mein Puls leicht beschleunigte. Es war eines dieser Projekte, die niemand wirklich haben wollte – viele Details, viel Verantwortung und wenig Anerkennung am Ende. Da warf ich, eher beiläufig als wirklich ernst gemeint, die Frage in den Raum: **»Du, sag mal, ist da eigentlich ein Arbeitsauftrag für mich drin?«**

Jörg hielt kurz inne und warf mir einen schnellen Blick zu. Doch bevor er antworten konnte, sprach ich hektisch weiter: »Nein? Sehr gut. Habe ich auch nicht so verstanden.«

Die Kollegen um mich herum lachten kurz und ich spürte, wie die Spannung von mir abfiel, denn ich war ja bekannt für ein loses Mundwerk. Mit einem Lächeln auf den Lippen stand ich auf und verließ den Raum, bevor irgendjemand noch etwas hinzufügen konnte. Ich war aus der Nummer raus – oder zumindest glaubte ich das.

Doch als ich durch den Flur ging, begann ich darüber nachzudenken. War das wirklich die beste Kunst, damit umzugehen? Klar, ich hatte es geschafft, dem Arbeitsauftrag zu entkommen, aber irgendetwas fühlte sich nicht richtig an. Irgendwie hatte ich das Gefühl, dass ich nicht nur dem Projekt, sondern auch der offenen Kommunikation ausgewichen war. Statt Klarheit zu schaffen, hatte ich das Gespräch humorvoll abgebrochen und damit die Unsicherheit verstärkt. Was, wenn Jörg doch erwartet hatte, dass ich mich um das Projekt kümmerte? Oder noch schlimmer: Was, wenn meine Kollegen jetzt dachten, dass ich mich vor der Verantwortung drücken würde?

Am nächsten Tag war ich wieder im Büro und es nagte weiter an mir. Während ich meinen Kaffee trank, dachte ich daran, wie oft wir im Berufsleben Situationen vermeiden, anstatt sie klar und offen anzugehen. Das ist mir seit Anbeginn meiner beruflichen Laufbahn aufgestoßen und sicher auch der Grund, warum ich nun den Job habe, den ich eben habe: für klare Kommunikation und mehr Menschlichkeit im Unternehmen zu sorgen. Humor und Ausweichmanöver können zwar kurzfristige Erleichterung schaffen, aber auf lange Sicht schwächen sie das Vertrauen und die Kommunikation. Es war wie ein unsichtbares Netz von Missverständnissen, das sich mit jeder unausgesprochenen Frage weiterspann.

Abschließend fasste ich einen Entschluss. Ich ging in das Büro von Jörg und klopfte an die Tür. »Hey, Jörg, hast du kurz Zeit?«, fragte ich, als er aufsah.

»Klar, was gibt's?«, erwiderte er und ich spürte seine Neugier.

»Wegen gestern«, begann ich zögerlich, »ich habe die Frage gestellt, ob da ein Arbeitsauftrag für mich drin war, aber dann sofort einen Witz gemacht und bin gegangen. Um ehrlich zu sein, bin ich mir nicht sicher, ob das eine gute Reaktion war. Ich wollte Klarheit schaffen und jetzt weiß ich nicht, ob ich etwas übersehen habe.«

Jörg lehnte sich zurück und lächelte. »Weißt du«, sagte er, »ich habe tatsächlich darüber nachgedacht, dich mit der Präsentation zu beauftragen. Aber als du den Witz gemacht hast, habe ich es als dein Zeichen genommen, dass du nicht interessiert bist.«

Ich nickte und atmete tief durch. »Ja, das war nicht besonders professionell von mir. Vielleicht hätte ich einfach fragen sollen, anstatt auszuweichen.«

Jörg nickte zustimmend. »Offene Kommunikation ist wichtig. Es geht nicht immer nur darum, Aufgaben zu vermeiden oder anzunehmen, sondern auch darum, Missverständnisse gar nicht erst entstehen zu lassen.«

In diesem Moment wurde mir klar, wie viel ich über Kommunikation gelernt hatte – und das auf die harte Tour. Es war nicht nur wichtig, Aufgaben zu übernehmen oder abzulehnen, sondern auch, ehrlich und transparent zu sein. Humor hat seinen Platz, aber er sollte nicht zum Werkzeug werden, um Verantwortung oder Klarheit zu vermeiden.

Am Ende habe ich das Projekt übernommen und die Woche hindurch hart daran gearbeitet. Aber das Wichtigste war, dass ich etwas viel Wertvolleres mitnahm: die Erkenntnis, dass Missverständnisse nur dann entstehen, wenn wir ihnen den Raum geben, und dass offene, klare Kommunikation der Schlüssel ist, um Vertrauen und Zusammenarbeit zu stärken.

So war die Situation bei mir. Aber das hat nichts mit der Frage zu tun, sondern nur mit meinem Verhalten als sehr junge Mitarbeiterin. Vielmehr ist die Haltung, mit der die Frage gestellt wird, wichtig. Die ernst gemeinte Frage »**Steckt da eigentlich ein Arbeitsauftrag für mich drin?**« und das Abwarten der Antwort zeigen, dass mir mein Gegenüber wichtig ist.

Hätte ich damals mein heutiges Wissen gehabt, welches du jetzt hiermit geschenkt bekommst, dann hätte ich Jörg die Frage gestellt und abgewartet. Vermutlich hätte er mich gefragt, ob ich es denn machen möchte – so wie ich ihn danach kennengelernt habe. Und wahrscheinlich hätte ich mit Nein geantwortet und er hätte mir ein ehrliches »Das ist völlig in Ordnung« entgegnet.

Trau dich, diese Frage zu stellen. Denn:

»Man muss die Fragen stellen – sie werden einem nicht in den Mund gelegt.«

Im Business-Alltag sind es oft genau diese Momente, die darüber entscheiden, ob wir Vertrauen und offene Kommunikation aufbauen – oder in einem Netz von unausgesprochenen Erwartungen und Missverständnissen gefangenbleiben. In der Psychologie und Kommunikationstheorie wird oft betont, wie wichtig es ist, explizit zu formulieren, was man wirklich möchte – und genau das unterstützt diese Frage auf humorvolle und wertschätzende Weise. Aber denk daran: Gib Denkzeit und Antwortzeit, bevor du dich davonschleichst.

14 Was ist mir/dir heute gut gelungen?

Was dir dieser FragenQuickie bringt:
Bewusstheit – ErfolgsQuickie – Wahrnehmung

Jeden Abend, bevor ich zur Ruhe komme, stelle ich mir eine einfache, aber kraftvolle Frage: **Was ist mir heute gut gelungen?** Diese Frage begleitet mich seit einiger Zeit und hat mein Leben auf eine leise, aber tiefgreifende Weise verändert. Es ist, als würde ich mich selbst daran erinnern, dass in jedem Tag – egal wie turbulent oder unspektakulär er war – Momente des Erfolgs stecken. Und wenn ich diese Momente bewusst wahrnehme, gewinnt der Tag eine neue Bedeutung.

An manchen Tagen fällt mir die Antwort sofort ein. Es sind kleine Erfolge, wie beispielweise, mich nur gesund ernährt zu haben, oder die Aufgabe, die ich endlich erledigen konnte. An anderen Tagen muss ich länger nachdenken. Es scheint, als gäbe es nichts Besonderes. Doch gerade dann wird mir bewusst, dass auch in den stupidesten oder schwierigsten Tagen etwas gelungen ist. Vielleicht war es die Geduld, die ich mir selbst entgegengebracht, oder der Moment, in dem ich auf mich gehört habe, statt mich von der Hektik treiben zu lassen.

Diese Frage ist für mich zu einem *ErfolgsQuickie* geworden – einem schnellen, aber tiefen Blick auf meinen Tag, der mir das Gefühl gibt, dass ich vorankomme. Für mich ist es eine minimale Intervention mit maximaler Wirkung.

Erfolg fühlt sich nicht immer groß an. Es ist nicht immer das, was von außen sichtbar ist. Manchmal sind es diese kleinen, unscheinbaren Dinge, die mich am Ende des Tages spüren lassen: Ich bin auf dem richtigen Weg.

Aber es gab Zeiten, in denen ich vergaß, mir diese Frage zu stellen. Tage vergingen, an denen ich abends einfach müde ins Bett fiel, ohne einen Gedanken daran zu verschwenden. In diesen

Phasen merkte ich, wie mein Blick sich veränderte. Ich sah plötzlich mehr von dem, was nicht funktionierte, das, was fehlte. Das Gefühl, dass ich »nicht genug« tue oder erreiche, kroch in mir hoch. Es war, als würde mein innerer Erfolg verblassen, weil ich ihn nicht wahrnahm. Und mit ihm auch mein Vertrauen in mich selbst.

Wenn ich jedoch innehalte und mir bewusst bin, **was mir gelungen ist**, dann kehrt dieses Vertrauen zurück. Es geht nicht darum, jeden Tag die Welt zu verändern. Es geht darum, jeden Tag ein Stückchen zu wachsen, sich selbst anzuerkennen. Diese kleine Frage »**Was ist mir heute gut gelungen?**« öffnet mir die Augen für alles Gute, das ich sonst übersehen würde. Sie ist wie ein kleines Ritual, das mich jeden Tag daran erinnert, dass Erfolg oft in den kleinen, stillen Momenten liegt.

Vielleicht denkst du jetzt: Was hat sie mit diesem esoterischen Quatsch plötzlich? Also: Magst du dich auf ein Experiment einlassen? Konzentriere dich mal einen Tag lang – und für die richtig Harten von euch drei Tage – auf das Misslingen an dem jeweiligen Tag. Konzentriere dich auf Fehler, Versäumnisse und Misserfolge an den Tagen. Lass das Negative übermächtig erscheinen. Merkst du schon was? Noch nicht. Okay, wir machen weiter. Übersieh jeglichen Fortschritt und beurteile dich härter als normal. Lass dieses Gefühl der Unzufriedenheit und Erschöpfung zu. Und? Kommt es schon an, das Gefühl, nie genug zu tun oder zu erreichen? Wird es stärker? Aha! Wir treiben es noch etwas weiter: Jetzt, am Ende des Tages, blicke nur auf das Negative zurück. Das richtig Doofe. Wie sieht's jetzt aus mit deiner Motivation? Hast du noch Schwung und Energie, neue Aufgaben zu starten, wenn nichts wirklich gelingen mag? Ich soll aufhören? Na gut.

Zurück zum Esoterischen: Ohne den bewussten Blick auf das, was gut gelungen ist, vergessen wir die vielen kleinen Erfolge, die den Tag ebenfalls prägen. Wer sich nicht regelmäßig fragt, was ihm gelungen ist, verliert den Kontakt zu sich selbst.

Wir verlieren die Fähigkeit, uns bewusst anzuerkennen und unseren Wert unabhängig von äußeren Ergebnissen zu schätzen.

Im Coaching-Raum sitzt mein Klient vor mir, den Blick leicht gesunken. Er ist Geschäftsführer eines wachsenden Unternehmens, ständig getrieben von Zahlen, Zielen und dem Wunsch, immer mehr zu erreichen. Aber es fehlt etwas. Genau deshalb ist er hier. **»Was ist dir heute gut gelungen?«**, frage ich ihn, als Teil unseres Gesprächs. Für einen Moment herrscht Stille. Er wirkt überrascht, schnell irritiert. Solche Fragen sind nicht üblich in seiner Welt. Hier dreht sich alles um KPIs, Quartalsberichte und Umsatzziele – doch darum geht es jetzt nicht.

»Naja, heute? Eigentlich nicht viel«, antwortet er zögerlich. »Der Pitch heute Morgen lief nicht so gut, wir haben das Projekt verloren.« Es scheint, als würde er sofort die Dinge aufzählen, die nicht nach Plan gelaufen, die ihm vermeintlich misslungen sind. Ich nicke und lasse die Stille wirken. Als ich ihm noch einmal die gleiche Frage stelle, betone ich das Wort »gut«: **»Was ist dir heute *gut* gelungen?«** Diesmal schaut er mich länger an und ich sehe, wie er beginnt, überlegt – anders als zuvor. Langsam formt sich ein Lächeln auf seinen Lippen. »Eigentlich … habe ich mein Team heute gut durch eine schwierige Situation geführt. Sie waren frustriert, weil das Projekt gescheitert ist, aber ich habe sie ermutigt, weiterzumachen und daraus zu lernen.«

Da ist es. Ein Moment, der oft übersehen wird. Ein Moment, der zeigt, dass Erfolg nicht nur in den großen, messbaren Ergebnissen liegt, sondern in den kleinen, wertvollen Handlungen, die oft im Schatten bleiben. Ich spüre, dass er beginnt zu verstehen, worum es hier geht.

»Du bist ins Coaching gekommen, weil du den Druck spürst, ständig mehr leisten zu müssen«, sage ich. »Aber wenn du dich nur auf das konzentrierst, was nicht geklappt hat oder was noch fehlt, verlierst du die Fähigkeit, dich selbst anzuerkennen. Erfolg ist nicht nur das Endergebnis. Es sind die Schritte, die du jeden

Tag machst – selbst wenn sie klein sind, selbst wenn sie im Chaos des Tages untergehen.« Er lehnte sich zurück und atmet tief durch. »Stimmt. Ich sehe das oft nicht. Ich bin so darauf konzentriert, was am Ende dabei herauskommt, dass ich vergesse, was ich auf dem Weg schon alles geschafft habe.«

»Genau das ist der Punkt«, antworte ich. »Es geht darum, deinen Wert unabhängig von äußeren Ergebnissen zu schätzen. Du kannst stolz auf das sein, was du tust, auch wenn nicht immer alles perfekt läuft. Wenn du dir diese Frage täglich stellst, wirst du merken, wie viel dir tatsächlich gelingt – und das wird dir helfen, deinen eigenen Erfolg anders zu definieren.«

Es ist ein Moment der Erkenntnis. Mein Klient beginnt, die Bedeutung des *Sich-selbst-Anerkennens* zu verstehen. Erfolg ist nicht nur in den großen Meilensteinen zu finden, sondern auch in den kleinen, oft unsichtbaren Momenten, die uns jeden Tag weiterbringen. »Ich werde das jetzt jeden Tag machen«, sagt er leise. »Ich werde mir bewusst die Frage stellen: **Was ist mir heute gut gelungen?** Das könnte wirklich den Unterschied machen.« In diesem Moment beginnt er, sich von der ständigen Jagd nach äußerem Erfolg zu lösen. Er fängt an, seinen eigenen Wert auf eine neue, tiefere Weise zu erkennen – und das ist der eigentliche Erfolg. »Wie wirst du sicherstellen, dass du das jeden Tag machst?« frage ich, auf Nachhaltigkeit und Verankerung bedacht. »Du hattest mir letztens von deinem Dankbarkeitsbuch erzählt, wo du kurz Dinge aufschreibst, für die du dankbar bist.« »Das werde ich modifizieren zum Gelungen-Buch«, sagt er und grinst.

Dich auf das Gelingen zu konzentrieren, hilft dir, aus deinen Erfahrungen zu lernen und zu wachsen. Ohne diese Reflexion verpasst du die Chance, aus deinen Erfolgen Einsichten zu gewinnen, die dich weiterbringen und dein Selbstvertrauen stärken. Die bewusste Wahrnehmung des Gelingens am Tag ermöglicht es dir, das eigene Handeln positiv zu stärken und kontinuierlich an dir zu arbeiten.

Warum solltest du als Unternehmer:in, Führungspersönlichkeit oder auch in deiner Familie »**Was ist dir heute gut gelungen?**« fragen?

Ganz einfach. Mitarbeitende werden über ihre Erfolge nachdenken und diese teilen, dadurch stärkst du ihr Selbstbewusstsein und ihren Glauben an die eigenen Fähigkeiten. Sie erkennen, dass sie etwas bewirken, was ihre Motivation und Eigenverantwortung fördert. Und das ist doch ganz großartig für alle. Stell diese Frage regelmäßig, idealerweise im Rahmen von Meetings oder Einzelgesprächen. Achte darauf, dass du offene Fragen stellst und Raum gibst, damit Mitarbeitende sich nicht gehetzt fühlen. Wir haben schon öfter über Raum bzw. Denkzeit gesprochen. Die Frage sollte selbstredend nicht zum Selbstzweck eingesetzt werden, vielmehr als ehrliche und offene Frage. Ermutige Mitarbeitende und Kollegen/Kolleginnen, sich selbst und auch anderen diese Frage zu stellen.

Abends stelle ich meinen Kindern oft diese Frage. Sie lernen dabei, eigene Erfolge zu erkennen und zu schätzen, was ihre Resilienz stärkt. Nicht immer haben sie eine Antwort darauf. Ich bin allerdings überzeugt, dass die Frage eine konstruktive Fehlerkultur unterstützt, da sie die Aufmerksamkeit auf Lernfortschritte statt auf Misserfolge richtet. Gerade in der Schule werden die Kinder aus meiner Sicht zu häufig auf Fehler hingewiesen statt auf die Erfolge. Insgesamt schafft die Frage bei uns eine Atmosphäre der Anerkennung und des gemeinsamen Wachstums – auch in der Familie.

Meine Erkenntnis zu diesem Thema ist ganz einfach:

> **»Sag einer Person, dass sie tolle Fragen stellt, und du hilfst ihr, tolle Fragen zu stellen.«**

Indem du den Fokus bei dir und anderen auf das legst, was gut gelaufen ist, wird eine Kultur der Anerkennung und Positivität geschaffen. Somit förderst du ein gesundes (Arbeits-)Klima, in dem Menschen ermutigt werden, Erfolge zu teilen und zu feiern, anstatt sich auf Probleme zu konzentrieren.

Schaffe eine Routine, beispielsweise in einem kurzen Team-Check-in am Ende des Tages oder der Woche, wo jede:r kurz sein/ihr Highlight teilt. Dies kann auch in digitalen Formaten, wie Chat-Gruppen oder kurzen Feedback-Runden, geschehen. Mitarbeitende fühlen sich wertgeschätzt, wenn ihre Erfolge anerkannt werden. Dies führt zu höherer Zufriedenheit und langfristiger Förderung der Bindung ans Unternehmen, da sie merken, dass ihre Beiträge zählen. Auch hier wieder: Trau dir das zu. Mach mal etwas anderes, geh das Experiment mit allen anderen ein. Vorhin bist du es mit mir auch gegangen. Und, wie wertvoll war das Ganze?

Sei als Führungskraft aufrichtig interessiert. Höre aktiv zu und gehe auf Antworten ein. Das zeigt deinen Mitarbeitenden, dass ihre Leistungen nicht nur abgefragt, sondern auch wahrgenommen und geschätzt werden.

Ich bin immer wieder begeistert, wie durch die Reflexion darüber, was gut gelungen ist, Führungskräfte ihre individuellen Stärken und Potenziale selbst und die ihrer Mitarbeitenden besser erkennen. Und ehrlich, es ist nicht so, dass alle gleich jubeln bei der Idee. Aber einmal ausprobiert und diesem komischen Gefühl standgehalten, förderte es stets eine lösungsorientierte Denkweise, die nicht in Problemen verharrt, sondern nach vorne schaut.

Wenn du die Frage »**Was ist dir heute gut gelungen?**« stellst, achte darauf, welche Bereiche immer wieder als »gelungen« genannt werden. Diese Muster geben Aufschluss darüber, wo die Stärken der Mitarbeitenden liegen, und können für zukünftige Aufgaben oder Projekte genutzt werden. Kombiniere diese Frage auch gern mit einem Coaching-Ansatz. Zum Beispiel kannst du nachfragen, was sie aus dem Erfolg gelernt haben oder wie sie diese Herangehensweise auf zukünftige Herausforderungen anwenden möchten.

In jedem Fall, wenn du deine Mitarbeitenden regelmäßig fragst, **was ihnen heute gut gelungen ist**, schaffst du eine positive und fördernde Arbeitsumgebung. Der Schlüssel liegt darin, diese Frage nicht nur als Routineaufgabe zu betrachten, sondern sie mit echtem Interesse und Wertschätzung zu stellen. So trägt sie zu mehr Motivation, Zufriedenheit und langfristigem Erfolg im Team bei. Und wenn es nicht klappt, schreibe mir und berichte sehr gern, warum es schwachsinnig war, das Ganze auszuprobieren.

15 Welche Detailtiefe brauchst du denn?

Was dir dieser FragenQuickie bringt:
Detailtiefe – Relevanz – Erwartungsmanagement

Vor ein paar Tagen saßen mein Freund Max und ich in einem kleinen Café, als er mir von einer spannenden Begegnung mit seiner Chefin erzählte. Max ist Marketing-Analyst in einem aufstrebenden Unternehmen, das sich jetzt neu auf junge Zielgruppen spezialisieren will. Seine Chefin Frau Breuer, eine taffe, visionäre Führungskraft, hatte ihm eine Aufgabe gegeben, die auf den ersten Blick einfach schien.

»Max«, hatte sie gesagt, »ich brauche Daten über die Generation Z. Alles, was du finden kannst: Verhalten, Erfahrung, Mediennutzung – das volle Programm.«

Max nickte, wie er es immer tat, wenn ihm eine neue Aufgabe gestellt wurde. Ich hatte ihn in einem unserer gemeinsamen Jobs als gründlich, methodisch und perfektionistisch kennengelernt. »Ich war absolut überzeugt davon, dass ich genau wusste, was meine Chefin von mir wollte«, erzählte er mir nach vorne gelehnt. Er tauchte in die Recherche ein, durchforstete Marktstudien, analysierte Social-Media-Interaktionen und sammelte jede Menge Daten, die er als relevant einstufte.

Zwei Tage später präsentierte er die Ergebnisse. Eine sorgfältige, detaillierte Zusammenfassung mit aussagekräftigen Zahlen und Trends. Doch kaum hatte er den letzten Satz seiner Präsentation gesprochen, sah er das Stirnrunzeln auf Frau Breuers Gesicht. Etwas stimmte nicht.

»›Max‹, sagte sie ruhig, ›das ist nicht ganz das, was ich erwartet habe.‹« Max äffte jetzt sein Chefin nach. Sah lustig aus. Dann veränderte sich seine Mimik und wirkte etwas hilflos.

»Ich war verwirrt und ehrlich auch etwas verunsichert. Also fragte ich, was denn fehlt? Die Daten waren da – Verhaltensmuster, Kaufverhalten, Social-Media-Nutzung. Alles, was zur Generation Z gehört.«

Er machte mir vor, wie sich zurücklehnte und tief durchatmete. »›Ja, aber das ist alles viel zu allgemein. Ich brauche mehr. Etwas, das wirklich einen Unterschied in unserer Strategie machen kann. Nicht nur Statistiken – ich will wissen, was hinter den Zahlen steckt.‹«

Max war ratlos. Er dachte, er hätte alles geliefert. Doch dann kam der entscheidende Moment. »Ich zögerte kurz, dann fragte ich: **›Auf welcher Detailtiefe brauchst du es denn wirklich?‹**

Frau Breuer lächelte zum ersten Mal in diesem Gespräch und sagte mir, dass das genau die richtige Frage war. ›Schau nicht nur auf die Zahlen‹, meinte sie ›verstehe die Generation. Wie leben sie, warum treffen sie Entscheidungen? Ich will, dass wir sie wirklich verstehen, nicht nur ihre Oberflächenmerkmale.‹«

Gerade wenn es um die Gen Z geht, das sind Menschen, die zwischen 1995 und 2010 geboren sind, bin ich ganz bei seiner Chefin. Trete in den Dialog und versuche zu verstehen, was sie antreibt. Wenn du sie verstehen willst, frage sie.

Auch für Max war in diesem Moment klar, die Frage nach der Detailtiefe ist besonders wertvoll, weil sie mehrere wichtige Funktionen erfüllt, die über die reine Informationssammlung hinausgehen.

Dann fiel ihm meine Lieblingsfrage ein, die er hinterherstellte, da er merkte, dass es in die richtige Richtung ging: **»Auf einer Skala von 0-10, auf welcher Detailtiefe brauchst du es? Wobei 0 ganz oberflächlich und 10 extremst detailliert wäre, beispielsweise mit 10 Interviews der Gen Z?«**

Es ist eine Frage, die komplexe und unklare Situationen immer schön knapp auf den Punkt bringt. Ich liebe die skalierende Frage, wie du in Kapitel 30 lesen wirst, sie ist aus meiner Sicht der Game Changer für viele Bereiche.

Wenn du jetzt neugierig darauf bist, dann markiere dir diese Seite hier und lies zwischendrin Kapitel 30.

Ansonsten betrachten wir die Frage »**Auf welcher Detailtiefe brauchst du es?**« aus sprachwissenschaftlicher Sicht direkt näher. Die Frage nach der »Detailtiefe« ist besonders wertvoll, weil sie einen Metakommunikationsprozess anstößt. Das bedeutet, sie verlagert das Gespräch von der Sachebene (was gemacht werden soll) auf die Ebene der Kommunikation über die Kommunikation selbst (wie darüber gesprochen wird). Okay, langsam, damit du es wirklich verstehst und nicht interpretierst – ist mir ja mit dem gesamten Buch ein Anliegen. In Max' Geschichte bedeutet die Frage nach der Detailtiefe, dass das Gespräch nicht mehr nur darum geht, *was* Max tun soll, also Daten über die Generation Z sammeln, sondern *wie* detailliert genau seine Chefin das von ihm will. Es geht auch nicht nur um die Aufgabe selbst, sondern darum, sicherzustellen, dass beide darüber dieselben Vorstellungen haben.

Max fragt auch nicht nur »Was soll ich machen?«, auch nicht nur »Wie genau soll ich das machen?«, sondern noch klarer: »Auf welcher Detailtiefe brauchst DU es?« Dadurch stellt er sicher, dass beide verstehen, wie genau die Informationen sein müssen.

Wörter wie »Daten« oder »Analyse« können unterschiedlich verstanden werden, je nachdem, wer sie verwendet. Durch die Frage nach der Detailtiefe wird das Verständnis dieser Begriffe geklärt, damit beide Gesprächspartner wissen, was genau gemeint ist. Das nennt man in der Sprachwissenschaft Kontextualisierung – man setzt Begriffe in einen spezifischen Rahmen. Die Frage »**Auf welcher Detailtiefe brauchst du es?**« ist damit ein kommunikatives Steuerungsinstrument. Sie lenkt das Gespräch, damit es auf das Ziel hin orientiert bleibt. Ohne solche Fragen können Gespräche ausufern oder unkonkret bleiben. Daher mag ich sie so gern.

Denn auch hier werden Missverständnisse vermieden und die Erwartungen klarer formuliert.

Ich mag Klarheit, ist dir vielleicht schon aufgefallen. Max mag es auch, denn er erzählte mir, wie beiden in diesem Moment klar wurde, dass er die Aufgabe völlig anders angehen musste. »Das war der Wendepunkt«, sagte er mit einem breiten Grinsen. »›Eine Acht‹ kam von meiner Chefin. Sie meinte ›nicht zehn Interviews führen, eher drei. Und einige Interviews anschauen – da gibt es sicher schon einiges.‹«

»In dem Moment habe ich wirklich verstanden, dass es nicht nur um Daten geht, sondern um die Geschichte dahinter. Ab diesem Punkt habe ich angefangen, tiefer zu graben – Interviews, ethnografische Studien, sogar TikTok-Videos analysiert, um zu verstehen, was die Gen Z wirklich antreibt.«

Das Ergebnis? Max lieferte eine komplett überarbeitete Analyse, die nicht nur beeindruckte, sondern die ganze Marketingstrategie des Unternehmens auf ein neues Level hob.

»Und weißt du was?«, schloss Max, »diese eine Frage hat alles verändert.«

Ich lehnte mich zurück, beeindruckt. »Manchmal liegt die wahre Erkenntnis nicht in dem, was du machst, nicht in der Aufgabe selbst, sondern darin, wie du sie hinterfragst und verstehst.«

Apropos verstehen: Letztes Jahr im Sommer war ich in Prag, bei einer Workation. Ich hatte mir ein paar Tage freigenommen, um an meinen Videos für die Future Leadership Academy zu arbeiten – ganz im Stil von »Arbeiten, wo andere Urlaub machen«. Mein Plan war einfach: ein paar Videos aufnehmen, dabei die Stadt genießen und zwischendurch vielleicht ein bisschen Inspiration tanken. Was soll schon schiefgehen?

Ich hatte mir eine wirklich coole Airbnb-Wohnung im Zentrum gemietet. Eine Mischung aus rustikalem Altbau-Charme und modernem Minimalismus, ganz in weiß. Perfekt für die Aufnahmen.

Also packte ich meine Kamera und mein Licht aus, setzte mich an den Tisch mit meinem Laptop und fing an, die ersten Skripte durchzugehen und aufzunehmen. Alles lief glatt, bis ich auf das Thema »Feedback-Kultur« stieß. Irgendetwas fehlte. Aber was? Ich kam nicht drauf.

Da dachte ich mir: Warum nicht Julia fragen, eine Bekannte, die auch in Prag war, ebenfalls auf der Workation. Wir trafen uns auf einen Kaffee und ich erzählte ihr von meinen Videoaufnahmen. Julia ist ein absoluter Profi, wenn es um Präsentationen und Video-Content geht, also fragte ich sie spontan, ob sie mir Feedback zu meinem Skript geben könnte. Sie stimmte sofort zu.

Wir saßen in einem hippen Café – du weißt schon, eins von diesen, wo der Kaffee teurer ist als das Mittagessen – und ich legte mein Skript auf den Tisch. Sie scrollte mit konzentriertem Blick durch die Zeilen, nickte ab und zu, runzelte aber zwischendurch die Stirn.

Dann legte sie das Tablet hin und meinte: »Hmm … ich weiß nicht. Irgendetwas fehlt. Es wirkt noch nicht ganz rund. Vielleicht ein paar mehr Details oder Beispiele?«

An diesem Punkt kam es einfach so aus mir raus: **»Auf welcher Detailtiefe brauchst du es denn?«**

Sie schaute mich erst für einen Moment an, als hätte ich gerade ein Mathe-Problem in den Raum geworfen, und dann brach sie in Gelächter aus. »Wie bitte? Detailtiefe? Reden wir hier über ein Skript oder machst du gerade eine Doktorarbeit?«

Wir mussten beide lachen, aber in dem Moment wurde mir klar, wie automatisch mir diese Frage über die Lippen kam. In meiner Arbeit nutze ich sie ständig – klar, ich will immer genau wissen, wie tief ich in ein Thema einsteigen soll, um die Erwartungen zu erfüllen. Und ohne es zu merken, hatte ich diese Denkweise auch in meine alltäglichen Gespräche eingebaut.

Dann dachte sie ernsthaft nach. »Na ja, wenn du es so sagst, sollten wir uns vielleicht wirklich überlegen, wie tief du da reingehen willst. Willst du die Leute nur inspirieren oder richtig tief in die Themen eintauchen?«

Und da war's! Diese kleine, unscheinbare Frage hatte das Gespräch auf den Punkt gebracht. Wir fingen an, genau darüber zu sprechen, was die Zuschauer wirklich brauchen – nicht nur schöne Worte, sondern praktische und umsetzbare Ideen. Auch über Julias Klienten begannen wir zu sprechen und Lösungen zu finden. Die »Detailtiefe«-Frage hatte uns beiden klargemacht, dass es darum geht, wie tief die Botschaft gehen soll. Was eigentlich wie ein witziger Moment begann, wurde zu einem Game-Changer für mein Skript und ihre Strategie.

In jeder Sprache gibt es Wörter, die mehrere Bedeutungen haben können, und Konzepte, die unterschiedlich tief beleuchtet werden. Durch die Nachfrage nach der gewünschten Detailtiefe wurde für mich diese Mehrdeutigkeit (in der Fachsprache Ambiguität) reduziert, was zu meinem präziseren Verständnis führte, was genau sie für gutes Feedback braucht.

Wir befinden uns in Kommunikation ja in einer dialogischen Interaktion. Und wenn du, wo passend, mit der Frage »**Auf welcher Detailtiefe brauchst du es denn?**« zu der gelungenen Interaktion beiträgst, erhält der Dialog einen kooperativen Kommunikationsstil, bei dem beide Seiten aktiv dazu beitragen, das Gespräch zu verbessern.

Bei Julia und mir hat es dazu beigetragen, dass wir näher zusammengewachsen sind, einfach durch ihre saloppe Antwort. So ist es in der klaren Kommunikation, wir wachsen näher zusammen, wenn wir in Kontakt treten. Und in Kontakt trittst du, wenn du mehr hinterfragst, statt zu interpretieren.

Am Ende war die Workation in Prag nicht nur eine Gelegenheit für mich, coole Videos aufzunehmen, sondern auch ein echter Augenöffner für uns beide, was unsere Detailtiefe angeht.

Die Videos waren übrigens klasse. Und vielleicht liegt es ja wirklich nur an dieser einen Frage!

Bei Max war es so, dass seine Chefin für ihn nicht klar formuliert hatte – für ihr Verständnis allerdings schon. Die Frage nach der Detailtiefe half dabei, die Informationsstruktur zu verbessern bzw. Informationen gezielt und verständlich zu vermitteln. Max hatte den richtigen Riecher, um die Kommunikation klarer zu gestalten, und war Auslöser dafür, dass beide auf dieselbe Wellenlänge gekommen sind.

Wir reden hier von eine Informationslücke, die so häufig entsteht. Denk vielleicht gerade mal darüber nach, wie oft schnell schnell und zwischen Tür und Angel gesprochen wird in deinem Umfeld, also nur die anderen. Klar …

Die Frage nach der Detailtiefe dient dazu, diese Informationslücke zu schließen, indem sie die »Kommunikationssituation« besser definiert. In der Sprachwissenschaft nennt man das auch »kommunikative Präzisierung«. Die sorgt dafür, dass beide Seiten denselben Kontext teilen und die Informationen auf dem gewünschten Niveau vermittelt werden.

Da du diese Frage und viele andere jetzt situationsgerecht einsetzt, fördert das deine »pragmatische Kompetenz«. So lautet dein neuer Lieblingsfachbegriff vielleicht. Sie fordert dazu auf, den Zweck der Information genauer zu hinterfragen und sich auf das Wesentliche zu konzentrieren. So wird nicht nur die Menge der Informationen, sondern auch deren Relevanz besser gesteuert.

Kurz gesagt: Die Frage »**Auf welcher Detailtiefe brauchst du es?**« verbessert deine Kommunikation, weil sie Klarheit schafft und dafür sorgt, dass dein:e Gesprächspartner:in und du dasselbe meinen und erwarten.

16 Was solltest du auf gar keinen Fall tun?

Was dir dieser FragenQuickie bringt:
Wertebewusstsein – Rückgrat – Authentizität

Wir schreiben März 2020 und im Grunde weiß jeder, ähnlich wie am 9/11, was hier passiert ist. Wir hatten unseren weltweiten Lockdown aufgrund der Corona-Pandemie.

Mein Job vorher bestand aus Teamentwicklung, Führungskräfteentwicklung, kurz: Seminare und Workshops mit vielen Menschen im Hotel oder Unternehmen. Du kannst dir sicher vorstellen, vielleicht sogar aus eigener Erfahrung, was es mit dir macht, wenn dir von einem Tag auf den anderen deine finanzielle Grundlage entzogen wird. Aber darum soll es gar nicht gehen. Vielmehr war und ist es mir ein Anliegen, Führungspersönlichkeiten in ihrer Weiterbildung zu unterstützen. Kurzerhand gründete ich den Podcast »Lunchtime Stories for Leaders«. Ich war davon überzeugt, dass im Homeoffice sicher alle in der Mittagspause nach draußen gehen und sich weiterbilden, zum Beispiel mit meinem Podcast, in dem sie von erfahrenen Führungspersönlichkeiten und Unternehmern erfahren, wie sie mit den Herausforderungen der Corona-Krise umgehen. Und vor allem, welche FührungsQuickies, also minimale Interventionen mit einer maximalen Wirkung, sie anderen empfehlen. Einige haben das sicher auch gemacht.

Okay, worauf will ich hinaus?! Eine meiner Lieblingsfragen war über zwei Jahre: **»Was sollten Führungspersönlichkeiten auf gar keinen Fall tun?«** Oder: **»Was gibt sogenannte HALTUNGsschäden?«** Eine klare Haltung ist für mich elementar und entscheidend, weil sie sowohl als Führungskraft als auch in der Selbstführung Orientierung, Authentizität und Stabilität bietet. Führungspersönlichkeiten schaffen durch ihre Haltung Vertrauen und geben ihren Teams eine klare Richtung, besonders in unsicheren Zeiten. Stell dir eine Führungskraft vor, die inmitten eines schwierigen Projekts steht und deren Team unsicher und gestresst ist. Wenn diese Führungskraft eine klare Haltung zeigt, etwa indem sie trotz Druck Ruhe und Zuversicht ausstrahlt, gibt sie dem Team Stabilität und Orientierung. Die Mitarbeitenden fühlen sich sicherer und wissen, woran sie sind, weil sie spüren, dass die Führungskraft eine klare Richtung vorgibt und sich nicht von der Unsicherheit überwältigen lässt.

Das Gleiche gilt für die Selbstführung: Wenn du in einer stressigen Lebensphase stehst, ist eine klare innere Haltung – zu wissen, was dir wirklich wichtig ist und wofür du stehst – entscheidend, um nicht aus der Bahn geworfen zu werden. Du triffst Entscheidungen, die mit deinen Werten übereinstimmen, und bleibst trotz äußerer Unsicherheit innerlich gefestigt. Diese Haltung gibt dir die Kraft, auch durch schwierige Zeiten mit Klarheit und Selbstvertrauen zu gehen. In der Selbstführung hilft dir eine klare Haltung, eigene Werte zu erkennen, authentisch zu handeln und in schwierigen Situationen stabil zu bleiben. Sie ermöglicht es, sowohl dich selbst als auch andere sicher und wirksam zu führen. Und für mich beginnt jegliche Führung von anderen mit der Führung von mir selbst.

Die Antworten im Podcast waren vielseitig wie auch übereinstimmend. Führungskräfte klammern sich oft an traditionelle Machtstrukturen, symbolisiert durch das Festhalten am »Chefsessel«. Die Unsicherheit angesichts einer chaotischen, agilen Zukunft führt zu einem »**Haltungsschaden**« – einer Versteifung der Führungskultur, geprägt von Dominanz und Selbstgerechtigkeit. Diese starre Haltung verhindert Agilität und Flexibilität, die in der modernen Welt jedoch essenziell sind. Statt Kontrolle auszuüben, sollten Führungskräfte sich auf Improvisation, Offenheit für Fehler und gemeinsames Vorankommen mit dem Team konzentrieren, um in einer dynamischen Umgebung zu bestehen.

Der Transfer aus der Führung ins Private ist mit der Frage nach den HALTUNGSschäden simpel. Das zeigte mir auch meine

Freundin Clara eines Tages, als sie mir gegenüber saß und ich den Schmerz in ihren Augen sehen konnte. Sie steckte mitten in einer Ehekrise und die letzten Wochen hatten ihre Kraft und Zuversicht merklich erschöpft. Wir saßen in meinem Wohnzimmer, der Tee zwischen uns dampfte leicht, doch die Stimmung war gedrückt.

»Ich weiß einfach nicht mehr, was ich tun soll«, sagte sie leise, während sie nervös an ihrer Tasse nippte. »Alles scheint auseinanderzubrechen und ich habe das Gefühl, mich selbst dabei zu verlieren.«

Ich schaute sie an und spürte, dass sie kurz davor war, Entscheidungen zu treffen, die sie bereuen könnte – Entscheidungen, die ihren Werten widersprachen. In diesem Moment wusste ich, dass es wichtig war, nicht nur über die Krise zu sprechen, sondern sie zu fragen, was ihr innerstes Selbst bewahren würde.

»Clara«, begann ich behutsam, »ich verstehe, dass du jetzt eine schwierige Zeit durchmachst. Aber lass mich dich etwas fragen: **Was solltest du auf gar keinen Fall tun? Was würde deiner Haltung und deinem Wert schaden?«**

Sie blickte mich überrascht an und dachte eine Weile nach. »Ich sollte nicht aus Wut oder Frustration handeln«, sagte sie schließlich. »Und ich darf mich nicht in Lügen oder Schuldzuweisungen verlieren. Das ist nicht, wer ich bin. Ich werde meine Würde und Ehrlichkeit bewahren, egal wie schwer es wird.«

Ich nickte. »Genau. Wenn du an dem festhältst, was dir wirklich wichtig ist, wirst du in dieser Situation nicht nur überleben, sondern auch mit einem klaren Herzen weitermachen können. Deine Haltung und deine Werte sind dein Kompass.«

Clara lächelte leicht, als sie plötzlich etwas mehr Halt unter den Füßen spürte. »Danke«, sagte sie leise. »Das hatte ich vergessen.«

Haltung und Werte können wir hier recht nah beieinander sehen, denn beide fungieren als innere Leitlinien, innerer Kompass.

Beide sind tief in der Persönlichkeit verankert. Sie bestimmen, wie wir die Welt wahrnehmen, Entscheidungen treffen und auf Herausforderungen reagieren.

Werte sind die grundlegenden Überzeugungen und Prinzipien, die uns leiten und uns sagen, was richtig und falsch ist. Sie spiegeln wider, was uns im Leben wichtig ist, wie etwa Ehrlichkeit, Respekt oder Gerechtigkeit.

Haltung ist die äußere Ausdrucksform dieser Werte. Sie zeigt sich in unserem Verhalten, unseren Einstellungen und der Art und Weise, wie wir mit anderen und uns selbst umgehen. Die Haltung ist die gelebte Verkörperung unserer Werte in konkreten Situationen.

Zusammen wirken Haltung und Werte als Leitlinien, die unser Handeln sowohl im Alltag als auch in schwierigen Momenten prägen. Sie sorgen dafür, dass wir authentisch bleiben und unsere Entscheidungen mit innerer Überzeugung treffen.

Haltung in den Alltag einzubauen und zu trainieren bedeutet, sich bewusst mit den eigenen Werten, Überzeugungen und der inneren Ausrichtung auseinanderzusetzen. Sich selbst immer wieder zu fragen: **»Was sollte ich auf gar keinen Fall tun, was gibt HALTUNGsschäden?«** hilft dir, in eine kurze Phase der Achtsamkeit zu gehen und zu eruieren, ob das, was du tun wirst, kongruent mit dem ist, was dich ausmacht. Manchmal wird es ein klares Nein sein für dich und für die Kurzfristigkeit. Du wirst, dennoch erkennen, dass es dem höheren Ziel entspricht. Persönlich finde ich das in Ausnahmen auch okay. Aber, und hier kommt das große Aber, es ist elementar, dass du dir bewusst bist, dass das Unternehmen oder die Person langfristig nicht zu dir passen, sollten sie Entscheidungen einfordern, die dir HALTUNGsschäden verursachen.

Ich möchte dir ein paar Übungen vorstellen, die dir helfen, deine Haltung zu stärken und in deinem Alltag zu verankern, damit du zügig in Klarheit kommst:

Nimm dir jeden Tag ein paar Minuten Zeit, um zu reflektieren: Welche Entscheidungen habe ich heute getroffen, die im Einklang mit meinen Werten standen? Wo habe ich gegen meine innere Haltung gehandelt? Diese Reflexion hilft dir, dir deiner Haltung und deiner Handlungen bewusst zu werden und diese auszurichten.

Stelle dir vor wichtigen Entscheidungen oder Gesprächen folgende Fragen:

- »Was ist mir wirklich wichtig in dieser Situation?«
- »Was entspricht meinen Werten und Überzeugungen?«
- »Wie kann ich in dieser Situation authentisch bleiben?«
- **»Was würde bei mir echte HALTUNGsschäden bewirken?«**

Diese Übung sorgt dafür, dass du vor Entscheidungen innehältst und bewusst im Einklang mit deiner Haltung handelst.

Oder übe das Setzen von Grenzen im Einklang mit deinen Werten. Achte im Alltag darauf, wo du deine persönlichen Grenzen überschreitest oder wo andere sie überschreiten, und übe freundlich, aber bestimmt, »Nein« zu sagen, wenn es nötig ist. Durch das Setzen von klaren Grenzen stärkst du deine Haltung und schützt deine inneren Überzeugungen.

Gerade das Nein-Sagen fällt vielen, vor allem Frauen (warum eigentlich?!?), schwer. Ich bitte dich inständig, und sieh es als einen Freundschaftsdienst von mir zu dir und dann zurück, sag Nein, wenn du Nein meinst. Denn wahrscheinlich habe ich viele Menschen in meiner Umgebung mit folgenden Sätzen genervt:

> **»Ein JA zu jemand anderen ist manchmal ein NEIN zu dir selbst. Und ein NEIN zu jemand anderen ist ein JA zu dir selbst.«**

Und mal ehrlich, würdest du es ausprobieren, wenn du wüsstest, dass es dir nicht misslingen kann oder auf die Füße fällt?

Die Frage also »**Was sollte ich auf gar keinen Fall tun?**« hat etwas mit Respekt dir gegenüber zu tun. Ich mag es, diese Frage zu stellen. Sie bringt den Menschen zunächst aus dem Konzept. Das ist wie ein AHA-Erlebnis, weniger für mich als für mein Gegenüber. Die Reaktion verändert sich von einem fragenden Blick über Skepsis zu einem Einatmen, dann Pause und Luft anhalten, Denkfalten und letztlich ein langes Ausatmen. Ich sehe, wie die Frage bei meinem Coachee wirklich im Gehirn ankommt und er oder sie dann innerlich dem Gedanken nachgeht, **welche »HALTUNGsschäden«** entstehen würden.

Diese Frage ist in so vielen Lebens- und Arbeitsbereichen einsetzbar, deshalb mag ich sie auch so gern. **»Was solltest du auf gar keinen Fall tun?«** hilft Menschen, ihre Werte, Grenzen und potenziell schädliche Handlungen zu reflektieren. Sie richten den Fokus darauf, unerwünschtes oder kontraproduktives eigenes Verhalten zu vermeiden und Entscheidungen bewusster zu treffen.

Führungspersönlichkeiten können diese Frage nutzen, um sich bewusst zu machen, welche Verhaltensweisen ihre Rolle und den Werten des Unternehmens schaden könnten. **»Was sollte ich auf gar keinen Fall tun, um das Vertrauen meines Teams nicht zu verlieren?«** hilft, Machtmissbrauch, Mikromanagement oder übermäßige Dominanz zu vermeiden. Diese Frage geht vom Verständnis auch in die Richtung von Kapitel 12 »Was ist nicht deine Nicht-Erwartungshaltung?«.

In Konflikten kann die Frage helfen, impulsive oder verletzende Reaktionen zu verhindern, die die Situation verschlimmern könnten. Die Frage »**Was sollte ich auf gar keinen Fall tun, um den Konflikt nicht eskalieren zu lassen?**« hilft, in hitzigen Momenten aus Emotionen herauszukommen und bedacht und lösungsorientiert zu handeln.

Im Kontext der Selbstführung hilft die Frage, destruktive Verhaltensweisen zu vermeiden, die persönlichen Zielen oder Werten widersprechen. »**Was sollte ich auf gar keinen Fall tun, um von meinen Zielen abzuweichen?**« zielt auf die Vermeidung von Prokrastination, Selbstsabotage oder übermäßigem Perfektionismus.

Zwei noch, die mir wichtig sind, obgleich wir diese Liste endlos fortsetzen könnten. Aber ich denke, das Prinzip ist dir deutlich geworden: In zwischenmenschlichen Beziehungen hilft die Frage, Handlungen zu vermeiden, die dem Vertrauen, der Kommunikation oder der emotionalen Verbindung Schaden zufügen könnten. »**Was sollte ich auf gar keinen Fall tun, um unsere/meine Partnerschaft zu gefährden?**« Stell die Frage mal deinem/deiner Partner:in. Du wirst eine ähnliche erste Reaktion erhalten, wie ich sie vorhin bei Clara beschrieben habe. Es könnte die Vermeidung von Untreue, Respektlosigkeit oder das Ignorieren emotionaler Bedürfnisse zur Sprache kommen. Muss aber nicht. Es kann auch was ganz anderes sein, was du heute noch nicht weißt.

Und finally, als ehemalige Burnout-Betroffene: Bei der Pflege von Gesundheit und Wohlbefinden kann die Frage helfen, sich klar zu machen, was dem Körper oder Geist schaden könnte. »**Was sollte ich auf gar keinen Fall tun, um meine Gesundheit zu gefährden?**« Bei mir wäre es die Vermeidung von ungesunden Gewohnheiten wie übermäßigem Stress, schlechte Ernährung oder die Vernachlässigung der Selbstfürsorge.

Und was ist es bei dir? **Was solltest du auf gar keinen Fall tun? Was gibt HALTUNGsschäden?**

Hier findest du den Link zum Podcast »Leadership Masterclass – von den Besten lernen« oder nutze einfach den QR-Code oder deine gängigen Podcast-Anbieter wie Apple Podcast, Deezer, Spotify und Google Podcasts.

17 Macht das für dich Sinn?

Was dir dieser FragenQuickie bringt:
Rückkopplung – Einordnen – Dialog

Auf meine Frage, was denn der größte Schmerzpunkt im Leben von Führungskräften ist, antwortet meine Interviewpartnerin Susanne, ihres Zeichens Bereichsleiterin einer großen Betriebskrankenkasse: »Leitfäden und Feedback«. Ich bin erstaunt, denn ich dachte an andere Dinge. Aber dafür sind Interviews ja da, nicht in der eigenen Suppe zu schwimmen, sondern immer wieder was Neues zu lernen. »Meinst du das Feedback geben?«, frage ich. »Auch, ja. Aber mehr noch das Annehmen des Feedbacks. Da tun sich die meisten sehr schwer mit.« Kann ich verstehen. Oft wird ja nur gesagt, was doof ist, und keine Idee der Verbesserung vorgeschlagen.

Also ich mache das schon, wirst du jetzt sagen. Sehr gut. Aber ich erzähle es dir auch nur für deinen Kollegen, den du letztens wieder dabei erwischt hast, wie er unwirsch mal so nebenbei einen Kommentar abgegeben hat.

Aber hier liegt ja auch der Hase im Pfeffer. Nur mal so nebenbei etwas zu sagen, hat das Potenzial, erstens nicht gehört zu werden und zweitens etwas in den falschen Hals zu bekommen.

Wenn wir mal so nebenbei etwas hinschmeißen, an Worten, Putzlappen oder anderem, ist das eine schöne Abkürzung für etwas, was mehr Zeit benötigt. Gut, der Putzlappen nicht, aber Feedback.

Dann lass uns mal fachlich anschauen, wie das mit dem Feedback nehmen so funktioniert. Über das Geben habe ich ja bereits in Kapitel 2 gesprochen.

Als Feedbacknehmer:in sind folgende Komponenten wichtig: keine Rechtfertigung, keine Begründung, sobald du etwas hörst, was dir vielleicht nicht gefällt.

Sagen wir, du bekommst von deinem Chef das Feedback, dass du schlampig angezogen bist. Wie reagierst du? Genau, Blockade. »Was fällt dem ein, sowas zu sagen!! Ich sehe super aus«, denkst du dir vielleicht, sprichst es wahrscheinlich nicht aus. Und alles, was danach kommt, hörst du nicht mehr. Ist normal.

Deshalb ist es wichtig, die Blockade gar nicht erst entstehen zu lassen, denn dein Chef hat sich hier nicht mit Ruhm bekleckert, indem er es dir so hinwirft. Allerdings hat er auch keine Chance mehr, die erste Aussage noch detaillierter zu verfassen. Was genau er damit meint, kann nicht ankommen, weil dein Kopf bereits zugemacht hat, nichts mehr hören will.

Dann betrachten wir den Chef.

So geschehen in einem Coaching. Mein Klient, nennen wir ihn Theodor, fragte mich, ob er denn seinem Mitarbeiter sagen kann, dass er schlampig angezogen ist. Ich meine ja. Die Frage ist nur, auch in diesem Fall, wie. Ich fragte ihn, was er stattdessen von seinem Mitarbeiter will. Er überlegte und sagte, dass es eben im Vertrieb wichtig ist, zumindest keinen Hoodie anzuziehen. »Keinen Hoodie also. Aber was willst du stattdessen?«, fragte ich nach. Er überlegte. »Naja, ein Hemd oder Polo wäre ja schon in Ordnung.« »Theodor, was hältst du davon, deinem Mitarbeiter zu sagen, dass du ihn gerne mit einem Hemd sehen möchtest, und erläuterst, warum. Und nach der Erläuterung fragst du ihn: **Macht das für dich Sinn?**« »Wie meinst du: **Macht das für dich Sinn?**« Ich erläuterte ihm, dass wir gerne Feedback hinschmeißen und nicht nachfragen, ob es auch für den anderen Sinn macht. Feedback ist ja subjektiv und ich kann mich förmlich abarbeiten, wenn ich nicht einmal auch nachfrage, ob es für den anderen überhaupt in dem Kontext, mit der Erklärung, Sinn macht. Das ist natürlich eine geschlossene Frage, hier erwarte ich also auch nur ein Ja oder Nein.

Die Frage ist auch hübsch, wenn du sie offen stellst: »**Inwieweit macht es für dich Sinn**, im Berufsleben einen professionellen Eindruck durch deine Wahl der Kleidung zu machen?« Das ist sicher auch ein bisschen suggestiv, dennoch gleichen wir unser Wertesystem damit ab.

Das Wertesystem einer Person umfasst ihre grundlegenden Überzeugungen und Prioritäten – darunter, wie sie sich selbst und ihre Rolle in der Arbeitswelt sieht. Kleidung ist ein Ausdruck dieser Werte: Mein Klient beispielsweise sieht darin ein wichtiges Mittel, um Professionalität, Respekt und Kompetenz zu signalisieren, während sein Mitarbeiter wahrscheinlich Kleidung weniger als entscheidend für beruflichen Erfolg betrachtet. Indem er diese Frage stellt, wird das Wertesystem des Mitarbeiters angesprochen. Die Frage gibt Raum, den Sinn oder Wert einer bestimmten Handlung (wie das Tragen von Kleidung) in den eigenen beruflichen Kontext einzuordnen. Wie sind die jeweiligen Ansichten darüber, was »professionell« bedeutet?

Wenn das Wertesystem beider Parteien (in der Situation Theodor und sein Mitarbeiter) ähnlich ist, fällt es leichter, Feedback zu akzeptieren und umzusetzen. Wenn es unterschiedlich ist, kann diese Frage dazu dienen, eine Diskussion darüber zu eröffnen, warum bestimmte Standards – wie Kleidung – in einem beruflichen Umfeld wichtig sein könnten.

»Theodor,« sagte ich zu ihm mit einem wohlwollenden festen Blick in die Kamera unseres Online-Coachings. »Dein Feedback ist nur dann wirksam, wenn dein Mitarbeiter es versteht und damit übereinstimmt. Zu fragen, ob das Feedback ›Sinn macht‹, bedeutet, dich zu vergewissern, dass er den Hintergrund und die Absicht deines Feedbacks nachvollziehen kann. Es geht darum, sicherzustellen, dass *dein* Feedback in *seinen* Kontext und seine Perspektive passt. Du erreichst damit eine Selbstreflexion seinerseits und stellst sicher, dass dein Feedback nicht einfach passiv aufgenommen, sondern aktiv durchdacht wird. Wenn er den Sinn des Feedbacks erkennt und es mit seinen eigenen Überzeugungen und Werten abgleichen kann, steigt die Wahrscheinlichkeit, dass er das Feedback annimmt und Veränderungen vornimmt. Daher gib ihm bitte eine Denkpause nach der Frage, **ob es für ihn Sinn macht**!«

Er ließ es sacken und ich gab ihm die Denkpause, die er im Moment brauchte.

»Enthält die Frage nicht eine gewisse Suggestivität? Ich impliziere ja bereits, dass die Kleidung eine Rolle bei meiner Wahrnehmung seiner Professionalität spielt?«, fragte Theodor mit verschränkten Armen, aber nicht abwehrend. »Ja, sie bleibt jedoch offen genug, um Raum für seine eigene Sichtweise zu lassen. Du sagst hier ja nicht, wie er sich kleiden ›muss‹, sondern fragst nach seiner Meinung und schaffst die Möglichkeit eines Dialogs. Du gleichst deine Werte mit seinen ab.«

»Macht das für dich Sinn?« ist für mich eine wunderschöne Frage, um schnell eine Gemeinsamkeit zu eruieren. »Lass uns zum Thai gehen – **macht das für dich Sinn?**« Banal, aber anwendbar.

»**Inwieweit macht es für dich Sinn**, dass wir heiraten?« Herausfordernd und damit spannend, wie die Reaktion ist.

Für die Eltern unter uns: »Erst isst du noch den Apfel, dann putzt du deine Zähne, dann ziehst du dich um – **macht das für dich Sinn?**« Auf die Antwort von Kindern verzichte ich hier – bei den kleineren Exemplaren wird es wahrscheinlich ein »Nö« sein. Wenn du aber dranbleibst, hast du die Chance, immer wieder auf die Sinnhaftigkeit des Zähneputzens nach dem Essen und vor dem Schlafengehen einzugehen. Braucht nur etwas länger als bei Erwachsenen. Außer du hast sehr vernünftige Kinder, dann herzlichen Glückwunsch von meiner Seite.

Wenn du beim Feedback deine Emotionen benennst – wie zum Beispiel »Frustration« oder »Verunsicherung« – und die Frage stellst: »**Macht es für dich Sinn**, dass ich mich so fühle?«, gibst du dem anderen die Möglichkeit, dein emotionales Erleben besser nachzuvollziehen. Das schafft Verständnis und öffnet den Raum für einen Dialog.

In etwa könnte ein Dialog zum Thema Absprachen so lauten:

Du: »Ehrlich gesagt, bin ich ein bisschen frustriert und auch verunsichert, weil ich dachte, wir hätten das anders abgesprochen. Mir ist wirklich wichtig, dass wir uns an unsere Absprachen halten, damit wir beide wissen, woran wir sind, und es nicht zu Missverständnissen kommt. **Macht das für dich Sinn?**«

Hier wird klar: Es geht nicht um das Thema an sich, sondern um dein Bedürfnis nach Verlässlichkeit und klarer Kommunikation. Dein Gegenüber kann darüber nachdenken, ob er oder sie deine Gefühle in diesem Kontext nachvollziehen kann, was zu einem besseren Austausch führt.

Ein »Ja« deines Gesprächspartners führt dazu, dass sich Missverständnisse nicht verhärten, und führt stattdessen zu einem Gespräch, das auf Empathie und Verständnis basiert.

Auf ein »Nein« folgt ganz einfach die Frage, die du natürlich schon aus dem Effeff kannst, aus Kapitel 10: »Was genau brauchst du von mir dafür?« Du merkst, wie du es drehst und wendest, du bleibst mit den Fragen immer im Gespräch.

Ich möchte dir die Frage nach dem Sinn noch in einen größeren Kontext einbetten. Die GfK, die Gewaltfreie Kommunikation von Marshall B. Rosenberg, wurde das erste Mal 1999 veröffentlicht. Rosenbergs Ansatz zielt darauf ab, Konflikte zu lösen und zwischenmenschliche Beziehungen zu verbessern, indem er Menschen dazu anleitet, empathisch zuzuhören und klar auszudrücken, was sie fühlen, brauchen und wünschen.

Im Einzelnen sieht die GfK vier Phasen vor, die sich auf eine einfache und gleichzeitig tiefgehende Weise anwenden lassen. Ich erweitere den Ansatz, wie man Emotionen im Feedback richtig benennt und überprüft, um die Komponente, ob diese beim Gegenüber auch Sinn machen.

Phase 1: Beobachtung – was ist eigentlich los?

Zuerst geht es darum, die Situation ohne Bewertung zu beschreiben. Das bedeutet, du lässt die ganzen Urteile und Interpretationen weg und hältst dich an die Fakten. Statt zu sagen: »Du hörst mir nie zu!«, sagst du: »Ich habe bemerkt, dass du während unseres Gesprächs auf dein Handy geschaut hast.« Das ist neutral und beschreibt einfach, was passiert ist.

Phase 2: Gefühl – wie fühle ich mich dabei?

Hier geht es um die Gefühlslage. Das Schwierige daran ist, dass viele von uns dazu neigen, in Bewertungen zu sprechen, statt ehrlich zu sagen, wie wir uns wirklich fühlen. Statt »Ich fühle mich ignoriert!« sagst du dann: »Ich fühle mich frustriert, weil ich das Gefühl habe, dass du nicht wirklich zuhörst.« Hier benennst du dein eigenes Gefühl, ohne der anderen Person eine Schuld zuzuschieben.

Aber jetzt kommt das Wichtige: Check beim Feedbacknehmer! Du fragst: »**Ist das für dich verständlich**, dass ich mich frustriert fühle, wenn du aufs Handy schaust, während wir reden?« So gehst du sicher, dass die andere Person versteht, was in dir vorgeht, ohne dass sie gleich in Abwehrhaltung gerät.

Phase 3: Bedürfnis – was brauche ich eigentlich?

In dieser Phase geht es darum, das Bedürfnis zu benennen, das hinter dem Gefühl steht. Was brauchst du wirklich? Vielleicht willst du dich gehört und verstanden fühlen oder du brauchst einfach mehr Aufmerksamkeit.

»Mir ist wichtig, dass du mir deine volle Aufmerksamkeit schenkst, wenn wir sprechen.«

Phase 4: Bitte – was wünsche ich mir konkret?

Am Ende kommt die Bitte, die idealerweise konkret, positiv und machbar ist. Das heißt, du sagst nicht: »Hör gefälligst auf mit dem

Mist!«, sondern du formulierst eine konkrete Bitte, die der oder die andere umsetzen kann.

»Könntest du das nächste Mal das Handy während unseres Gesprächs zur Seite legen?« Jetzt weiß der oder die andere genau, was du dir wünschst, und es klingt viel konstruktiver als eine allgemeine Beschwerde.

Ist das für dich verständlich, greifbar, sinnvoll, deutlich, klar …? Setz die Adjektive, wie sie für dich am besten passen. Sei kreativ. Und frage.

Die offene Frage »**Inwieweit macht das für dich Sinn?**« gibt dir eine Rückkopplung zu deinen Aussagen und ist damit äußerst wertvoll im Dialog.

18 Was war die beste Investition in dich selbst?

Was dir dieser FragenQuickie bringt:
Modifizieren – Selbstverbesserung – Erkenntnisgewinn

Etwa 11 Jahre ist es her, dass mich eine Frage bewegt und bereichert hat. Aber nicht nur die Frage war es, auch der Mensch, der durch diese Frage etwas in sich in Bewegung gesetzt hat.

Es war ein grauer Montagmorgen im Spätherbst, der Beginn einer dieser Wochen, in denen die To-do-Liste endlos erscheint. In unserem Großraumbüro herrschte rege Betriebsamkeit. Die Tastaturen klapperten, das Telefon klingelte in kurzen Abständen und überall liefen Gespräche über anstehende Deadlines, Zielvorgaben und Projektfortschritte.

Kennst du diese Tage? Da helfen bei mir nur Ohrstöpsel für Konzentration. Und bei dir? Was hilft?

Inmitten dieses Trubels stand Jonas, der schon seit mehreren Jahren als Projektleiter im Unternehmen arbeitete, plötzlich neben mir. Ich kannte ihn als den Typen, der nie die Ruhe verlor, auch wenn es hektisch wurde. Doch an diesem Morgen wirkte er anders – nachdenklicher, fast schon abwesend. Es war nicht das übliche Jonas-Lächeln auf seinem Gesicht, als er sich zu mir an den Schreibtisch setzte. Er strahlte eine andere Art von Energie aus, etwas Tieferes, Nachdenklicheres.

»Alles in Ordnung?«, fragte ich beiläufig, aber mit einer echten Sorge in der Stimme.

Jonas sah auf, schien sich einen Moment zu sammeln und nickte dann langsam. »Ja, ich denke schon. Es ist nur … ich habe in letzter Zeit viel nachgedacht.«

»Über was?« Ich stellte die Frage neugierig, aber auch aus einer Art innerem Bedürfnis, weil ich spürte, dass er etwas Wichtiges auf dem Herzen hatte.

Er lehnte sich zurück, verschränkte die Arme und blickte aus dem Fenster, als suche er nach den richtigen Worten. »Weißt du, ich habe die letzten Jahre so viel in meine Karriere investiert. Stunden über Stunden gearbeitet, mich in neue Projekte gestürzt, Weiterbildungen besucht, Netzwerkveranstaltungen besucht. Es fühlte sich immer so an, als wäre ich auf dem richtigen Weg.«

Ich nickte, denn das war genau das, was man über Jonas sagte – ambitioniert, zielstrebig, ein Vorbild. Aber da war mehr, das spürte ich.

Er fuhr fort, seine Stimme nun etwas leiser: »Aber letztens hatte ich ein Gespräch mit meinem Mentor. Er fragte mich, **was meine größte Investition in mich selbst war**. Zuerst dachte ich an all die beruflichen Erfolge, die Zeit, die ich in meine Fähigkeiten gesteckt habe. Aber dann – und das war der Moment, der mich wirklich zum Nachdenken brachte – fragte ich mich: Was habe ich **wirklich in *mich* investiert**, in den Menschen, nicht nur den Arbeiter?«

Ich lehnte mich etwas vor, fasziniert von dem, was er sagte. »Und? Was war deine Antwort?«

Jonas lächelte, aber es war ein nachdenkliches, fast melancholisches Lächeln. »Es war nicht das, was ich erwartet hatte. Die beste Investition in mich selbst war nicht die Weiterbildung oder der berufliche Aufstieg. Es war die Zeit, die ich mir in den letzten Monaten genommen habe, um zu verstehen, wer ich wirklich bin. Das fing ganz einfach an – mit dem Lesen von Büchern, die nichts mit meinem Job zu tun hatten, mit langen Spaziergängen ohne Ziel, mit Gesprächen mit Freunden, bei denen es nicht um Arbeit ging. Es war die Entscheidung, mir selbst Raum zu geben, um mich als Mensch weiterzuentwickeln, nicht nur als Profi.«

Ich spürte, wie mich seine Worte tief berührten, war ich doch selbst erst aus einem Burnout rausgekommen, in dem ich mich selbst sehr viel hinterfragt hatte. »Das klingt, als wäre es eine ziemlich transformierende Erfahrung gewesen.«

»Das war es«, sagte er ernst. »Und weißt du was? Seitdem ich diese Balance gefunden habe, spüre ich eine ganz neue Art von Energie. Ich treffe bessere Entscheidungen, bin kreativer und vor allem – ich bin glücklicher. Es war die beste Investition, weil sie mir gezeigt hat, dass ich mehr bin als mein Job.«

Ich war für einen Moment still, die Worte sanken in mich ein. Schließlich schaute ich Jonas direkt an, fast als ob ich seine Weisheit aufsaugen wollte. »Was, denkst du, sollte ich tun? **Was wäre die beste Investition in mich?**« Ich war schon sehr weit gekommen mit meinem eigenen Transformationsprozess und dennoch bin ich Modifiziererin und immer darauf bedacht, mehr an den Kern zu kommen.

Jonas sah mich an, mit einem Blick, der das Ergebnis seiner eigenen Reise widerspiegelte. »Das musst du selbst herausfinden. Aber eines kann ich dir sagen: Die beste Investition ist immer die, die du in dein eigenes Wohlbefinden, in dein inneres Wachstum steckst. Alles andere wird sich dann fügen.«

Ich wusste ja, dass er recht hatte. Und ich freute mich, dass wir einen ähnlichen Weg beschritten hatten. Dennoch war es damals die schlichte Formulierung der Frage **»Was ist die beste Investition in mich selbst?«**, die mich angeregt hat. Manchmal ist es ja so, dass der entscheidende Punkt eben nur ein Punkt, ein Wort oder ein Satz ist, der dich in diesem einen Moment zum Aufwachen bringt. Die 1000 Male vorher nicht.

Die Tatsache, dass wir manchmal etwas tausendmal hören und es erst beim 1001. Mal wirklich »ankommt« und umgesetzt wird, lässt sich eigentlich ganz einfach begründen. Die Verzögerung zwischen dem Hören einer Information und dem tatsächlichen Umsetzen erklärt sich durch eine Kombination aus emotionaler Reife, kognitiven Verarbeitungsprozessen, Wiederholung und Timing. Das richtige Thema zur richtigen Zeit am richtigen Platz. Manchmal sind wir einfach noch nicht bereit, etwas zu verinnerlichen, und erst durch die richtige Mischung aus Reife, emotionaler Resonanz und Wiederholung trifft die Information wirklich auf fruchtbaren Boden.

Und seitdem ist der Satz in meinem festen Repertoire. Jonas' Mentor hatte damit nicht nur ihm geholfen, sondern auch mir und heute dir.

Den Nutzen der Frage »**Was war die beste Investition in mich selbst?**« möchte ich dir auf zwei verschiedenen Ebenen verdeutlichen: Sie ist genauso wertvoll für andere wie auch für dich selbst, weil sie tiefes Nachdenken anregt und mehrere positive Effekte auf persönlicher, beruflicher und zwischenmenschlicher Ebene hat.

Beantwortest du die Frage für dich, bietet sie dir eine Gelegenheit zur Selbstreflexion. Sie zwingt dich, innezuhalten und dir bewusst zu machen, welche Entscheidungen und Maßnahmen in deinem Leben wirklich einen positiven Einfluss hatten. Das schafft Klarheit über deine eigenen Werte, Prioritäten und Entwicklungsprozesse. Geht's dir auch so, dass du oft durch Alltagsstress von dir selbst abgelenkt wirst? Mir schon. Diese Frage holt dich zurück zu den wesentlichen Dingen – den langfristigen Investitionen, die dich als Menschen wachsen lassen. Du lenkst deinen Fokus auf langfristige und nachhaltige Erfolge anstatt auf kurzfristige Erfolge oder materielle Gewinne. Was also hast du **in dich selbst investiert** – sei es durch Bildung, persönliche Entwicklung, Beziehungen oder Gesundheit? Probiere es aus. Nimm dir jetzt Stift und Blatt zur Hand. Die Reflexion darüber fördert dein tieferes Verständnis davon, was deinen echten, nachhaltigen Erfolg ausmacht.

Wie ich bereits erwähnt habe, musste ich ein sehr heftiges Burnout erleben. Körperlich und geistig ging nix mehr. Und das für lange Zeit – alles zusammen drei Jahre. Ist eine lange Zeit, oder?

Diese Frage, die ich danach in meinen Fragenschatz integriert habe, sensibilisiert mich immer wieder für die Bedeutung von Selbstverantwortung und vor allem Selbstfürsorge. Ich reflektiere, was die beste Investition in mich selbst war zum Thema XY, und werde mir bewusst, dass die Verantwortung für mein eigenes Wohlbefinden und meine eigene Weiterentwicklung in meinen eigenen Händen liegt. Du merkst schon, diese Frage ist keine One-Time-Frage. Eher zu verstehen wie ein Ongoing Process. Die jeweilige Erkenntnis stärkt mein Gefühl der Autonomie und Selbstwirksamkeit, was wiederum das Vertrauen in meine eigenen Fähigkeiten fördert. Es gibt Zeiten, da brauche ich die Frage mehr. Meist Zeiten, in denen ich selbst mit mir hadere. In anderen Zeiten setze ich sie für mich selbst wenig ein, dafür aber genauso bewusst für andere.

In meinem Podcast etwa stelle ich die Frage »**Was war die beste Investition in dich selbst?**« sehr gern. Mein Ziel ist es, mit der Antwort Zuhörer:innen zu motivieren, in ihre Weiterbildung und Selbstwirksamkeit zu investieren und den Wert von kontinuierlichem Lernen zu erkennen. Sie fördert damit ein Growth Mindset, also die Einstellung, dass persönliches Wachstum und Lernen kontinuierlich und lohnenswert sind. Die Frage ermutigt dazu, nicht in einer statischen Sichtweise zu verharren, sondern nach Wegen zu suchen, wie du dich selbst verbessern und weiterentwickeln kannst. Und wie du sicherlich schon gelernt hast, sowohl im beruflichen als auch im privaten Bereich.

Es war ein regnerischer Nachmittag und ich saß im Studio, bereit für die nächste Folge des Podcasts »Leadership Masterclass – von den Besten lernen«. Heute hatte ich einen ganz besonderen Gast, nennen wir ihn Thomas, Geschäftsführer eines erfolgreichen mittelständischen Unternehmens, das es in den letzten Jahren geschafft hatte, trotz widriger Marktbedingungen zu wachsen und sich zu behaupten. Thomas war bekannt für seine bodenständige, aber visionäre Art der Führung. Sein Unternehmen galt als Paradebeispiel für nachhaltiges Wachstum und eine starke Unternehmenskultur.

Ich war gespannt auf unser Gespräch, denn ich wusste, dass Thomas kein typischer CEO war, der sich nur auf Zahlen und

Fakten konzentrierte. Seine Führungskultur war einzigartig und ich hoffte, ein paar seiner Geheimnisse zu lüften.

Nachdem wir über seine Anfänge, Herausforderungen und Erfolge gesprochen hatten, kam ich zu meiner Lieblingsfrage, die ich jedem meiner Gäste stelle. Ich sah Thomas an, während ich das Mikrofon ein wenig zu mir heranzog, um die Frage mit der richtigen Betonung zu stellen.

»Thomas, du hast in deiner Karriere viel erreicht, hast schwierige Zeiten durchgestanden und Erfolge gefeiert. Was würdest du sagen – **was war die beste Investition in dich selbst**?«

Thomas lehnte sich zurück und lächelte leicht, als hätte er diese Frage schon oft gehört, aber nie wirklich bewusst darüber gesprochen. Einen Moment lang schien er nach den richtigen Worten zu suchen, dann begann er zu erzählen.

»Weißt du«, sagte er ruhig, »ich könnte dir jetzt von all den Fortbildungen, den Coachings und der Zeit erzählen, die ich in strategisches Wissen investiert habe. All das war wichtig, keine Frage. Aber wenn ich ehrlich bin, war die beste Investition in mich selbst etwas ganz anderes – es war die Zeit, die ich mir genommen habe, um wirklich zu verstehen, wer ich als Mensch bin.«

Er machte eine kurze Pause, als wolle er sicherstellen, dass seine Worte wirklich ankommen.

»Es gab eine Zeit in meinem Leben, da war ich wie viele andere Führungskräfte getrieben von den Erwartungen. Wachstum, Effizienz, Erfolg – das war alles, woran ich dachte. Doch irgendwann kam der Moment, an dem ich merkte, dass ich mich selbst verlor. Ich war nur noch Geschäftsführer, nur noch Problemlöser und Zahlenmensch. Ich hatte mich so sehr auf meine Rolle konzentriert, dass ich vergaß, wer Thomas wirklich ist.«

Ich nickte leicht und konnte bereits spüren, dass dies ein tiefgründiger Moment war. Thomas fuhr fort, seine Stimme war nun etwas ruhiger.

»**Die beste Investition in mich selbst** war, mich zu entschleunigen. Ich nahm mir damals eine Auszeit, nicht lang, nur ein paar Wochen, aber es war entscheidend. Ich las Bücher, die nichts mit Wirtschaft zu tun hatten, traf Menschen, die nichts mit meinem beruflichen Umfeld zu tun hatten. Ich ging alleine wandern, verbrachte Zeit in der Natur und dachte darüber nach, was mir im Leben wirklich wichtig ist – nicht nur als Geschäftsführer, sondern als Mensch.«

Er hielt kurz inne, bevor er hinzufügte: »Das war der Wendepunkt. Diese Zeit, die ich mir nahm, um zu mir selbst zurückzufinden, hat mein ganzes Leben verändert. Ich verstand plötzlich, dass ich nicht nur für den Erfolg des Unternehmens verantwortlich war, sondern auch für mein eigenes Wohlbefinden. Ich lernte, wie wichtig es ist, auch als Führungskraft verletzlich zu sein, sich Pausen zu gönnen und sich selbst treu zu bleiben.«

Ich war beeindruckt von seiner Offenheit und fragte nach: »Wie hat das deine Arbeit als Geschäftsführer verändert?«

Thomas lächelte, als hätte er diese Frage erwartet. »Es hat alles verändert. Früher dachte ich, ich müsste immer stark sein, immer die richtigen Antworten haben. Doch nachdem ich mich selbst besser kennengelernt hatte, verstand ich, dass echte Führung nicht bedeutet, alle Antworten zu kennen. Es bedeutet, ein Umfeld zu schaffen, in dem andere wachsen können, und das geht nur, wenn man selbst wächst. Ich fing an, mir regelmäßig Zeit für Reflexion zu nehmen. Ich schuf eine Kultur im Unternehmen, die auf Vertrauen, Offenheit und Menschlichkeit basiert – und nicht nur auf Leistung.«

Er lehnte sich etwas nach vorn, seine Augen funkelten vor Begeisterung, als er fortfuhr: »**Diese Investition in mein eigenes** Verständnis von mir **selbst** hat nicht nur mein Leben bereichert, sondern auch das meines Teams. Ich bin heute ein besserer Chef, weil ich gelernt habe, dass Erfolg nicht nur in Zahlen gemessen wird. Es geht darum, Menschen zu inspirieren und ihnen zu zeigen, dass sie mehr sind als ihre Jobtitel.«

Ich ließ seine Worte einen Moment sacken und konnte spüren, wie tief sie mich und sicherlich auch unsere Hörer:innen berührten. Es war inspirierend zu hören, wie ein so erfolgreicher Mann den Mut hatte, innezuhalten und sich selbst neu zu finden – und dabei nicht nur als Führungskraft, sondern auch als Mensch wuchs.

Es gab bei der Frage **»Was war die beste Investition in dich selbst?«** zahlreiche Episoden, wo Bereichsleiter, Gründerinnen etc. nicht mit Fakten, sondern mit Inspiration geantwortet haben. Die Werte, die mir meine Eltern mitgegeben haben, war eine Antwort. Ins kalte Wasser springen und zu sehen, dass ich immer wieder schwimmen kann, eine andere.

»Thomas«, sagte ich schließlich, »das ist eine unglaublich wertvolle Lektion. Ich danke dir für deine Offenheit. Ich denke, viele unserer Hörer:innen werden in deinen Worten etwas für sich mitnehmen können.«

Er nickte und lächelte bescheiden. »Weißt du«, sagte er abschließend, »die beste Investition, die du machen kannst, ist die in dich selbst – nicht in das, was du tust, sondern in das, wer du bist.«

Mit diesen Worten schloss sich ein inspirierendes Gespräch, das nicht nur meine Sicht auf Leadership erweiterte, sondern auch zeigte, dass echte Stärke und Erfolg immer von innen kommen.

Die Frage nach der **Investition in sich/dich selbst** dient aus meiner Sicht als Anstoß für zukünftige Investitionen. Sobald du dir bewusst gemacht hast, was in der Vergangenheit die beste Investition war, wirst du ermutigt sein, auch in Zukunft ähnliche Entscheidungen zu treffen. Sie gibt Orientierung und zeigt, dass Investitionen in dich selbst – ob in Form von Zeit, Energie oder Geld – langfristig den größten Erfolg bringen.

Hier findest du den Link zum Podcast »Leadership Masterclass – von den Besten lernen« oder nutze einfach den QR-Code oder deine gängigen Podcast-Anbieter wie Apple Podcast, Deezer, Spotify und Google Podcasts.

19 Wer profitiert noch davon?

Was dir dieser FragenQuickie bringt:
Hinauswachsen – Verbundenheit – Systemisches Denken

Inmitten einer herbstlichen Kulisse von Kopenhagen saßen Petra und ich Ende Oktober 2024 in einem winzigen Café, das versteckt irgendwo zwischen den engen Straßen und den farbenfrohen Häusern am Nyhavn lag. Der Duft von frisch gebrühtem Kaffee und warmem Zimtgebäck lag in der Luft und Kerzen tauchten den kleinen Raum in ein warmes, beruhigendes Licht. Petra und ich hatten uns für die Reise nach Kopenhagen entschieden, weil wir die besondere »Hygge«-Atmosphäre dieser Stadt in uns aufsaugen wollten – sie für ihr eigenes Projekt und ich einfach nur für mich. Petra träumte davon, ein kleines Café bei sich auf ihrem Grundstück zu eröffnen, im bereits vorhandenen alten Pavillon. Ein Ort für die Menschen im Dorf, die Ruhe und Gemütlichkeit suchen, ein Platz, an dem die Zeit langsamer vergeht.

Petra strahlt immer, wenn sie von ihrem Pavillon erzählt. Es war ein kleines Schmuckstück, mit verwittertem Holz und Fenstern, die die Sonnenstrahlen in den schönsten Farben einfangen. Der Pavillon war das Herzstück ihres Gartens, aber seit Jahren ungenutzt – bis sie die Idee hatte, ihn in einen hyggeligen Ort zu verwandeln, in dem sich jeder willkommen fühlen würde. Es sollte ein Café werden, ein Refugium, wo die Menschen zusammensitzen, reden, lachen und für eine Weile dem Alltag entfliehen könnten.

Doch heute spürte ich, dass Petra zweifelte. »Weißt du«, sagte sie, während sie gedankenverloren auf ihren Kaffee starrte, »das Ganze kostet mehr, als ich dachte. Die Ausstattung, der Kaffee und die selbstgebackenen Kuchen, die ich anbieten möchte … Ich weiß nicht, ob das wirklich realistisch ist.«

Ich nickte, aber ich sah auch, wie ihr Herz an dieser Idee hing. Es war ein lang gehegter Traum, der ihr ein Lächeln hervorrief, als sie nur daran dachte. Wir sprechen seit Jahren davon und jetzt, wo ihre Kinder groß sind, könnte es realisiert werden. Doch nun war ihr Blick voller Zweifel.

»Was hält dich denn noch zurück?«, fragte ich leise und hoffte, ihre Gedanken zu erreichen.

»Es ist einfach viel Verantwortung«, murmelte sie. »Ich glaube, ich kann das nicht gut. Weißt du, ich mag die Idee vom Ergebnis, aber was da alles dranhängt. Hmmm. Ich habe Angst, dass es nicht funktioniert. Und ich frage mich: Brauchen die Leute im Dorf wirklich noch ein Café? Würden sie überhaupt kommen?« Sie schüttelte den Kopf. »Und was, wenn es sich nicht lohnt? Und überhaupt, will ich die ganzen Menschen in meinem Garten?«

Ich hielt kurz inne, dann stellte ich die Frage, die in mir aufstieg und die manchmal mehr bewirkt, als wir es erwarten: »Petra, **wer würde eigentlich noch davon profitieren**, wenn du es machst?«

Petra sah mich überrascht an, als ob sie die Frage noch nie so gehört hätte. Ihre Augen wurden weicher, als sie darüber nachdachte. »Nun … die Menschen im Dorf«, begann sie langsam. »Viele sind oft allein und haben nur selten Gesellschaft. Ein paar von ihnen kommen nur selten raus, außer zum Einkaufen. Einige erzählen mir, dass sie sich einsam fühlen, besonders in den langen Wintermonaten.«

Aus psychologischer Sicht gibt es mehrere Gründe, warum wir oft nicht mutig sind, selbst wenn uns andere bestätigen, dass wir gut sind, gute Ideen haben, und wir es insgeheim auch selbst wissen. Ein zentraler Faktor ist der Selbstzweifel, der tief in unserem Denken verankert sein kann. Menschen neigen dazu, ihre eigenen Fähigkeiten zu unterschätzen, vor allem in Situationen, die als risikoreich oder neuartig empfunden werden. Dies kann durch verschiedene psychologische Mechanismen erklärt werden. Für mich greifen zwei zentrale Prozesse in Petras Beispiel:

Selbstwirksamkeit und Angst vor Versagen. Selbstwirksamkeit bezeichnet den Glauben, dass man in der Lage ist, bestimmte Aufgaben oder Herausforderungen erfolgreich zu bewältigen. Obwohl Petra die perfekte Gastgeberin ist und extrem talentiert im Dekorieren, nicht nur das, sie hat auch viel Spaß daran, konnte sie keine direkte Verbindung zwischen ihren Fähigkeiten und der neuen Herausforderung, ein Café zu erschaffen, herstellen. Sie zweifelte an ihren Fähigkeiten, diese spezifische Aufgabe zu bewältigen, da sie ihr komplizierter und risikoreicher erschien als das, was sie bisher gemacht hatte.

Dieser Zweifel mindert die Selbstwirksamkeit und blockiert mutige Entscheidungen. Oft steht dabei die Angst vor dem Versagen im Vordergrund. Petra wollte nicht riskieren, zu scheitern – ein weit verbreitetes Phänomen, das als »Selbstschutz« bezeichnet wird. Menschen vermeiden oft Herausforderungen, um sich nicht einer möglichen negativen Bewertung oder dem Gefühl des Scheiterns auszusetzen. Diese Angst kann so stark sein, dass sie unsere rationalen Gedanken überschattet, selbst wenn uns andere bestätigen, dass wir gut sind. Petra wusste, dass sie eine talentierte und kreative Gastgeberin ist. Die Angst vor all dem, was damit verbunden ist, nicht bewerkstelligen zu können, hielt sie zurück.

Ich kann sie schon verstehen. Kurz. Ein Fünkchen. Ich bin allerdings überzeugt, dass unsere Träume immer auch mit Aufwand zu tun haben, sonst wären es keine Träume und wir könnten das, was wir erträumen, immer haben.

Sie hielt inne und ich konnte förmlich sehen, wie die Bilder in ihrem Kopf Gestalt annahmen. »Stell dir vor«, fuhr sie fort, »sie könnten dort sitzen, einen heißen Tee trinken, Geschichten austauschen. Die Kinder könnten ein kleines Stück Kuchen genießen, während die Eltern für eine Weile abschalten. Alte Freunde könnten sich wiederfinden, neue Freundschaften könnten entstehen … es wäre ein kleiner, gemütlicher Ort, der die Menschen zusammenbringt.«

Ihre Augen funkelten und ich spürte, dass die Bedeutung ihrer eigenen Worte sie berührte. »Und dann … es könnte ein Ort werden, an dem die Leute etwas finden, was sie sonst nirgendwo haben – einen Platz, an dem sie nicht nur konsumieren, sondern wirklich zusammenkommen.«

»Genau«, nickte ich und lächelte. **»Und wer könnte noch davon profitieren?«**, fragte ich sie mit einem wissenden Lächeln. Sie blickte mich fragend an. »Na, du könntest für den Umbau deine Kinder und andere Jugendliche einladen, dass sie alle zusammen helfen. Es könnte schon zu Beginn ein Projekt werden, bei dem Jugendliche eine Aufgabe bekommen, auf die sie stolz sind.« Sie setzte sich aufrecht hin und ich sah, wie der Gedanke an das Projekt sie beflügelte.

»Es wäre ein Geschenk, das du an die Menschen in deiner Umgebung machst. Nicht nur für dich, sondern für das ganze Dorf.«

Petra atmete tief ein und ich konnte schnell sehen, wie ihr die Last der Zweifel von den Schultern glitt. »Du hast recht«, sagte sie schließlich leise und ehrfürchtig. »Es geht nicht nur um mich. Es geht um die Menschen, die sich danach sehnen, einen Ort der Gemeinschaft zu haben. Es ist das, was mir in meinem Herzen so wichtig ist – anderen etwas Gutes zu tun. Und ich könnte die Jugendlichen auch im Service, beim Backen und Dekorieren und was wir alles brauchen einbeziehen.«

Am Abend dieses Tages in Kopenhagen entschied sich Petra für ihr Café, nicht nur aus einer plötzlichen Eingebung heraus, sondern aus dem tiefen Bedürfnis, für andere da zu sein. Es war mehr als nur ein gemütlicher Pavillon auf ihrem Grundstück – es war der Gedanke, dass dieser Ort ein kleines, leuchtendes Herz in der Mitte des Dorfes sein würde, ein Platz für alle, die ein Stückchen Wärme und Verbindung suchen. Es wäre ein Ort, der allen ein Stück zu Hause und Jugendlichen eine Aufgabe gibt.

Manchmal reicht es, daran zu erinnern, dass Träume nicht nur für uns sind. Und so ist Petras Café in ihrem Herzen bereits lebendig, ein Ort, an dem ihre Vision und die Liebe zur Gemeinschaft genau den Raum findet, den es braucht.

Ich freue mich schon jetzt darauf.

Ein bekanntes Phänomen möchte ich hier noch erwähnen – weil es oft uns Frauen trifft. Leider. Es ist das Impostor-Syndrom, bei dem Menschen trotz objektiv belegbarer Erfolge das Gefühl haben, nicht wirklich fähig oder kompetent zu sein. Sie glauben, dass ihr Erfolg auf Glück oder Zufall beruht und dass sie irgendwann »entlarvt« werden könnten. Wir Frauen spüren oft diese Tendenz in uns – das Gefühl, dass der eine Erfolg vielleicht eine Ausnahme war und dass wir oder unsere Kompetenz beim nächsten großen Vorhaben nicht ausreichen könnten. Die Frage »**Wer profitiert noch davon?**« finde ich in diesem Zusammenhang auf vielen systemischen Ebenen hilfreich. Mal angenommen, ich würde denken, dass nur eine Zielgruppe von meinen Kompetenzen profitiert, würde ich eventuell (puh, ich glaube ich habe Konjunktivitis) meinen Mut nicht aufbringen. Aber die Überlegung »**Wer profitiert noch davon? Und wer noch? Und wer noch?**« bringt mich sicher dazu, größer und weiter zu denken.

Fühlst du dich nicht auch motivierter, wenn du erkennst, dass deine Handlungen einen positiven Einfluss auf andere haben?

Das Gefühl, etwas Bedeutsames zu tun, das über die eigene Person hinausgeht, steigert die intrinsische Motivation. In dem Zusammenhang hilft uns die Reflexion über unsere Vorbildfunktion. Denn wenn wir gesellschaftlich schauen, spricht die Frage auch das Verantwortungsbewusstsein an. Wenn wir erkennen, dass viele Menschen von einer Entscheidung oder Handlung profitieren könnten, fühlen wir uns möglicherweise stärker in der Pflicht, das Vorhaben erfolgreich zu meistern. Diese Verantwortung gegenüber anderen hilft dabei, die eigenen Ängste zu überwinden. Die Frage »**Wer profitiert noch davon?**« bringt dir einen Perspektivwechsel und lenkt den Fokus weg von individuellen Ängsten hin zu den positiven Auswirkungen auf andere

Menschen und die Gesellschaft. Sie hilft dabei, Mut zu schöpfen, indem sie die Bedeutung und den Wert einer Handlung für eine Vielzahl von Menschen betont und damit eine größere Motivation und Sinnhaftigkeit schafft.

Vor ein paar Jahren stand ich selbst vor einer Herausforderung, die mich unsicher machte. Ich hatte die Möglichkeit, ein wichtiges Projekt in der Firma zu leiten – eine echte Chance für mich, mich zu beweisen. Aber es war auch eine Aufgabe, die neu und sehr anspruchsvoll war. Zudem war ich in den letzten Zügen meines Burnouts. Ich wusste, dass ich das Potenzial hatte, aber die Zweifel waren stärker. »Was, wenn ich scheitere? Was, wenn ich den Erwartungen nicht gerecht werde? Was, wenn ich wieder zwei Jahre zurückfalle?« Diese Fragen quälten mich.

Ich sprach mit einer Freundin darüber. Sie hörten mir lange zu und dann stellte sie mir diese eine einfache Frage: »**Wer profitiert noch davon**, wenn du das Projekt übernimmst?« Ich war einen Moment lang still. Sie fuhr fort: »Es geht doch nicht nur um dich. Was ist mit den Kollegen, die davon lernen könnten? Was ist mit der Firma, die von deinen Ideen profitieren wird? Und was ist mit den Kunden, die dadurch einen besseren Service erhalten?«

Ich verstand ihren Ansatz. Es ging nicht nur um mich und meine Zweifel. Es ging um alle anderen, die einen Nutzen daraus ziehen würden, wenn ich diese Herausforderung annahm.

Ich nahm sie nicht an.

Nicht in vollem Ausmaß – denn es ging zu dieser Zeit eben schon um mich. Die Ideen meiner Freundin waren im Grunde richtig, nur nicht zu der Zeit. Ich war noch nicht wieder gänzlich fit und die Frage »**Wer profitiert noch davon?**« machte mir deutlich, dass niemand profitiert, wenn ich mich überlaste und gänzlich ausfalle. Vor allem nicht ich. Dieses Gefühl von Verantwortung für das Gesamte gab mir den Mut, es abzulehnen. Ich hab es nie bereut, denn so konnte ich wieder gänzlich gesund werden.

Es geht in dieser Frage auch um Achtsamkeit. »**Wer profitiert noch davon?**« richtet den Fokus auf das kurze Innehalten. Weg von der Herausforderung, hin zu den Menschen, die damit in Berührung kommen. Achtsamkeit bedeutet, den Moment bewusst und unvoreingenommen wahrzunehmen. Die Frage »**Wer profitiert noch davon?**« zwingt uns, innezuhalten und das eigene Handeln im größeren Zusammenhang zu betrachten.

Sowohl in Petras als auch in meinem Fall hat es dazu geführt, dass wir die größeren Zusammenhänge gesehen haben. Durch die Frage sind wir angeregt worden, über den eigenen Tellerrand hinauszuschauen und die langfristigen sowie breiteren Auswirkungen unserer eigenen Handlungen zu berücksichtigen. Gleiche Frage, andere Resultate.

20 Was genau soll anders sein?

Was dir dieser FragenQuickie bringt:
Bestimmtheit – Sicherheit – Ausdruckskraft

Es war ein hektischer Morgen in der Galerie meiner Freundin. Ich war das erste Mal in der Galerie und beobachtete sie bei den Vorbereitungen für die neue Ausstellung, die auf Hochtouren liefen. Simone, die Kuratorin, eilte durch die großen, hell erleuchteten Räume und überprüfte jedes Detail. Die Werke des jungen, aufstrebenden Künstlers sollten in einer Woche enthüllt werden und alles musste perfekt sein.

Simone blieb vor einem großformatigen Gemälde stehen. Es war ein abstraktes Werk, dominierend in Blau- und Rottönen. Sie legte den Kopf schief und betrachtete es aus verschiedenen Winkeln. »Das gefällt mir noch nicht«, murmelte sie, mehr zu sich selbst als zu jemand anderem.

Ich hörte Simones Kommentar, kam auf sie zu und sah sie fragend an. »Was genau gefällt dir nicht?«, fragte ich sanft, aber mit einer Spur von Neugier in der Stimme, während ich das Gemälde betrachtete.

Simone zuckte mit den Schultern. »Ich weiß nicht genau. Irgendwie passt es nicht. Es ist anders als die anderen Werke und ich bin mir nicht sicher, ob das gut ist.«

Ich legte den Kopf schief und sah das Bild aufmerksam an. »Wie meinst du ›anders‹? Meinst du die Farben, die Formen oder das Gefühl, das es vermittelt?«

Simone seufzte und runzelte die Stirn. »Es ist schwer zu sagen. Es ist einfach … irgendwie anders. Es gibt mir nicht das Gefühl, das ich bei den anderen Bildern habe. Aber ich kann nicht genau sagen, warum.«

Ich lächelte sanft. »Weißt du was, Simone? Lass uns mal einen Perspektivwechsel machen. Stell dir vor, du bist ein Besucher, der gerade zur Tür hereinkommt. Was würdest du als Erstes sehen? Wie würdest du dich fühlen? Was sollte dieses Bild anders machen? **Was genau sollte anders sein**?«

Simone schloss für einen Moment die Augen und versuchte, sich vorzustellen, sie sei ein Gast, der die Galerie zum ersten Mal betritt. Sie stellte sich vor, wie der Raum sie empfing, die Anordnung der Kunstwerke, die Lichtspiele auf den Gemälden.

»Hm, als Besucher würde ich vielleicht erwarten, dass das erste Bild, das ich sehe, mich auf eine Reise mitnimmt, etwas, das mich einfängt und neugierig macht«, überlegte Simone laut. »Dieses Bild hier … es ist schön, aber es ist auch sehr intensiv. Vielleicht zu intensiv für den Anfang. **Aber was genau soll anders sein?**«

Ich nickte. »Ja. **Was genau sollte anders sein?**«

»Es ist, als ob es die ganze Aufmerksamkeit sofort auf sich zieht, was ja gut sein kann. Aber vielleicht ist es besser, wenn das erste Bild etwas ruhiger ist, um die Besucher langsam in die Ausstellung einzuführen.«

»Überlege nochmal: Was genau soll anders sein, um diese Wirkung zu erzielen?«

Simone öffnete die Augen und sah mich an. »Du hast recht. Ich habe versucht, die Ausstellung von meinem Standpunkt aus zu gestalten, aber ich habe nicht daran gedacht, wie es für die Besucher sein würde. Wenn ich darüber nachdenke, sollte dieses Bild weiter hinten hängen, wo die Leute schon in der Stimmung sind, mehr Emotion zu spüren. Es muss nicht so intensiv sein am Anfang. Es sollte die Besucher eher neugierig machen und einladen, nicht gleich überwältigen. Etwas Sanfteres sollte den Anfang machen.«

Ich lächelte. »Genau. Und die anderen Bilder würden dann auch besser zur Geltung kommen. Es ist nicht so, dass dieses Bild schlecht ist, aber es muss zur Stimmung der gesamten Ausstellung passen.«

Simone nickte und lächelte erleichtert. »Danke dir. Deine Fragen helfen mir wirklich dabei, klarer zu sehen, was genau anders sein muss.« Ich lachte leise und erwiderte: »Manchmal braucht man einfach jemanden, der einem die richtigen Fragen stellt, nicht wahr? Und jetzt weißt du genau, was du ändern willst.«

Simone fühlte sich erleichtert und motiviert. »Ja, ja, du hast schon recht. Es ist wichtig, konkret zu werden und sich immer wieder zu fragen, **was genau anders sein soll**. So können wir sicherstellen, dass die Ausstellung so wird, wie sie sein soll – ein Ort der Entdeckung und des Staunens.«

Ich mag diese Geschichte, weil sie verdeutlicht, wie eine schöne einfache Frage mein Gegenüber ins Denken bringt. Für mich ist eine vage Aussage wie »Das gefällt mir noch nicht« nicht zielführend. Was soll das genau heißen … ja okay, gefällt dir noch nicht – und weiter? Das ist für den Empfänger verwirrend und bleibt irgendwie in der Luft hängen. Konkrete Rückmeldungen helfen dabei, klar zu verstehen, was verändert werden soll. Dabei sind die Sätze auch immer wieder austauschbar. Ich hätte Simone genauso fragen können: **»Was ist dein Ziel?«** Oder auch sehr gern von mir genommen: **»Was ist dein bestes Ergebnis?«** Indem wir uns in die Perspektive des Betrachters versetzen, können wir besser verstehen, wie genau etwas wirken soll und welche Änderungen notwendig sind. Dieser Perspektivwechsel ist entscheidend, um das gewünschte Ergebnis zu erzielen. Trau es dir ruhig mal zu. Frag nach dem **besten Ergebnis.** Mach dir gern einen Spaß daraus, wenn dein:e Mitarbeiter:in oder auch Partner:in kommt und ein (Gehalts-)Gespräch möchte. Lass hier deine erste Frage sein: **»Was ist dein bestes Ergebnis, wenn wir beide aus diesem Gespräch rausgehen?«** Das gibt dir ein klares Ziel. Du weißt also von Anfang an, worum es geht, und vor allem, wo es hingehen soll. Hat der/die Mitarbeiter:in bzw. Partner:in keine Antwort darauf – tja, dann könnt ihr gleich einen neuen Gesprächstermin vereinbaren. Klare und direkte Kommunikation hilft immer dabei, die Erwartungen und Ziele besser zu verstehen und Missverständnisse zu vermeiden. Und ehrlich, es hilft uns allen langfristig, unsere Ziele und besten Ergebnisse vorab definieren zu können. Das führt zu effektiveren

Arbeitsprozessen und zufriedenstellenderen Ergebnissen. Und klar, setz dich immer wieder auf einen Schrank. Auf den Schrank setzen meint, auf eine Metaebene zu gehen. Neben der Frage, und vermutlich am Anfang der Überforderung deines Gegenübers, macht es Sinn, zu dem Erlebten direktes und konstruktives Feedback zu geben. Nach dem Motto: »Schau mal, für mich und dich ist es wichtig zu wissen, wo die Reise hingeht. Daher, lass uns zukünftig immer wieder schauen, **was genau anders sein soll bzw. was das beste Ergebnis in diesem Termin ist.**« Das kann für dich der Gamechanger sein, um Verbesserungen vorzunehmen und das bestmögliche Ergebnis zu erzielen.

In einem gemütlichen Coachingraum saßen Lisa und ich uns das erste Mal gegenüber. Lisa war unruhig, hatte die Arme vor der Brust verschränkt und schien in Gedanken gefangen zu sein. Nachdem sie darüber gesprochen hatte, was sie bewegte, spürte ich die Anspannung im Raum, wartete einen Moment und begann dann sanft das Gespräch.

»Lisa, ich möchte heute mit dir über deine Ziele sprechen. **Was wäre für dich das beste Ergebnis**, wenn du das Coaching erfolgreich abgeschlossen hast?«, fragte ich, während ich sie aufmerksam ansah.

Lisa runzelte die Stirn und schien überrascht von der Frage. »Das beste Ergebnis?«, wiederholte sie leise und schüttelte leicht den Kopf. »Ich … weiß nicht. Ich will einfach mit meinem Leben vorankommen, nicht mehr so unsicher sein und endlich herausfinden, was ich will.«

Ich nickte verständnisvoll. »Das ist schon ein guter Anfang. Aber lass uns mal konkreter werden. **Was wäre für dich das beste Ergebnis?** Bei dem du sagst, ja, das hat sich gelohnt, jetzt bin ich wirklich zufrieden?« Lisa dachte eine Zeit lang nach und ich gab sie ihr.

Wenn wir Fragen stellen, entdecke ich oft vier Phänomene. Erstens: Es wird nach der Frage keine Denkzeit gegeben. Kennst du vielleicht auch, du bekommst eine Frage gestellt und kannst sie nicht sofort beantworten und dein Gegenüber formuliert die Frage nochmal um (das ist das zweite Phänomen). Dabei ermöglicht gerade die

Denkzeit, die Frage gründlich zu überdenken und nicht nur eine spontane oder oberflächliche Antwort zu geben. Ich denke mir immer, aber hey, du willst doch durchdachte und präzise Antworten. Wir sind aus meiner Sicht oft zu ungeduldig und warten Antworten nicht ab. Warum? Naja, weil wir unsere eigenen Antworten im Kopf haben und ehrlicherweise nicht immer interessiert sind an der Antwort des anderen. Dann kann natürlich auch keine vernünftige und konstruktive Auseinandersetzung stattfinden. Das ist ja gerade das Schöne an Kommunikation. Ich lernen nicht nur zu hören, was ich so sage, sondern zu verstehen, was der andere meint.

Ein weiteres Phänomen ist das Stellen von vielen Fragen. Erinnere dich an die letzte Situation, als du nicht nur eine Frage gestellt bekommen hast, sondern gleich einem ganzen Schwall an Fragen ausgesetzt wurdest. Wie war das? Wusstest du, welche Frage du beantworten solltest? Ich mache mir gern den Spaß daraus, zu fragen, welche von den ganzen Fragen ich nun beantworten soll. Tja und schon fällt es auch meinem Gegenüber auf, dass es wohl ein bisschen zu viele waren. Ohne ausreichende Denkzeit und mit zu vielen Fragen auf einmal fühlen wir uns zeitweise unter Druck gesetzt und oft entsteht dann Stress. Das kann die Qualität der Antwort beeinträchtigen und dazu führen, dass wichtige Aspekte übersehen werden.

Das vierte Phänomen, auch das gängigste, ist, dass wir selbst die Antwort auf Fragen liefern. Also, mal angenommen, du stellst eine Frage und dein Gegenüber antwortet nicht sofort. Könnte es sein, dass du die Antwort aus deiner Sicht gleich mitlieferst? Wir wissen einfach gern viel. Daher beantworten wir Fragen oft gleich selbst. Wir vergessen dabei aber, dass es darum geht, das Gedankengut des anderen zu erfahren. Sonst könnten wir uns das Fragen auch sparen. Zeit zum Nachdenken regt das Gehirn an, neue Ideen zu entwickeln, kreative Lösungen zu finden oder ungewöhnliche Antworten zu geben, die bei sofortiger Reaktion möglicherweise nicht aufgetaucht wären. Außerdem, indem wir unserem Gegenüber Zeit geben, über die Frage nachzudenken, zeigen wir Respekt vor der

Person und ihren Gedanken. Es signalisiert, dass die Antwort wichtig ist und nicht überstürzt werden soll.

Aber zurück zu Lisa: In diesem Moment wurde ihr klar, dass sie nicht einfach nur »vorankommen« wollte – sie hatte ein tiefes Bedürfnis nach mehr Selbstvertrauen und Klarheit über ihren eigenen Weg. Ich nutzte diesen Moment der Erkenntnis und paraphrasierte ihren Gedanken. Lisa nickte zustimmend.

Am Ende des Coachings hielt sie nochmal inne. »Ich verstehe jetzt, warum diese **Frage nach dem besten Ergebnis** so wichtig ist. Sie zwingt mich, genauer hinzuschauen und nicht nur über allgemeine Wünsche nachzudenken.«

Die Frage »**Was ist dein bestes Ergebnis?**« half Lisa, ihre Prioritäten klar zu definieren, und gab dem Coachinggespräch Struktur. Es schuf einen Fokus, auf den wir im Laufe der Sitzungen immer wieder zurückgreifen konnten. Der Nutzen dieser Frage war offensichtlich: Sie stellte sicher, dass Lisa nicht nur von ihren Unsicherheiten sprach, sondern auch ein konkretes Bild daraus entwickelte, wie Erfolg für sie aussehen würde.

Die Alternativen zur Frage »**Was ist dein bestes Ergebnis?**« kann wunderbar lauten: »**Wie genau sieht dein Ziel aus?**« Oder eben wie im Titel: »**Was genau soll anders sein?**«

Du kannst sie bei einem Mitarbeitergespräch anwenden: »**Was ist dein bestes Ergebnis in diesem Jahr?**«, um herauszufinden, welche Erfolge der Mitarbeitende besonders hervorhebt. Die Frage »**Was soll anders sein?**« kann helfen, Verbesserungspotenziale zu identifizieren, während »**Was ist dein Ziel für das nächste Jahr?**« dazu dient, zukünftige Entwicklungsziele festzulegen. Oder bei der Planung eines neuen Projekts fragst du die Teammitglieder: »**Was ist das beste Ergebnis, welches wir erreichen können?**«, um gemeinsame Ziele zu definieren. Die Frage »**Was soll anders sein?**« hilft, bestehende Probleme zu identifizieren und zu lösen, und »**Was ist euer Ziel für dieses Projekt?**« klärt die individuellen Erwartungen und Verantwortlichkeiten.

21 Wozu ist es nützlich? Wozu ist es wichtig?

Was dir dieser FragenQuickie bringt:
Absichtsklärung – Kommunikationshilfe – Verstehen

Sebastian saß mir auf dem Bildschirm gegenüber, mit einer Mischung aus Frust und Erleichterung. »Jetzt habe ich ihn, den verfaulten Apfel im Korb!«, sagte er ohne Umschweife, kaum dass er den Online-Raum betreten hatte.

Er fuhr fort: »Es ist meine Mitarbeiterin. Sie beschwert sich ständig, dass eine Stelle in einer anderen Abteilung nachbesetzt werden soll – und dabei betrifft sie das überhaupt nicht! Die Stimmung wird jedes Mal gedrückt, wenn sie da ist. Und weißt du was? Als sie im Urlaub war, war die Atmosphäre richtig entspannt. Kein Drama, kein Gejammer. Sie ist definitiv der toxische Faktor.« Ich nickte, ließ ihn ausreden. Es klingt nach einer klassischen Konfliktsituation, aber es war klar, dass hinter seiner Frustration noch etwas Tieferes lag.

Ich startete meine Auftragsklärung und steckte den Rahmen für den heutigen Tag ab. »Sebastian, was ist dein bestes Ergebnis, wenn du heute hier raus gehst?« Er brauchte nicht zu überlegen. »Ich will von dir eine Idee haben, wie ich mit ihr ins Gespräch gehen soll.« »Was noch?«, fragte ich. »Naja, ich will halt, dass sie nicht mehr so toxisch ist und die Stimmung verdirbt. Außerdem geht es sie nichts an, ist ja nicht mal unsere Abteilung.« »Gut, wenn du nicht mehr willst, dass sie toxisch ist, was willst du dann stattdessen?« »Okay, also ich möchte heute gern einen Tipp von dir, eine Kommunikationstechnik, wie ich mit ihr zu einer Lösung komme.«

Nach der kompletten Ergebnisklärung für den Termin starte ich mit der Zusammenfassung. »Du sagst, dass sie toxisch ist. Was macht dich so sicher, dass sie der ›faule Apfel‹ ist?«, fragte ich ruhig.

Sebastian lehnte sich zurück. »Naja, wenn sie da ist, gibt's nur Beschwerden. Sie hängt sich an Themen auf, die nicht mal ihre Verantwortung sind. Das ist nicht normal. Sie will, dass die Stelle nachbesetzt wird, obwohl sie davon gar nicht betroffen ist. Wozu?«

Ich spürte, dass das der Punkt war, an dem wir ansetzen mussten. »Hast du sie mal direkt gefragt, **wozu es für sie wichtig ist**, dass diese Stelle besetzt wird?«

Sebastian schaute mich überrascht an. »Nein, wozu auch? Es geht sie nichts an!«

»Vielleicht«, sagte ich, »aber was wäre, wenn sie einen Grund hat, den du noch nicht siehst? Frag sie doch einfach mal, **wozu das für sie wichtig ist**. Lass dir erklären, warum sie so darauf drängt. **Wozu ist es für sie nützlich**? Oft liegt etwas Tieferes dahinter.«

Sebastian sah mich skeptisch an, aber nach einer kurzen Pause nickte er. »Gut, ich werde es probieren.«

Beim nächsten Coaching-Termin kam Sebastian wieder – aber diesmal mit einer ganz anderen Energie. Er wirkte ruhiger, nachdenklicher. »Du hattest recht«, begann er, noch bevor er die Kamera an hatte. »Ich habe sie gefragt, **wozu es ihr so wichtig ist**, dass die Stelle nachbesetzt wird. Und da kam raus, dass sie diese Kollegin immer wieder indirekt als Assistenz benutzt hat. Seit die Stelle unbesetzt ist, fällt für sie dieser Support weg – und das hat sie belastet. Sie wollte das aber nicht direkt sagen, weil sie nicht wollte, dass es so aussieht, als würde sie Extra-Hilfe brauchen.«

Ich nickte. »Hört sich nach einer versteckten Agenda an?«

Sebastian seufzte. »Jetzt, wo diese Stelle unbesetzt ist, fällt das alles weg, und sie fühlt sich überlastet. Es ging gar nicht um die andere Abteilung – es ging um ihre eigene Bequemlichkeit.«

Die Erkenntnis war wie ein Puzzleteil, das endlich an seinen Platz fiel. »Ja, du hast recht, sie hatte eine versteckte Agenda«, fuhr Sebastian fort. »Sie wollte, dass die Stelle nachbesetzt wird, damit sie weiterhin diese inoffizielle Unterstützung hat. Das hat sie nie direkt gesagt. Stattdessen hat sie nur das Fehlen der Besetzung thematisiert. Jetzt, wo das auf dem Tisch liegt, kann ich das viel besser verstehen. Ich dachte, sie sei einfach toxisch, aber in Wirklichkeit hatte sie ein Problem, das sie nicht direkt ansprechen konnte.«

»Und wie geht es jetzt weiter?«, fragte ich.

»Wir werden besprechen, wie wir ihr Support geben können, ohne dass sie sich abhängig fühlt. Ich werde auch das Team informieren, damit es keine Missverständnisse mehr gibt. Die Atmosphäre war so schlecht und ich glaube nur, weil sie das nicht transparent gemacht hat.«

Durch die einfache Frage »**Wozu ist das wichtig?**« hatte Sebastian eine versteckte Dynamik aufgedeckt, die den gesamten Konflikt verursacht hatte. Was zuerst wie toxisches Verhalten erschien, war in Wirklichkeit eine Unsicherheit und ein unausgesprochenes Bedürfnis. Die Intervention mit der Frage hatte ihm geholfen, die wahre Ursache zu verstehen – und anstatt sie weiter als »faulen Apfel« abzustempeln, konnte er das Problem nun auf eine konstruktive Weise angehen.

Werfen wir doch mal einen Blick auf die Wissenschaft: Ohne die Hintergründe zu kennen, kannst du die Beweggründe des anderen falsch interpretieren, was zu Missverständnissen und Konflikten führt. Wenn du also nicht hinterfragst, wozu etwas wichtig ist, werden oft nur oberflächliche oder unpassende Lösungen gefunden, die das Problem nicht wirklich adressieren oder sogar verschärfen. Sprachwissenschaftlich betrachtet gehört die Frageform »Wozu« zur Kategorie der W-Fragen, die auf spezifische Antworten zielen. In der menschlichen Kognition spielt das Erkennen von Kausal- und Finalzusammenhängen eine fundamentale Rolle. Die Frage »Wozu« konzentriert sich explizit auf die Finalität (das Ziel einer Handlung), was tief in den Strukturen unserer menschlicher Problemlösungsstrategien verankert ist.

Sebastian konnte mit der Frage den kausalen Zusammenhang feststellen und damit den richtigen Lösungsweg einschlagen. Genial, oder?

Ohne Nachfragen bleiben »Hidden Agendas« oder ungesagte Motive oft unerkannt, wie bei Sebastian, was das Vertrauen und die Zusammenarbeit untergräbt. Er selbst sprach direkt von einer toxischen Mitarbeiterin. Dabei war ihm aus meiner Sicht nicht klar, worum es ihr wirklich ging. Es entstanden im gesamten Team negative Emotionen wie Groll, Frustration und Missmut. An der Stelle ist es mir wichtig, noch den Unterschied zwischen der Frageform »Warum« und »Wozu« deutlich zu machen. Warum fokussiert auf Ursachen, also auf die Vergangenheit. Warum wird beim Empfänger durchaus als Rechtfertigungsfrage verstanden. Also besser Finger weg davon. »Wozu« hingegen richtet sich auf die Zukunft und die Zielorientierung. Diese Unterscheidung ist sprachlich wichtig, da sie unterschiedliche semantische Schichten anspricht. »Warum« ist also retrospektiv (zurückschauend) und »Wozu« aktiviert eine prospektive Denkweise und setzt den Gesprächspartner in den Kontext zukünftiger Handlungen oder Entscheidungen.

Wie schön, wenn wir durch einfache Fragen so schnell zu einer optimalen Lösung kommen. Das Wörtchen »wozu« hebt das Verständnis, was dem anderen wirklich wichtig ist.

Hast du schon einmal was von Kognitiver Semantik gehört? Nein?! Ich auch nicht bis vor Kurzem. Das heißt nichts anderes als zielgerichtete Sprache. Fachbegriffe gehören einfach dazu. In unserem Falle zielt die Frage »**Wozu ist es für dich wichtig?**« darauf ab, nach dem Zweck oder Ziel einer Sache zu fragen. In der Sprache geht es oft darum, was Menschen vorhaben oder warum sie etwas tun sollen. Mit dieser Frage wirst du verstehen, welches Ziel oder welche Motivation dein:e Gesprächspartner:in hat. Das ist wichtig, weil es hilft, das Verhalten und die Absichten anderer besser zu verstehen – eine grundlegende Fähigkeit in jeder sozialen Situation.

Neulich saß ich mit einem Freund beim Kaffee, als er plötzlich fragte: »**Wozu ist es für dich nützlich**, ständig Notizen auf deinem Handy zu machen?« Ich musste grinsen und antwortete: »Nützlich? Nun, es hilft mir, meinen Alltag zu organisieren – was nicht im Kalender steht, findet nicht statt.« Er nickte verständnisvoll.

Doch dann fragte er: »**Und wozu ist es für dich wichtig?**« Da hielt ich kurz inne und grinste: »Weil diese Notizen mir helfen, nicht nur Dinge zu erledigen, sondern auch die kleinen Momente des Lebens festzuhalten, die ich sonst vergessen würde. Ich habe mittlerweile viele kleine Bücher, in denen ich mir Erkenntnisse reinschreibe, seit über 12 Jahren. Ist eine ganz schöne Sammlung geworden.«

Diese Einfälle und kurzen Reminder, ich nenne sie meine Life-Quickies, sind mehr als nur praktisch – sie sind eine Erinnerung daran, dass das Leben aus kleinen Details besteht, die mich inspirieren und motivieren.

Wofür ist etwas wie das Machen von Notizen für mich nützlich? Für die Organisation. Und wozu ist es für mich wichtig? Um die Freude und Leichtigkeit im Alltag nie aus den Augen zu verlieren. Es geht gar nicht um das Thema an und für sich, vielmehr um das, was dahinter steckt. Wozu und wofür ist etwas wichtig und nützlich?

Stoppe hier kurz und überlege dir, wozu dient dir dieses Buch und wofür ist es für dich nützlich?

»**Wozu ist es für dich wichtig?**« und »**Wozu ist es für dich nützlich?**« besitzen hohe sprachliche und kognitive Relevanz, da sie elementare Aspekte menschlicher Interaktion wie die Erfassung von Absichten und Zielen adressieren. Sie fördern das Verständnis von Motivation und Zielsetzung und sind daher ein Schlüsselelement im Aufbau deiner sozialen und zwischenmenschlichen Beziehungen.

Wozu ist es für dich wichtig, dir mindestens drei Fragen aus diesem Buch in deinen Wortschatz aufzunehmen? **Und wozu ist es für dich nützlich,** täglich eine Frage in einer passenden Situation zu stellen?

Und wenn du nun sagst, es gibt eigentlich keine Situationen, dann frage ich dich: Wie schaffst du es, eine Situation passend zu machen?

Da passt ein Satz wie die Faust aufs Auge, den ich sehr häufig verwende:

> **»Du kannst dir die Situationen in deinem Leben nicht zurechtbauen, aber du kannst dir deine Fragen dazu bauen.«**

22 Was willst du stattdessen?

Was dir dieser FragenQuickie bringt:
Lösungsorientierung – Geschwindigkeit – Ergebnisse

Wie oft, liebe Führungskraft, kommt es vor, dass dein Gegenüber nicht weiß, was er/sie will? Wie oft wird dir erzählt, was alles nicht funktioniert?

Wie oft, liebe Eltern und Partner:innen, wissen eure Kinder nicht, was sie wollen? Auf jeden Fall keinen Spinat und definitiv nicht wandern. Aber was wollen all die Menschen stattdessen?

Einer meiner Kunden, Martin, hat herausragende technische Fähigkeiten, jedoch ein auffälliges Kommunikationsmuster: Er sagte immer, was er nicht will. Dies führt oft zu Missverständnissen und Verzögerungen im Team.

Kürzlich war ich zu einer wichtigen Teambesprechung eingeladen. Das Team arbeitete an einem neuen Produkt und Martin war verantwortlich für die Implementierung eines kritischen Features. Als das Team die Anforderungen durchging, sagte Martin sofort: »Ich will nicht, dass wir diese Bibliothek verwenden, sie ist zu fehleranfällig.« Ich horchte auf und die Projektmanagerin, Lisa, fragte daraufhin: **»Gut, aber was willst du stattdessen?«** Ich konnte mich wieder entspannen, da genau das die Frage ist, die mir sofort in den Kopf schießt. Martin runzelte die Stirn und dachte nach. Er schien sich so sehr darauf konzentriert zu haben, was er nicht wollte, dass er keine klare Vorstellung davon hatte, was die Alternative sein sollte.

Dieses Phänomen begegnet mir sehr häufig. Die Menschen wissen genau, was sie nicht wollen, jedoch selten, was genau sie wollen. Schon spannend, wie sehr manche Muster sofort aufpoppen. Nämlich genau die Frage: **»Was willst du stattdessen?«** Ich denke darüber gar nicht mehr nach. Sie kommt einfach. Und ich hoffe, durch das Lesen dieses Kapitels geht es dir ähnlich.

Wenn dein Gegenüber nur ablehnt, ohne Alternativen anzubieten, bleibt offen, was die nächste beste Lösung sein könnte. Diskussionen ziehen sich in die Länge, weil ihr erst Alternativen finden müsst, und das frustriert natürlich, da keine klaren Lösungen präsentiert werden. Daher lege zukünftig den Fokus auf: **Was willst du stattdessen?**

Martin antwortete schließlich: »Ich bin mir nicht sicher, vielleicht eine andere Bibliothek, aber ich weiß nicht genau, welche.« Die Diskussion zog sich hin und das Team verlor wertvolle Zeit. Die Unsicherheit von Martin führte zu einer Kettenreaktion von Unklarheiten und Unsicherheiten im gesamten Team. Einige Teammitglieder wurden frustriert, weil sie keine klaren Vorgaben hatten, und das Projekt geriet an diesem Tag ins Stocken.

In einem Einzelgespräch später an diesem Tag sagte ich zu Martin: »Mir ist aufgefallen, dass du oft sagst, was du nicht willst. Das führt zu Verzögerungen und Unsicherheiten. Wie wäre es, wenn du dir vorher überlegst, **was du stattdessen willst**, bevor du ablehnst? Das hilft deinem Team, schneller voranzukommen und klarere Entscheidungen zu treffen.«

Martin war zunächst defensiv, aber ich fuhr fort: »Indem du mitteilst, **was du willst**, könnt ihr gemeinsam konstruktive Lösungen finden. Es ist produktiver und hilft allen, besser zu verstehen, wie ihr die Herausforderungen angehen könnt.«

Als ich Lisa ein paar Tage später auf der Toilette traf – ja, da werden solche Themen besprochen –, sagte ich ihr, dass ich ihre Frage **»Was willst du stattdessen?«** großartig finde. Beim Händewaschen sagte sie mir, dass sie selbst einmal ein Coaching genießen durfte und die Coach immer wieder diese Frage bei ihr stellen musste, da sie vor allem wusste, was sie nicht wollte. »Beim letzten Meeting«, sagte Lisa »kam es zu einer ähnlichen Situation, dass Martin erstmal davon sprach, was er nicht wollte. Dann stockte er, und du glaubst es nicht, er fragte sich selbst: ›**Was will ich denn stattdessen?**‹« Wir lächelten uns an. »Und hatte er eine Idee?«

»Ja, tatsächlich fiel ihm direkt ein, was er wollte. Wir diskutierten kurz über die Vor- und Nachteile und fanden schnell eine Lösung.«

Diese Änderung in Martins Kommunikationsstil hatte sofortige positive Auswirkungen. Die Entscheidungsfindung wurde effizienter. Sich auf Lösungsorientierung zu begeben anstatt Problemorientierung (ich mache hier immer mit der Hand eine Problemschleife abwärts und eine Lösungspfeil aufwärts, um es zu verdeutlichen), hilft, schneller zum Ziel zu kommen bzw. über Alternativen zu diskutieren, um schneller zu entscheiden. Anstatt sich in Ablehnungen zu verlieren, konzentriere dich auf konstruktive Lösungen. Du wirst schneller vorankommen, wenn du selbst in Lösungsorientierungen denkst.

Hervorragend zu beobachten ist dieses Phänomen bei Kindern. Hast du Kinder? Dann weißt du, wovon ich spreche. »Nein, ich will die Suppe nicht, diese Suppe ess ich nicht«, sagte schon der Suppenkasper. Vielleicht hätte der Vater hier fragen sollen: **Was willst du denn stattdessen?**

Wenn ich meinen Kindern Vorschläge mache, was es am Abend zu essen gibt (ausgenommen Pfannkuchen mit Nutella), höre ich öfter: »Das will ich nicht.« Jetzt kann ich im Dunklen stochern, Ansagen machen oder eben fragen: **»Was wollt ihr denn stattdessen?«** Vielleicht hinkt der Vergleich mit Kindern ein wenig, denn sie reflektieren noch nicht so gut. »Weiß ich nicht«, ist oft die Antwort. Oder alternativ »Pfannkuchen«. Dennoch lohnt es sich immer wieder, die Frage zu stellen und sie somit auch in die Selbstverantwortung zu begleiten. Die Frage **»Was willst du stattdessen essen?«** regt auch meine Kinder an, sich andere Lösungen zu überlegen und kreativ zu werden. Wenn ich dann noch hinterherschiebe, »macht mal neue Vorschläge«, bin ich immer wieder erstaunt, welche kreativen Ideen von einer 4- und einer 8-Jährigen kommen. Probiere es einfach mal aus.

Zum Ende dieses Kapitels halte ich fest: Ob bei der Essenswahl mit den Kindern oder im Büro mit den Kollegen und Kolleginnen, die Frage »**Was willst du stattdessen?**« hilft, konstruktive Lösungen zu finden und positive Veränderungen herbeizuführen. Indem du dich auf das konzentriert, was du willst, anstatt nur auf das, was du nicht willst, schaffst du eine Umgebung, in der Fortschritt und positive Ergebnisse gefördert werden. Achte gern einmal darauf, wie Mitmenschen Wünsche und Alternativen ausdrücken. Führt es zu Unklarheit, was die Person wirklich braucht oder bevorzugt? Entstehen Missverständnisse und ist das Finden einer Lösung oder eines Kompromisses eher erschwert? Oder kommt es zu klareren und produktiveren Diskussionen? In unterschiedlichsten Lebensbereichen kommen wir schneller voran, wenn positive Vorschläge gemacht werden. Und ein konstruktiver Ansatz fördert ein motiviertes und kooperatives Team – zu Hause ebenso wie im Job.

Wenn ich manchmal in der Stadt, am besten bei trübem Wetter, in die Gesichter der Passanten und Passantinnen blicke, denke ich mir oft, nonverbale Kommunikation ist auch Kommunikation. Klar, ich kann nur interpretieren. Sowas wie, wenn du ständig negativ bist, wie wird das erst dein Gesprächsklima belasten? Du wirkst so ablehnend und frustriert. Alles nur Interpretation, schon klar. Dennoch, Negativität verbraucht viel Energie, sowohl für die Person selbst als auch für das Umfeld. Sich nur darauf zu konzentrieren, was man nicht will, lässt wenig Raum für produktive oder kreative Lösungen. Jetzt mal ganz verrückt. Mal angenommen, ich würde hingehen und sagen: »Ich habe den Eindruck, Sie wissen genau, was Sie nicht wollen. Aber, **was wollen Sie denn stattdessen?**« 80% würden mich sicher für bekloppt halten. Aber der Rest denkt vielleicht darüber nach (nachdem er mich erst für bekloppt gehalten hat). Sie würden vielleicht über andere Optionen nachdenken oder neue Möglichkeiten entwickeln. Die Frage würde die Person vielleicht dazu angeregen, ihre Wünsche und Ziele klar zu definieren. Sie würde zum Nachdenken angeregt und ermutigt werden, über den Tellerrand hinauszublicken. Das würde eine Grundlage schaffen, auf der sie konstruktive Lösungen aufbaut und dadurch kreative oder unerwartete Lösungen entstehen lässt, die zuvor nicht in Betracht gezogen wurden …

Und solltest du bei deinem Gegenüber, zum Beispiel beim Passanten auf der Straße, bemerken, dass er/sie sagt, was er/sie nicht will, schießt dir ab jetzt bestimmt die Frage in den Kopf: »**Und, was willst du stattdessen?**« – und wird damit der Schlüssel zu einem harmonischeren und erfolgreicheren Berufs- und Privatleben sein.

23 Wann war es schon mal anders?

Was dir dieser FragenQuickie bringt:
Momente – Wahrnehmung – Ausnahmenbildung

Wir sind draußen auf dem Wasser, die Sonne steht tief am Horizont und der Wind trägt uns gleichmäßig über die Wellen. Das Segelboot gleitet ruhig dahin, doch ich spüre die angespannte Stimmung meines Freundes neben mir. Wir segeln oft zusammen, aber heute scheint er anders als sonst zu sein – nachdenklicher, irgendwie niedergeschlagen.

»Irgendwas ist immer. Es klappt nie so, wie es soll«, murmelt er plötzlich, während er auf den Horizont starrt.

Ich sehe ihn an, überrascht über seine Worte. Er ist normalerweise der Typ, der Herausforderungen mit einem Augenzwinkern begegnet. Heute klingt er erschöpft. »Was genau meinst du damit?«, frage ich vorsichtig.

Er zuckt mit den Schultern. »Ob bei der Arbeit oder hier beim Segeln, immer läuft irgendetwas schief. Entweder der Wind dreht oder er ist nicht präsent oder es gibt Probleme im Büro oder mit den Mitarbeitenden. Irgendwas ist immer im Weg.«

Ich lasse seine Worte kurz wirken und frage dann: **»Und wann war es schon mal anders?«**

Er runzelt die Stirn und schaut mich skeptisch an, als hätte ich etwas Unmögliches gesagt. »Na, keine Ahnung. Eigentlich … nie.« Seine Antwort klingt unsicher, als würde er selbst spüren, dass da mehr dahintersteckt.

»Echt? Überleg doch mal genauer«, hake ich nach. »**Wann war es schon mal anders?** Gab es wirklich nie einen Moment, wo die Dinge liefen – vielleicht nicht perfekt, aber gut?«

Er schweigt einen Moment und ich merke, wie er nachdenkt. Der Wind weht sanft im Segel und das Boot zieht ruhig seine Bahn, während er tief einatmet. »Naja, vielleicht gab es schon so Momente«, sagt er zögerlich. »Neulich, als wir einen perfekten Tag auf dem Wasser hatten, erinnerst du dich? Da hat einfach alles gestimmt. Der Wind, das Wetter, wir waren in unserem Element.«

Ich nicke. »Genau. Da war es anders. Es gibt immer Ausnahmen. Manchmal sind sie klein, manchmal größer, aber sie sind da.«

Er blickte nachdenklich auf den See hinaus. »Aber warum fühlt es sich dann so oft an, als ob es nie klappt?«

»Vielleicht, weil wir uns mehr auf das konzentrieren, was nicht funktioniert, anstatt auf das, was funktioniert«, schlage ich vor. »Beim Segeln ist es doch genauso. Der Wind wird sich immer ändern, die Wellen werden nie perfekt sein und manchmal macht selbst deine Lieblingscrew Fehler«, grinse ich ihn an. »Aber das gehört dazu, oder? Der Erfolg liegt nicht darin, dass alles perfekt läuft, sondern darin, wie wir damit umgehen.«

Er lächelt leicht, als er beginnt, die Verbindung zu erkennen. »Stimmt. Beim Segeln musst du ständig anpassen, den Kurs korrigieren, das Segel trimmen. Wenn man sich darauf versteift, dass alles glattgehen muss, verliert man schnell den Spaß daran.«

»Und das ist auch in der Führung so«, füge ich hinzu. »Als Führungskraft wirst du immer wieder mit Problemen konfrontiert sein. Die Frage ist doch nicht, ob alles perfekt läuft – das wird es nie. Die Frage ist, wie du damit umgehst und wie du die kleinen Erfolge erkennst, die dir jeden Tag gelingen. Als Chef wirst du auch nie perfekte Bedingungen haben. Es wird immer Herausforderungen geben – wie im Segeln. Aber anstatt nur das Chaos oder die Störungen zu sehen, geht es darum, die Momente zu erkennen, in denen es gut läuft. Denn diese Momente zeigen, dass du und dein Team es draufhaben. Diese Erfolge sind es, die dich und dein Team auf Kurs halten, auch wenn der Wind mal von der Seite kommt.«

Er nickt nachdenklich. »Du hast recht. Ich habe oft das Gefühl, dass ich immer an den großen Problemen hängen bleibe, statt zu sehen, was ich schon geschafft habe.«

»Genau«, sage ich. »Es ist wie beim Segeln. Manchmal hast du den Wind im Rücken, manchmal kommt er von vorn. Aber wenn du lernst, die Segel gut in den Wind zu stellen, wirst du mit ihm segeln. Und wenn du lernst, die Ausnahmen zu sehen, die Momente, in denen es gut läuft, dann beginnst du, den Erfolg in den Anpassungen und den kleinen Siegen zu finden.«

Er lacht kurz. »Also muss ich mich beim Segeln – und wohl auch im Job – daran erinnern, wann der Wind mir doch mal in die Segel bläst.«

Ich grinse. »Genau das. Und wie beim Segeln wird dir immer irgendwas gelingen. Man muss es nur bemerken.«

»Wann war es schon mal anders?« ist eine so wertvolle Frage für jedermann/-frau – gerade für uns Deutsche, die ja gern mal alles sehr schwarz sehen. Sie ermöglicht tiefere Reflexion und Perspektivwechsel. Byron Katie formuliert ihre vier Fragen in *The Work* einzigartig, daher möchte ich sie dir mitgeben. *The Work* ist ein einfacher, aber tiefgehender Prozess der Selbstreflexion, der darauf abzielt, belastende Gedanken zu hinterfragen und aufzulösen. Er basiert auf vier zentralen Fragen, die helfen, Überzeugungen zu überprüfen und neue Perspektiven zu entwickeln. Lass uns dazu einen Blick in das Führungstheaterstück werfen und mach dich bereit mit Popcorn und 3D-Brille – ja, im Theater.

Da ist diese Führungskraft und sie denkt: »Mein Team ist nicht engagiert, sie machen immer nur das Nötigste.« Nun kommt in Form einer Schildkröte ihr innerer Kritiker und fragt die Führungskraft: »Ist es wirklich wahr, dass dein ganzes Team immer nur das Nötigste tut?« Die Führungskraft stemmt die Hände in die Hüfte und klärt auf. »Natürlich! Schau doch nur erst letztens …« Darauf die Schildkröte: »Kannst du mit absoluter Sicherheit wissen, dass das wahr ist?« Hier muss die Führungskraft erkennen, dass sie nicht mit absoluter Sicherheit wissen kann, was alle im Team denken oder wie sie sich innerlich fühlen. Das erkennt die Schildkröte, wir alle im Theater sind gespannt, lassen die Hände im Popcorn und lauschen auf die dritte Frage. »Wie reagierst du, was passiert, wenn du diesen Gedanken glaubst?« Die Führungskraft bemerkt, dass dieser Gedanke sie frustriert, ungeduldig macht und zu einem misstrauischen Umgang mit dem Team führt. »Wer wärst du ohne diese Gedanken?«, hören wir von der Schildkröte. Ohne diese belastenden Gedanken wäre die Führungskraft offener, wertschätzender und wahrscheinlicher in der Lage, das Engagement des Teams besser zu erkennen und zu fördern.

»Wie wäre es, wenn du den Gedanken, mein Team ist nicht engagiert und tut nur das Nötigste, einfach umdrehst?«, hören wir ermutigend das kleine Geschöpf auf der Bühne fragen. »Mein Team ist engagiert?« »Genau, vielleicht gibt es Beweise dafür, dass bestimmte Mitarbeiter tatsächlich engagiert sind, aber du hast das nicht klar gesehen, weil du dich auf die negativen Aspekte konzentriert hat.«

So bleiben sie auf der Bühne, Blick in das Publikum, und wir klatschen, weil wir heute etwas gelernt haben.

Durch diesen Prozess von *The Work* können wir unsere Sichtweise verändern, damit bessere Entscheidungen treffen und unser Team offener und konstruktiver führen.

Menschen neigen dazu, in negativen Denkmustern zu verharren, besonders in stressigen oder schwierigen Zeiten. Sie haben das Gefühl, dass »immer etwas schiefgeht« oder »nichts funktioniert«. Die Frage »**Wann war es schon mal anders?**« fordert dazu auf, gezielt nach Ausnahmen zu suchen, auch nach Momenten, in denen es tatsächlich besser ist. Sie erinnert daran, dass schwierige Situationen nicht dauerhaft sind und es auch positive Phasen gibt. Besonders bereichernd erlebe ich die Frage, weil sie wie ein Stopp-Signal für destruktives Denken wirkt. Sie zwingt uns, innezuhalten und die Annahme zu hinterfragen, dass »es immer so ist«. Durch das Nachdenken über andere bessere Zeiten wird der Fokus weg von Problemen hin zu Lösungen und Erfolgserlebnissen gelenkt.

Ich empfehle dir hier die offene implizite Frage: »**WANN war es schon mal anders?**« Das *wann* unterstellt, dass du implizit davon ausgehst, dass es bereits Situationen gab. Stellst du diese Frage als geschlossene Frage, würde sie so lauten: »War es schon mal anders?« Was glaubst du, wie reagiert dein Gegenüber, wenn er/sie sowieso im Moment alles schwarz sehen *will*?!? Genau, geschlossene Frage, geschlossene Antwort. »Nie!!!«

Indem du implizit davon ausgehst, dass es schon einmal anders war, sendest du eine Botschaft an den Optimisten: Es gibt Beweise dafür, dass schwierige Situationen vorübergehen oder sich verbessern können. Dies schafft eine positive Perspektive und die Hoffnung, dass Veränderungen möglich sind – eine Ermutigung sondergleichen. Fördere das Gefühl der Eigenverantwortung. Wenn die Person erkennt, dass es schon einmal bessere Zeiten gab, kann sie sehen, dass Veränderungen möglich sind und dass sie aktiv daran beteiligt war, dann versteht sie, dass sie selbst Einfluss auf die Verbesserung der Situation hat.

Selbstredend ist dies eine gelungene Coachingfrage, denn sie lenkt den Blick von der Problemorientierung hin zur Lösungsorientierung. Stell dir die Frage »**Wann war es schon mal anders?**« selbst in herausfordernden Situationen. Du merkst sehr schnell, dass du aus den positiven Erfahrungen der Vergangenheit ableiten kannst, welche Maßnahmen oder Verhaltensweisen erfolgreich waren, und diese Strategien auf die aktuelle Situation übertragen kannst. Du erkennst, dass du Vertrauen in deine Fähigkeit haben und aus deinen eigenen Erfahrungen lernen kannst.

Lass uns den Blick auf Alternativen zur Frage richten: »**Erinnerst du dich an eine Situation, wo alles viel leichter war?** Ich meine, vielleicht nicht wie im Urlaub, aber immerhin …«

Vielleicht willst du sie auch etwas humorvoller verpacken, wie: »**Gab es schon mal einen Moment, wo alles wie von selbst lief?** So wie diese mystischen Geschichten von Leuten, die ihr Passwort auf Anhieb wissen?«

Folgenden Satz stelle ich gern meiner Großen, wenn sie wieder jammert, dass sie kein Mathe kann: »**Wann hat dich das letzte Mal überrascht, wie gut Mathe geklappt hat?** Wahrscheinlich so selten wie die Chance, dass dir mein Essen auf Anhieb schmeckt, oder?« Dann lacht sie und Mathe ist plötzlich gar nicht mehr so schwer.

24 Aus welchem Fehler von anderen hast du gelernt?

Was dir dieser FragenQuickie bringt:
Reflexion – Kontakt – Erleichterung

Oje, ich hab so viele Fehler gemacht. Oder waren es nur Erfahrungen?

Kurz nach der Geburt meines ersten Kindes startete ich mit meiner Selbstständigkeit und hatte sehr schnell das Glück, für einen großen Konzern für eine Teamentwicklung angefragt zu werden.

Es war ein sonniger Mittwochmorgen, als ich mich auf ein wichtiges Workshop-Treffen vorbereitete. Ich liebe meine Arbeit und will immer das Beste für die Teams, mit denen ich zusammenarbeitete. Doch in der Anfangszeit meiner Karriere hatte ich einen großen Fehler gemacht, aus dem ich wertvolle Lektionen zog.

In meinen ersten Workshops hatte ich meine Konzepte oft zu vollgepackt. Ich wollte so viel wie möglich für das Team erreichen. Die Auftragsklärung war klar und die Hinweise vom Abteilungsleiter, dass der Workshop vielleicht zu voll gepackt ist und es möglicherweise Konfliktsituationen gibt, habe ich mit der Aussage »Ach, vertrauen Sie mir« weggewischt.

Ich beschreibe es an der Stelle mal mit: Ich war jung und brauchte das Geld …

Es war ein Team von zweiundzwanzig Personen und ich hatte ein dichtes Programm mit zahlreichen Übungen und Diskussionen vorbereitet. Ich war überzeugt, dass ich alles allein abdecken konnte, was das Team brauchte. Doch bereits in den ersten Stunden spürte ich, dass etwas nicht stimmte.

Die Teilnehmer wirkten gestresst und überfordert. Besonders bei den Übungen, die tiefere Konfliktsituationen ansprachen, gab es kaum Raum für echte Gespräche. Die Zeit war knapp und ich merkte, dass die Atmosphäre zunehmend angespannter wurde. Teilnehmer, die mehr Raum für ihre Anliegen brauchten, kamen nicht zu Wort und die wichtigen Themen wurden nur oberflächlich behandelt. Es stellte sich heraus, dass die konfliktäre Situation sehr viel größer war als vorausgesagt. Teilnehmer bildeten Grüppchen und zogen sich zurück. Faktisch konnte ich es allein nicht regeln.

Dröseln wir das Ganze mal im Nachgang auf. Hier liegt das klassische Phänomen von nicht wahrgenommener Reiz-Reaktions-Lücke vor. Die Reiz-Reaktions-Lücke bezeichnet den Moment oder den Raum zwischen einem äußeren Reiz und unserer Reaktion darauf. In diesem (meist kurzen) Augenblick haben wir die Möglichkeit, bewusst zu entscheiden, wie wir auf den Reiz reagieren wollen, anstatt automatisch oder impulsiv zu handeln.

Dieser Begriff stammt aus der Psychologie und wird oft im Kontext von Selbstreflexion, emotionaler Intelligenz und Achtsamkeit verwendet. Die Idee dahinter ist, dass wir, anstatt auf äußere Einflüsse sofort und reflexartig zu reagieren, die Fähigkeit besitzen, innezuhalten, zu reflektieren und eine überlegte Antwort zu wählen. Das bewusste Wahrnehmen dieser Lücke ermöglicht es uns, aus einer breiteren Palette von Reaktionsmöglichkeiten zu wählen, anstatt uns von unseren instinktiven oder konditionierten Reaktionen steuern zu lassen.

Der Psychologe Viktor Frankl hat diesen Ansatz besonders betont. Er sagte: »Zwischen Reiz und Reaktion liegt ein Raum. In diesem Raum liegt unsere Macht, unsere Reaktion zu wählen. In unserer Reaktion liegen unser Wachstum und unsere Freiheit.«

Ich hatte hier meinen blinden Fleck und all die Reize nicht wahrgenommen, um innezuhalten und aus den gemachten Fehlern zu lernen. Überheblichkeit war mein Problem. Das weiß ich heute. Überheblichkeit fällt uns oft »auf die Füße«, weil sie negative Konsequenzen auf zwischenmenschliche Beziehungen,

Entscheidungen und unser eigenes Wachstum haben kann. So war es auch bei mir.

Als der Workshop zu Ende war, fühlte ich mich enttäuscht und erschöpft. Ich wusste damals noch nicht, dass ich es besser hätte machen können. Doch ich nahm mir fest vor, aus dieser Erfahrung zu lernen.

Seit diesem Tag habe ich meine Herangehensweise radikal geändert. Ich nehme mir immer viel Zeit für die Auftragsklärung, bevor ich ein Konzept erstelle. Ich plane seitdem immer großzügige Zeitpuffer ein, um sicherzustellen, dass genügend Raum für offene Diskussionen und spontane Entwicklungen bleibt. Außerdem habe ich gelernt, dass ich so viele Leute nicht alle allein im Blick haben kann – daher nutze ich Kollegen und Kolleginnen zur Co-Moderation ab einer gewissen Anzahl und Schwere der Themen. Heute weiß ich, dass sorgfältige Planung und bewusst weniger Inhalte, dafür aber mehr Raum für Austausch und Reflexion einen Mehrwert geben.

Ach, den Kunden habe ich übrigens verloren. Auch, weil ich meine Fehler erst später analysiert habe. Aber **wie kannst du aus diesem Fehler von mir lernen?**

Diesen Fehler mache ich nie wieder. Wenn ich jedoch heute solche Geschichten von anderen höre, frage ich mich immer, **wie kann ich aus Fehlern von anderen lernen?**

»Fuckup Nights« heißt ein amerikanisches Format, welches auch in deutschen Großstädten Einzug gehalten hat. Personen aus verschiedenen Branchen und Positionen werden ausgewählt, um über ihre beruflichen oder unternehmerischen Misserfolge zu sprechen. Diese Redner bereiten eine Präsentation vor, in der sie ihren »Fuckup« detailliert beschreiben. Am Abend der Fuckup Night versammeln sich die Teilnehmer in einer informellen, offenen Atmosphäre. Die Redner halten ihre Präsentationen und erzählen von ihren Misserfolgen, den Umständen, die dazu geführt haben, und den Lehren, die sie daraus gezogen haben. Nach jeder Präsentation gibt es eine offene Diskussion, bei der das Publikum Fragen stellen und Gedanken austauschen kann. Dies fördert einen aktiven Dialog und ermöglicht es den Teilnehmern, tiefer in die Thematik einzutauchen. Die Veranstaltung endet oft mit einer Networking-Session, in der die Teilnehmer sich weiter austauschen und Kontakte knüpfen können.

Das Hauptziel von Fuckup Nights ist es, eine Kultur zu fördern, in der Fehler nicht tabuisiert, sondern als wertvolle Lernmöglichkeiten angesehen werden. Indem erfolgreiche Personen offen über ihre Misserfolge sprechen, werden Fehler entstigmatisiert. Es wird gezeigt, dass selbst die besten unter uns scheitern und dass dies ein natürlicher Teil des Lernprozesses ist. Teilnehmer **lernen aus den Fehlern anderer und können diese Erkenntnisse in ihre eigenen Projekte und Arbeitsweisen integrieren.** Dies kann dazu beitragen, ähnliche Fehler in der Zukunft zu vermeiden. Menschen fühlen sich ermutigt, ihre eigenen Fehler zuzugeben, ohne Angst vor negativer Beurteilung zu haben.

In drei Unternehmen habe ich eine Fuckup-Session eingeführt. Es war sehr interessant, welche Widerstände zunächst auftreten, bis sich die Menschen auf dieses Experiment einließen. »Pah! Welche Fehler soll ich gemacht haben?«, entgegnete mir ein Geschäftsführer verwirrt. Oder auch immer schön als Pendant zu hören: »Aber bin ich dann nicht unten durch, wenn ich zugebe, welche Fehler ich gemacht habe?« Interessant, diese Unsicherheiten auf höchster Führungsebene.

Wir planten in einem mittelständischen Unternehmen also eine Session und luden die Geschäftsführung ein, von einem ihrer Misserfolge zu berichten. Selbstredend mit den Erkenntnissen und Strategien, die sie entwickelt haben, um mit Misserfolgen umzugehen. Nach einer Nutzenargumentation ließen sich die meisten darauf ein und schoben nur selten andere Menschen vor (»Sollen die doch von ihren Fehlern sprechen«). Kennst du vielleicht – solche Chefs?!?

Die Mitarbeitenden waren begeistert. Indem die Geschäftsführung ihre Schwächen und Misserfolge geteilt hat, entstand ein Gefühl der Zusammengehörigkeit. Eine offenere Fehlerkultur ermutigt seither zur Risikobereitschaft und Innovation.

Wenn Fehler akzeptiert werden, sind Mitarbeitende eher bereit, neue Ideen auszuprobieren und kreativ zu sein. Für die Redner selbst ist das Teilen ihrer Geschichten eine Form des persönlichen Wachstums. Es hilft ihnen, ihre Misserfolge zu reflektieren und die daraus gewonnenen Lektionen zu verinnerlichen. Probiere das gern mal im kleinen Rahmen aus. Unter Freunden ist es sicher einfacher.

Insgesamt tragen Fuckup Nights dazu bei, eine Arbeitsumgebung zu schaffen, in der Lernen und Weiterentwicklung im Vordergrund stehen. Sie machen deutlich, dass Fehler ein unvermeidlicher Teil des Prozesses sind und dass der Umgang mit ihnen entscheidend für den Erfolg ist.

Die Frage »**Aus welchen Fehlern von anderen habe ich gelernt?**« befähigt uns alle zur Reflexion eigener Situationen, in Einbezug des Transfers von anderen Misserfolgen und deren Umgang. Sie ist vor allem dann einsetzbar, wenn du dich fragst: **Wie würde es XY machen? Wer hat eine solche Situation bereits erlebt? Wie war die Entscheidung? Was das Resultat?**

Wenn wir positiv und nicht ketzerisch auf Misserfolge anderer blicken, haben wir die Chance zu wachsen. Die Frage »**Aus welchem Fehler von anderen hast du gelernt?**« stelle ich oft in meinem Podcast. Die Antworten sind vielfältig und spannend zugleich: angefangen von Chefs, die Mikromanagement betreiben, über Führungskräfte, die Mitarbeitende unfair behandeln oder

Voreingenommenheit zeigen, bis hin zu Führungskräften, die Fehler ignorieren oder nicht aus ihnen lernen und damit das Vertrauen ihres Teams verloren haben. Hör gern mal rein (»Leadership Masterclass – von den Besten lernen«).

Im Frühling liebe ich es, meinen Garten zum Blühen zu bringen. So lange habe ich noch keinen Garten und bin daher noch nicht sonderlich erfahren. Vor sechs Wochen bin ich es also wieder angegangen. Mein Nachbar Klaus, ein pensionierter Gärtner, hat immer einen wunderschönen, blühenden Garten, der für die ganze Nachbarschaft eine Augenweide ist. Das kann ich auch, dachte ich und kaufte mir einige Pflanzen. Ich wollte sie direkt in die Erde setzen. Allerdings, wie gesagt bin ich noch neu im Geschäft und etwas unerfahren im Gärtnern. Dann **habe ich mich an einige Fehler erinnert, die ich bei meiner Freundin Anna gesehen habe**. Anna hatte im letzten Jahr ihren Garten neu gestaltet, dabei aber einige typische Anfängerfehler gemacht. Sie hatte die Pflanzen ohne Plan einfach durcheinander gesetzt, ohne auf die Bedürfnisse der einzelnen Pflanzen zu achten. Einige Pflanzen waren vertrocknet, weil sie zu viel Sonne abbekommen hatten, während andere im Schatten verkümmerten.

Das ist ein bisschen wie in der Führung – wenn ich nicht auf die einzelnen Bedürfnisse in der Kommunikation achte, wird ein Team vertrocknen.

Ich dachte an Annas Garten und beschloss, es besser zu machen. Ich ging zu Klaus und fragte ihn um Rat. »Klaus, ich möchte meinen Garten neu gestalten, aber ich bin mir nicht sicher, wie ich die Pflanzen am besten arrangiere. Kannst du mir bitte helfen?« Klaus lächelte und sagte. »Natürlich, Gitte. Der wichtigste Schritt ist, die Bedürfnisse jeder Pflanze zu kennen. Einige Pflanzen brauchen viel Sonne, andere bevorzugen den Schatten. Auch der Boden ist wichtig. Hast du schon Bodenproben gemacht?« Ich schüttelte den Kopf. »Nein, daran habe ich noch nicht gedacht.«

»Das ist kein Problem«, sagte Klaus. »Ich zeige dir, wie man den Boden testet und welche Pflanzen am besten zu deinem Garten passen.« Mit Klaus' Hilfe lernte ich, wie man den Boden testet und die Pflanzen entsprechend arrangiert. Ich erfuhr auch, wie wichtig es ist, den richtigen Abstand zwischen den Pflanzen zu lassen und sie regelmäßig zu gießen und zu pflegen. Dank Klaus' Wissen und Erfahrung konnte ich die Fehler vermeiden, die Anna gemacht hatte.

Was soll ich sagen, heute blüht mein Garten. Die Pflanzen sind gesund und wachsen prächtig. Ich genieße den Blick und die Farben und bin stolz auf meinen Garten und dankbar für die Ratschläge von Klaus.

Übertrage das Phänomen auf deine Kinder, deine Liebhaber:innen, deine Mitarbeitenden oder Freunde. Gilt immer.

Als Anna letztens zu Besuch kam, war sie beeindruckt von meinem Garten. »Dein Garten sieht fantastisch aus! Wie hast du das geschafft?« Ich lächelte. »**Ich habe aus deinen Fehlern gelernt**, Anna. Und ich habe mir Rat von meinem Nachbarn geholt. Er hat mir gezeigt, wie man die Pflanzen richtig pflegt.« Anna betrachtete mich skeptisch, bevor sie zu lachen anfing. Klar, ist ja auch nicht schön zu hören, wenn wir Fehler gemacht haben.

Ich jedoch bin glücklich, von den Fehlern meiner Freundin zu profitieren und dadurch besser zu werden – und sie sitzt nun öfter bei mir und wir ratschen. Win-win sozusagen.

Hier findest du den Link zum Podcast »Leadership Masterclass – von den Besten lernen« oder nutze einfach den QR-Code oder deine gängigen Podcast-Anbieter wie Apple Podcast, Deezer, Spotify und Google Podcasts.

25 Wo liegen deine Bedenken?

Was dir dieser FragenQuickie bringt:
Klarheit – Bedürfniswahrnehmung – Zielgenauigkeit

Kürzlich traf ich zufällig in einer Netzwerkveranstaltung eine ehemalige Teilnehmerin wieder. Wir kamen ins Gespräch und Julia erzählte mir, welchen wichtigen Satz sie aus meinem Kommunikationsseminar mitgenommen hat.

»Den Satz hast du angewandt, es war kein inhaltliches Thema. Weißt du noch, damals wollte ein Teilnehmer die wirklich spannende Gruppenarbeit nicht mitmachen.« Ehrlicherweise wusste ich nichts mehr davon, dennoch freute ich mich, dass sie diesen einen Satz mitgenommen hat. »Welcher war es denn? Ich sage so viel im Seminar.« **»Wo liegen deine Bedenken?«**, grinste mich Julia an.

»Aha. Und aus welchem Grunde ist diese eine Frage so MERK-würdig für dich?«

Dann berichtete sie mir exemplarisch von einer Diskussion zwischen ihr und einem Kollegen. »Ich bin ja die Leiterin der Marketingabteilung und Max der technische Direktor. Wir sind beide erfahren und kompetent, doch damals stand eine hitzige Diskussion auf dem Programm.

Das Thema des Meetings war die Einführung einer neuen Softwarelösung, die das Unternehmen auf den Markt bringen wollte. Ich war begeistert von der Idee und sah enormes Potenzial in den geplanten Marketingkampagnen. Max hingegen hatte technische Bedenken und warnte vor möglichen Problemen, die die Software in der Praxis verursachen könnte. Ich sagte ihm: ›Max, wir müssen diese Software unbedingt jetzt auf den Markt bringen, bevor die Konkurrenz uns überholt.‹ Und drängte ein wenig, da unsere Marketingstrategie bereit und die Nachfrage riesig war.«

Mein Interesse war nun noch mehr geweckt. »Weißt du«, fuhr sie fort, »Max verschränkt dann immer so die Arme und schüttelt den Kopf. Er meinte, ich würde es nicht verstehen. ›Die Software hat noch zu viele Bugs. Wenn wir sie jetzt veröffentlichen, riskieren wir, dass unsere Kunden enttäuscht werden und wir langfristigen Schaden anrichten.‹ Die Diskussion wurde dann immer intensiver. Ich betonte die Wichtigkeit des Timings und die Chance, die wir nutzen mussten. Max wiederum wiederholte seine technischen Bedenken und die Notwendigkeit, ein fehlerfreies Produkt zu liefern.«

Jetzt verstand ich schon mal das Problem und konnte mir bereits gut vorstellen, aus welchem Grund diese Frage für sie so wertvoll war. Sie sprachen aus ihrer jeweiligen Perspektive und schienen aneinander vorbeizureden. Ich sah Julia auch an diesem Tag noch an, wie frustriert sie damals gewesen war. »Ich spürte, wie die Frustration in mir aufstieg. Ich wollte endlich eine Entscheidung treffen, doch Max blieb stur. Dann hielt ich inne und erinnerte mich an einen Kommunikationsworkshop mit dir. Und an die Frage, die mir besonders in Erinnerung geblieben ist: ›**Wo liegen deine Bedenken?**‹«

Was ist hier passiert, wie es millionenfach täglich passiert, wenn zwei Personen in einer Kommunikation nur auf ihren eigenen Positionen beharren und dem Gegenüber nicht richtig zuhören? Es entstehen verschiedene Probleme. Diese können im beruflichen Kontext die Qualität der Zusammenarbeit und die Effizienz der Entscheidungsfindung erheblich beeinträchtigen. Am wichtigsten für mich ist meine Haltung in der Mediation. Die Bedürfnisse hinter den Positionen sehen. Wenn ich frage: »**Was steckt hinter deiner Position?**«, oder eben: »**Wo liegen deine Bedenken?**«, signalisiere ich dem Gegenüber, dass ich wirklich verstehen möchte, was hinter seiner Position steckt. Das Beharren auf den eigenen Positionen erhöht die emotionale Spannung und führt zu einer Eskalation eines Konflikts. Die Diskussion wird damit eher zu einem Wettstreit, bei dem es nur noch darum geht, wer Recht hat, statt gemeinsam eine Lösung zu finden. Mit dem Blick auf die Bedürfnisse hinter den Positionen startet die Lösungsfindung.

Ein Beispiel gefällig? Gern. Stell dir vor, es gibt einen Kürbis und du willst ihn. Dein Gegenüber möchte auch diesen Kürbis haben. Nun diskutiert ihr, wer ihn bekommt. Ihr positioniert euch. Aber halbieren geht nicht. Also findet ihr keine Lösung. Fragt ihr euch aber, wofür ihr den Kürbis haben wollt, könnte eine Person ein Gesicht schnitzen und die andere eine Suppe machen.

Die Positionen sind identisch. Die Bedürfnisse hinter den Positionen jedoch sind unterschiedlich. Zugegeben es ist ein einfaches Beispiel, der Sinn dahinter ist dementsprechend aber auch einfach zugänglich.

Das Konzept, die Bedürfnisse hinter den Positionen zu verstehen, stammt aus der Gewaltfreien Kommunikation (GFK) nach Marshall Rosenberg. In der GFK wird betont, dass Konflikte oft durch unerfüllte Bedürfnisse entstehen und es wichtig ist, diese Bedürfnisse zu erkennen und anzusprechen, anstatt sich auf starre Positionen oder Forderungen zu fokussieren.

Allerdings ist ein ähnliches Prinzip auch Teil der Harvard-Verhandlungsmethode (Harvard-Konfliktlösung), die betont, dass man sich auf Interessen statt auf Positionen konzentrieren sollte. Anstatt stur an Positionen festzuhalten, wird empfohlen, die zugrunde liegenden Interessen der beteiligten Parteien zu identifizieren, um bessere, kreative Lösungen zu finden.

Wenn wir in der Kommunikation nur auf unserer Position beharren, werden wichtige Informationen und Nuancen verloren gehen, da beide Parteien nicht auf die Details des anderen eingehen. Aussagen werden falsch verstanden oder aus dem Kontext gerissen, was zu weiteren Konflikten führt. Beharren wir auf den eigenen Positionen, wird die emotionale Spannung erhöht und führt zwangsläufig zu einer Eskalation.

Die Geschichte ist für mich ein wunderbares Beispiel dafür, wie wir entweder stur in Rechtfertigung oder Recht behalten kommen oder aber Schritte in die Lösungsorientierung unternehmen.

Zurück zu Julia und ihrem Konflikt mit ihrem Kollegen Max: »Ich sagte ruhig zu Max: ›**Wo genau liegen deine Bedenken?**‹ Und Max, der bis dahin genauso frustriert gewesen war wie ich, entspannte sich sichtbar. Er setzte sich hin und begann detailliert zu erklären, dass seine größte Sorge sei, dass wir nicht genügend Zeit für umfassende Tests hätten. Er meinte, es gäbe einige kritische Funktionen, die unter bestimmten Bedingungen noch Fehler verursachen. Wenn wir die Software so auf den Markt bringen und die Kunden auf diese Fehler stoßen, könnten wir unser Image stark beschädigen und das Vertrauen verlieren.« Julia machte eine kurze Pause und sah mich fest an. »Ich hörte ihm aufmerksam zu und sagte ihm, dass ich das verstehe. Ich fragte ihn auch, was er vorschlägt, um diese Probleme zu lösen.«

»Und?«, fragte ich. »Max war erleichtert, dass ich seine Perspektive verstand, und schlug gleich vor, eine begrenzte Betaversion herauszubringen, um die Software in einer kontrollierten Umgebung zu testen und Feedback von einer kleineren Benutzergruppe zu sammeln. Wir konnten so die größten Probleme beheben, bevor wir das Produkt großflächig veröffentlichen. Ich fand den Vorschlag wertvoll und so einigten wir uns auf diesen Plan und informierten das restliche Team.«

»Das heißt«, nahm ich den Faden wieder auf, »durch die klärende Frage ›**Wo liegen deine Bedenken?**‹ habt ihr eine konstruktive Lösung gefunden, die sowohl die Marketing- als auch die technischen Anforderungen berücksichtigte?« »Ja, genau.«

Diese Probleme zeigen, wie wichtig es ist, in der Kommunikation nicht nur die eigenen Positionen zu vertreten, sondern auch aktiv zuzuhören und die Perspektiven des Gegenübers zu verstehen. Effektive Kommunikation erfordert Offenheit, Empathie und die Bereitschaft, gemeinsam nach Lösungen zu suchen. Konzentriere dich bewusst auf die Worte des anderen, frage nach und stelle sicher, dass du die Botschaft wirklich verstanden hast, das macht einen großen Unterschied. Die Gefühle und Perspektiven des Gegenübers anzuerkennen und zu respektieren, komplementiert dieses noch.

Nicht umsonst heißt dieses Buch *30 Fragen, die dein Leben bereichern*. Für mich ist es elementar, im zwischenmenschlichen Zusammenspiel Fragen zu stellen, die dem Gegenüber Raum geben, seine Sichtweise ausführlich darzustellen. In diesem Beispiel: **»Was sind deine Hauptbedenken?«** Oder: **»Wie siehst du das Problem?«** Sobald wir uns auf gemeinsame Interessen und Ziele konzentrieren, um eine kooperative Atmosphäre zu schaffen, wird Kommunikation Ergebnisse hervorbringen. Dazu gehört auch, offen zu sein für Kompromisse und flexible Lösungen, die beiden Seiten gerecht werden.

Heute Morgen hatte ich ein Coaching. Im Grunde ging es darum, dass meine Coachee, Valentina, ein dringendes Thema bereits vor zwei Monaten bei ihrer Chefin vorgebracht hat. Dieses Thema hatte Auswirkungen auf Kunden, andere Geschäftsbereiche und ihr Team. Die beste Lösung für dieses Thema war aus ihrer Sicht, die Verantwortung zu übernehmen und bei der Chefin erneut mit Auswirkungsbewusstsein und Lösungsvorschlägen vorstellig zu werden. Sich vom Opfer (ich bekomme ja eh nie Rückmeldung und es wird nur abgeschmettert) zum Gestalter zu bewegen. Trotz ihres eigenen Vorschlages war klar, dass sie es nicht machen wird.

Auf meine Frage **»Wo liegen deine Bedenken?«** kam prompt die Antwort: »Wie gesagt, das ist nicht meine Verantwortung, die Probleme meiner Vorgesetzen zu lösen.« Ich blieb allerdings dran und fragte eine meiner Lieblingsfragen: **»Was noch?«** aus Kapitel 5. So erhalte ich bereits Antworten und weiß, dass da noch mehr ist. Also frage ich weiter: **»Und was noch?«, »Und was noch?«** Bis mir meine Coachee sagt: »Nein, das ist alles.« Ich möchte gern hinter den Kern des Kerns gelangen.

So auch bei Valentina. Sie äußerte die Sorge, dass das Vorbringen der Forderungen als negativ wahrgenommen wird und die eigene Karriere beeinträchtigen könnte. Denn Sätze wie »Wenn die Performance schlecht ist, müsst ihr mal gucken, wie ihr auf dieser Position bleibt« hatten sich bei ihr tief eingebrannt. Sie hatte zudem Angst, dass das Ansprechen von diesen Forderungen die Beziehung zu ihrer Vorgesetzten beschädigen könnte, und hatte Sorge vor einer direkten Konfrontation und dem damit verbundenen Stress. Durch die Frage nach den Bedenken kamen wir der Sache auf den Grund. Der Zweifel an der eigenen Berechtigung, Forderungen zu stellen, und die Angst, als unzureichend oder fordernd wahrgenommen zu werden, lagen tief. Sie war der Meinung, nicht in der Lage zu sein, die Forderungen überzeugend zu präsentieren.

Echtes Wachstum entsteht, wenn wir unseren inneren Schweinehund überwinden. Nur wenn wir bereit sind, unsere Komfortzone zu verlassen und in die Lernzone einzutreten, können wir uns weiterentwickeln. In der Komfortzone bleiben wir zwar sicher, aber Wachstum und Weiterentwicklung geschehen nur durch das Annehmen neuer Herausforderungen.

Das Komfortzonenmodell ist kein streng wissenschaftliches Modell im klassischen Sinne, sondern eher ein populärpsychologisches Konzept. Es basiert auf allgemeinen Erkenntnissen aus der Psychologie und Pädagogik über Lernen, Wachstum und Stressbewältigung. Es beschreibt verschiedene Bereiche, in denen sich Menschen in ihrem Denken und Handeln bewegen. Es wird häufig in drei Zonen unterteilt:

- In der Komfortzone fühlen wir uns sicher, wohl und routiniert. Es gibt kaum Herausforderungen und wir bewegen uns in bekannten, vertrauten Mustern. Das Leben in dieser Zone ist bequem, bietet aber nur wenig Raum für persönliches Wachstum, da wir nicht gefordert werden, Neues zu lernen oder uns weiterzuentwickeln.

- Wenn wir unsere Komfortzone verlassen, betreten wir die Lernzone. Hier begegnen wir neuen Erfahrungen, Herausforderungen und Unsicherheiten. In dieser Zone entwickeln wir neue Fähigkeiten, erweitern unser Wissen und wachsen persönlich. Obwohl es hier Unbehagen geben kann, ist es der Bereich, in dem echtes Wachstum stattfindet. Das ist der Bereich, in dem Julia sich befindet, wenn sie sich tatsächlich überwindet, mit ihrer Chefin zu sprechen. Aber dazu später.
- Wenn die Herausforderungen zu groß werden, gelangen wir in die Panikzone. Hier fühlen wir uns überwältigt, gestresst und handlungsunfähig. Anstatt zu wachsen, führt diese Zone oft zu Rückzug und Blockaden. Wir spüren das körperlich, wenn wir uns nicht mehr vorwärtsbewegen. Dann ist es sinnvoll, einen Schritt zurück zu machen und zu reflektieren, **wo unsere Bedenken liegen**.

Julia und ich bereiteten das Gespräch gründlich vor und schafften Klarheit über die eigenen Forderungen und deren Begründung verschaffte ihr Sicherheit. Ich übe gern mit meinen Klienten. Wir schlüpfen damit in eine Video-Feedbackschleife. Das Üben von Gesprächen vorab hilft immer, Selbstvertrauen aufzubauen.

Indem sie die Forderungen auf eine Weise präsentieren wird, die auf Fakten und logischen Argumenten basiert, und versucht, die Perspektive der Vorgesetzten zu verstehen und die eigenen Forderungen im Kontext der Unternehmensziele zu formulieren, fühlt sie sich sicher.

Mit der Vorbereitung und der Konzentration auf die möglichen positiven Ergebnisse und Verbesserungen für das Unternehmen und sich selbst verließ sie unser Gespräch.

Ich bin gespannt auf die Ergebnisse.

26 Was würdest du vorschlagen? Was schlägst du vor?

Was dir dieser FragenQuickie bringt:
Erneuerung – Perspektivwechsel – Ideenreichtum

Wann warst du das letzte Mal ein bisschen »bekloppt« – aus Sicht von anderen? Bei mir kommt das immer wieder einmal vor. Selbstständigkeit mit Baby, Camino del Norte oder die Transalp mit dem Fahrrad. Vielleicht schonmal vorab: Alle Aktivitäten, die andere bei mir für »bekloppt« gehalten haben, wurden zu den bereicherndsten Erfahrungen in meinem Leben.

Es war der Sommer, in dem wir uns entschieden hatten, das für uns Unmögliche zu fahren: mit unseren Mountainbikes von Berchtesgaden nach Venedig. 500 Kilometer, 10 000 Höhenmeter und nur sechs Tage Zeit. Für meinen Freund Daniel und mich war es mehr als nur ein Abenteuer – es war eine Prüfung unserer Freundschaft, unseres Durchhaltevermögens und, wie sich herausstellen sollte, unseres Denkens.

Die ersten Tage verliefen erstaunlich gut. Die Alpen um uns herum waren atemberaubend und die steilen Aufstiege brachten uns zwar ins Schwitzen, aber das Gefühl, uns Meter für Meter in Richtung Italien zu kämpfen, war unbeschreiblich. Doch am vierten Tag, als wir eine besonders schwierige Etappe erreichten, wurde unser Optimismus auf die Probe gestellt.

Es war eine Entscheidung, die den Verlauf unserer Tour verändern würde. Die Route vor uns führte in drei Richtungen: Die erste Möglichkeit war ein Wanderweg, der auf der Karte wie ein schmaler Zickzack entlang eines Gebirgsgrats aussah. Der Weg war technisch anspruchsvoll, steinig und an einigen Stellen mussten wir die Bikes tragen. Am zweiten Weg würden wir das Fahrrad an einem großen Wasserfall hochtragen. Der Weg war riskant und der kürzeste Weg. Die dritte Möglichkeit war eine

Umfahrung, die allerdings bedeutete, dass wir einige Stunden extra auf der Straße verbringen und über einen weiteren Pass fahren mussten, bevor wir wieder auf die geplante Route gelangen würden. Alle drei Optionen waren weit vom Ideal entfernt, aber wir mussten uns entscheiden.

»Ich denke, wir sollten den Wasserfall nehmen«, sagte ich, da ich mehr die Draufgängerin war, keine Kinder, keine Verantwortung. Der Gedanke, die Räder über Felsen und den Wasserfall zu tragen, erschreckte mich nicht – war er doch der kürzeste. Daniel wollte die Herausforderung der Umfahrung annehmen.

»Ich weiß zwar nicht, wie es geht, aber ich kann's« war schon mit zwei Jahren einer der ersten Sätze und zieht sich seitdem durch mein Leben. Quasi, einfach machen.

Er dagegen neigte dazu, mehr auf Sicherheit zu setzen, und die zusätzliche Zeit auf der Straße schien ihm die klügere Wahl. »Das ist Wahnsinn«, sagte er und wischte sich den Schweiß von der Stirn. »Wir sollten lieber umkehren und den längeren, aber sicheren Weg nehmen. Der dauert vielleicht zwei oder drei Stunden mehr, aber das ist immer noch besser, als uns und unsere Bikes hier rauf zu schleppen.«

Ich sah das anders. »Wir haben nicht die Zeit, einen Umweg zu machen. Wenn wir hier weiterfahren, schaffen wir es heute noch bis zur nächsten Hütte. Außerdem wird das ein Abenteuer, genau das, was wir gesucht haben.«

Wir standen uns wortlos gegenüber. Die Anspannung in der Luft war greifbar. Wir beide waren erschöpft von den letzten Tagen und ich spürte, wie meine Entschlossenheit schwand. Die dritte Option war völlig in Vergessenheit geraten unter all der Anspannung und den schweren Beinen. Ich war immer die Abenteurerin, diejenige, die Risiken einging. Er hat jedoch versucht, rational zu denken, Probleme im Voraus zu vermeiden. Doch diesmal schien es keinen einfachen Kompromiss zu geben.

In diesem Moment stellte er mir die entscheidende Frage: »**Was würdest du vorschlagen, wenn du die Welt vom Gipfel betrachtest?**«

Ich runzelte die Stirn, schließlich waren wir noch nicht am Gipfel, da wollten wir ja hin. Und dann dämmerte es mir. Die Frage schien so einfach, aber in ihr steckt mehr als nur eine Routenentscheidung. Daniel gab mir die Verantwortung. Plötzlich lag es an mir, ob wir diesen Weg weiterfuhren oder nicht. Ich schaute auf den Wasserfall und die unwegsame Strecke. Es war auch offensichtlich, dass der einfachere Weg länger dauern würde. Vor lauter Anstrengungen und Positionieren auf unseren Wünschen hatten wir den dritten Weg völlig außer Acht gelassen. Nur durch die Frage »**Was würdest du vorschlagen?**« und den Zusatz, das Ende zu Beginn zu betrachten, fiel es mir wie Schuppen von den Augen. Mal angenommen, wir würden oben sein, welcher Weg wäre der beste? Ohne groß zu überlegen, sagte ich schließlich: »Ich schlage vor, wir fahren den Wanderweg«, und überraschte sogar mich selbst. Ich warf noch einmal einen Blick auf die Karte. »Der Wanderweg ist kürzer. Klar, wir müssen die Räder tragen, aber das schaffen wir schon, schließlich sind wir da, um uns zu fordern. Ich sage, wir versuchen es.«

Die drückende Hitze der Mittagssonne lastete auf uns und die Entscheidung fühlte sich schwerer an als die Kilometer, die vor uns lagen. Dennoch war es die Entscheidung.

Wir starteten und plötzlich wurde mir klar, dass es nicht nur um die Route ging, sondern um einen grundlegenden Unterschied in unseren Ansichten. Ich wollte das Abenteuer, die Herausforderung, das Unbekannte. Daniel suchte jedoch nach einer Lösung, die sicherstellte, dass wir unser Ziel erreichten, auch wenn es bedeutete, einen Umweg zu machen.

»Ich glaube, wir müssen unser Mindset ändern«, sagte ich schließlich.

Daniel runzelte die Stirn. »Was meinst du?«

»Ich denke, wir haben beide die falsche Herangehensweise«, fuhr ich fort. »Wir wollen beide etwas anderes. Ich suche das Abenteuer, du suchst die Sicherheit. Aber wenn wir so weitermachen, werden wir am Ende nicht nur die Route verlieren, sondern auch die Freude an der Reise. Es geht nicht nur darum, was der einfachste Weg ist, sondern welcher uns weiterbringt, mental und körperlich.«

Daniel nickte langsam, als er darüber nachdachte. **»Und was schlägst du vor?«**

Ich lächelte leicht. »Lass uns nicht nur die physische Herausforderung betrachten, sondern auch, was wir mental davon lernen können. Wir müssen einen Weg finden, der uns beide fordert, aber auch ermöglicht, unser Ziel zu erreichen, ohne die Freundschaft zu gefährden. Vielleicht ist der Wanderweg der richtige Weg, aber wir müssen bereit sein, uns gegenseitig zu unterstützen, wenn es schwer wird.«

Daniel sah mich an und ich konnte sehen, dass er meinen Punkt verstand. Es ging nicht nur um die Route, sondern darum, wie wir sie gemeinsam bewältigen konnten, ohne uns gegenseitig zu belasten. Die Entscheidung, die wir trafen, war eine mentale. Wir haben uns für den Wanderweg entschieden, weil wir beide lernen wollten, aufeinander zu hören, statt gegeneinander zu arbeiten.

Es war hart. Viel mehr für mich. Denn die Realität sah so aus, dass ich das Fahrrad mit meinem geplagten Rücken nicht schieben, sondern sechs!!!!! Stunden bergauf tragen musste. Vielleicht hätte ich doch auf Sicherheit hören sollen, dann wäre es leichter gewesen. Aber ehrlich, heute könnte ich die Geschichte nicht erzählen. Und oben an den Hohen Tauern, am Tauernhaus, schwitzend, völlig platt, endlich sitzend und was zu essen vor mir, sagte ich nur: »Ah ja, geht schon, wär schon noch mehr gegangen.« Daniel grinste mich an. »Aber dass du den ganzen Tag geflucht hast,

warum wir uns so einen Mist antun, hast du wohl vergessen?«
»Ja«, grinste ich ihn nur an.

Jeder Meter fühlte sich an wie ein Sieg, nicht nur über die Steigung, sondern über die Hindernisse in unseren Köpfen.

Am sechsten Tag, als wir die Lagune von Venedig erblickten, wusste ich, dass diese Reise mehr war als nur eine physische Herausforderung. Obgleich die schon sehr groß war. Sie hatte uns gezeigt, wie wichtig es ist, nicht nur den Körper, sondern auch den Geist zu stärken – und dass ein kleiner Wandel im Denken den entscheidenden Unterschied machen kann. Mutig sein und dranbleiben – die Ausdauer im Kopf war diejenige, die uns diesen Plan hat umsetzen lassen.

In meinem Privatleben hat die Frage damals wie heute eine Menge Perspektivwechsel gebracht. Indem du diese Frage im Business-Kontext stellst, gibst du den Mitarbeitenden oder Kollegen die Möglichkeit, ihre eigenen Ideen und Lösungen einzubringen. Das fördert ihr Engagement, da sie sich aktiv beteiligt fühlen und mehr Verantwortung übernehmen. Betroffene zu Beteiligten machen ist eine Devise in Change-Prozessen. Mit der Frage »**Was schlägst du vor**« machst du genau das.

Den Perspektivwechsel zu nutzen hilft auch, wenn ein »Nichtverstehen-wollen« im Raum hängt. Dann frag einfach: »**Was würdest du vorschlagen, wenn du an meiner Stelle wärest?**« Dieser Zusatz erweitert die Frage. Vorhin bereits mit der Gipfelsicht, hier mit meiner Position. Dein Gegenüber hat – im Normalfall – keine andere Chance, als sich dem zweiten Satzteil zu stellen. Und schon hast du die Möglichkeit, einen Perspektivwechsel des Gegenübers einzufordern. Okay, »einfordern« ist ein starkes Wort. Gleichzeitig ist es für mich genau das. Wir diskutieren und kommen nicht weiter, dann gilt es, andere Fragen zu stellen. Hier könnte natürlich die Rückfrage auftauchen: »Willst du die ehrliche oder die sozial erwünschte Antwort?« Und wie in Kapitel 3 weißt du nun ganz genau, worauf es ankommt und worauf die Frage zielt.

Die Variante der Frage »**Was schlägst du vor?**« gibt Raum für kreative und innovative Ansätze. Oft haben Mitarbeitende, die näher am Problem oder der täglichen Arbeit dran sind, wertvolle Einsichten und kreative Ideen, auf die ein Manager oder Teamleiter vielleicht nicht sofort kommen würde. Diese Frage einzubringen bedeutet, eine Vielfalt von Meinungen zu sammeln, bevor eine Entscheidung getroffen wird. Dies hilft dir schließlich für fundiertere, ausgewogenere Entscheidungen, weil mögliche Risiken oder Chancen aus verschiedenen Blickwinkeln betrachtet werden.

Herr Möller, mein Kunde, sein Team und ich warteten auf Jens, eines seiner Teammitglieder, der, wie so oft in den letzten Wochen, wieder zu spät zum Regelmeeting kam. Ich begleitete diese Meetings bereits seit Wochen für eine konstruktive Kommunikation im Team. Alle kannten meine Rolle und waren froh über die Funktion. Es herrschte eine vertraute Atmosphäre.

Trotz wiederholter Hinweise, freundlicher Erinnerungen und sogar direkter Gespräche mit Jens schien sich nichts zu ändern an seiner Unpünktlichkeit. Ich spüre die Unzufriedenheit im Raum, sowohl bei den Kollegen als auch bei meinem Kunden. Aber Herr Möller blieb ruhig.

Als Jens schließlich auftauchte, atemlos und mit entschuldigendem Lächeln, sah ich, dass es Zeit war, etwas zu ändern. Nach dem Meeting sprach ich mit Herrn Möller über das Thema. Er verriet mir, dass die üblichen Anmerkungen oder Mahnungen nicht den gewünschten Effekt gehabt hatten.

»Vielleicht wäre es besser, Jens die Situation aus einer anderen Perspektive sehen zu lassen«, sagte ich. »Was, wenn wir ihn fragen, was er an unserer Stelle tun würde?«

Herr Möller nickte und lächelte leicht. »Das könnte funktionieren. Probieren wir es.«

Wir gingen zu Jens und baten ihn, sich einen Moment Zeit zu nehmen. Als wir uns gegenüber saßen, atmete ich tief durch und fragte: »Jens, ich weiß, dass wir schon oft darüber gesprochen haben, aber ich möchte heute etwas anderes ausprobieren. Stell dir vor, du wärst in meiner Rolle oder in der von Herrn Möller.« Ich ließ ihm einen Moment. »**Was würdest du tun**, wenn einer deiner Mitarbeiter ständig zu spät zu den Meetings käme, obwohl er schon mehrmals darauf hingewiesen wurde?«

Jens' Gesichtsausdruck veränderte sich. Zuerst schien er überrascht, vielleicht hatte er so eine Frage nicht erwartet. Dann senkte er den Blick und dachte eine Weile nach. Es war, als ob die Verantwortung, die er jetzt plötzlich spürte, auf ihm lastete.

»Naja«, begann er zögerlich, »ich glaube, ich würde es nicht einfach ignorieren. Es wirkt unprofessionell und respektlos gegenüber den anderen. Ich … ich denke, ich würde ein direktes Gespräch führen und klarmachen, dass sich etwas ändern muss, weil es das Team negativ beeinflusst.«

»Und was würdest du von diesem Mitarbeiter erwarten?«, fragte ich ruhig nach.

»Dass er pünktlich ist, klar«, sagte Jens mit einem leisen Lachen, aber man konnte sehen, dass es ihm plötzlich ernst wurde. »Ich meine, ich würde mir wünschen, dass er seine Zeit besser organisiert und die Meetings ernst nimmt.«

Es entstand eine kurze Pause, während Jens erkannte, dass er soeben die Lösung für sein eigenes Problem ausgesprochen hatte. Ich konnte sehen, wie ihm bewusst wurde, dass sein Verhalten tatsächliche Auswirkungen auf das gesamte Team hatte – genau wie er es sich in unserer Rolle vorgestellt hatte.

»Danke, Jens«, sagte ich sanft. »Ich denke, du hast dir die beste Lösung gerade selbst gegeben.«

Er nickte, diesmal mit Entschlossenheit in den Augen. »Es tut mir leid. Das wird nicht wieder vorkommen.«

Von diesem Tag an war Jens pünktlich. Nicht nur das – er schien einen neuen Sinn für Verantwortung und Selbstdisziplin entwickelt zu haben.

Manchmal besteht die einfachste und wirkungsvollste Methode, Menschen zu motivieren, darin, ihnen zu helfen, sich in die Lage der anderen zu versetzen. **»Was schlägst du vor?«** oder **»Was würdest du tun?«** sind so einfache Fragen. Im Fall von Jens boten sie uns eine Alternative zu direkter Kritik und bewirkten daher eine nachhaltigere Verhaltensänderung. So simple – so good.

Funktioniert übrigens auch hervorragend bei Kindern. Einfach mal probieren.

27 Habe ich richtig verstanden …?

Was dir dieser FragenQuickie bringt:
Verständnisabgleich – Fokussierung – Gedankenordnung

Es war Freitagabend und ich saß gemütlich mit Hanna, einer langjährigen Freundin, auf meinem Sofa. Wir hatten uns endlich ein Wochenende freigeschaufelt – ein paar Tage, nur für uns, um etwas Neues zu erleben. Ich spürte diese aufgeregte Vorfreude, die bei mir immer aufkommt, wenn ich neue Abenteuer plane. Ideen sprudelten nur so aus mir heraus: »Wie wäre es mit einem entspannten Wochenende in den Bergen? Oder vielleicht ein paar Tage am Meer – einfach raus, Wind in den Haaren und Sonne auf der Haut! Oder … wir könnten auch einen City-Trip machen, ein bisschen Kultur, gutes Essen, durch Straßenmärkte schlendern!«

Hanna hörte zu, lehnte sich entspannt zurück und ließ mich erzählen. Ich sah das kleine Lächeln auf ihrem Gesicht, während ich einen Vorschlag nach dem anderen in den Raum schoss. Da war noch mehr. Die Vorstellung von all diesen Möglichkeiten ließ mich einfach nicht los. »Oder vielleicht in ein Wellnesshotel?«, fügte ich enthusiastisch hinzu. »Wir könnten uns richtig verwöhnen lassen, Sauna, Massagen und …«

Plötzlich legte sie den Kopf schief und fragte mit diesem ruhigen, klugen Blick, den sie immer hat, wenn sie etwas Bestimmtes besprechen will: »**Habe ich richtig verstanden**, dass du Lust auf ein bisschen von allem hast? Einerseits möchtest du raus in die Natur, aber auch Kultur erleben und gleichzeitig wäre ein bisschen Wellness auch nicht schlecht?« Sie fuhr fort: »Und **habe ich richtig verstanden**, dass du wieder einmal alles gleichzeitig willst?« Sie fasste jede meiner Ideen in wenigen Worten zusammen, brachte den Kern heraus – und nach jedem Punkt sah sie mich an, als wollte sie sicher sein, dass sie wirklich verstanden hatte, was ich meinte.

Ich stockte. Plötzlich wurde mir klar, dass ich viel zu viel in meiner Euphorie machen wollte. Hannas Zusammenfassung ließ mich innehalten. »Genau, ich will am liebsten alles«, lachte ich, »und wie immer gleichzeitig – jetzt lass dir mal was einfallen, Liebelein.«

Hanna schaute mich mit diesem »Sonst-noch-was-Blick« an. »Okay, wir wollen ja Entspannung und müssen uns entscheiden. Ich will in die Berge. Da könnten wir eine entspannte Wanderung machen und abends das Spa genießen.«

»Und tagsüber könnten wir auch irgendwo ein paar interessante kleine Orte erkunden«, ergänzte ich. Wir fanden eine Balance, einen Plan, der uns beiden gefiel – Natur, Entspannung und ein bisschen Entdecken. Am Ende entschieden wir uns für ein verlängertes Wochenende in der Nähe von Salzburg. Ein kleiner See, eine Hütte, Wandermöglichkeiten und die Stadt nicht weit – perfekt.

Hätte Hanna die Frage »**Habe ich richtig verstanden** …?« und die darauf folgende Paraphrasierung nicht so klar gemacht, hätten wir uns wahrscheinlich einfach in ein viel zu vollgestopftes Wochenende gestürzt. Ich hätte alles Mögliche geplant, von Wanderungen bis Café-Hopping, und am Ende wären wir beide ausgelaugt gewesen. Vielleicht wären wir frustriert gewesen, weil wir unsere Vorstellungen von einem entspannten Wochenende nicht klar genug formuliert hätten.

Die Frage »**Habe ich richtig verstanden** …?« ist ein zentrales Werkzeug im aktiven Zuhören, das es ermöglicht, Kommunikationsabsichten genau zu klären und das Gegenüber zu verstehen. Aus sprachwissenschaftlicher Sicht zeige ich dir einige Aspekte auf, die den Wert dieser Frage erklären. Sie fungiert als eine Art »Metakommunikationswerkzeug«, das das Gesagte strukturiert, verarbeitet und zurückspiegelt. Durch das Paraphrasieren (also das Zusammenfassen mit eigenen Worten) kann die Bedeutungsebene eines Gesprächs (was gemeint ist, nicht nur was gesagt wurde) klarer verstanden werden. Du kannst es dir so vorstellen, dass der hinter der Äußerung stehende Zweck bewusst gemacht wird. Das sorgt dafür, dass Sprecher:innen und Zuhörer:innen eine Synchronisation in ihrem Verständnis erreichen.

Ohne das Nachfragen, ob all das, was ich verstanden habe, richtig ist, laufen Gespräche Gefahr, dass die Gesprächspartnerinnen aneinander vorbeireden, da nicht klar ist, ob der/die Zuhörer/in die Aussage richtig interpretiert hat. Wir neigen dazu, die Aussagen anderer durch unser eigenen Perspektiven zu filtern. Wenn du also nicht nachfragst, basiert das weitere Gespräch oft auf Annahmen, die möglicherweise falsch sind, weil sie allein deinem Modell der Welt entspringen, das dem des Gegenübers nicht entspricht.

Ohne Hannas geschickte Rückfrage hätte ich vermutlich weiter Ideen vorgeschlagen, bis wir schließlich zu viel oder gar nichts geplant hätten. Typisch eben. Ihre kurze Zusammenfassung half uns, vor allem mir, alles zu ordnen und Prioritäten zu setzen. So entgingen wir einem chaotischen Wochenende, bei dem wir womöglich zu viel auf dem Plan gehabt hätten, um wirklich etwas zu genießen. Das Wochenende wurde wunderschön, weil wir es so geplant hatten, dass es uns beiden entsprach.

Die Frage »**Habe ich richtig verstanden ...?**« half mir, mich auf das Wesentliche zu konzentrieren und Pläne zu schmieden, die wirklich für beide Seiten erfüllend waren.

Du kannst dich sehr gut im aktiven Zuhören üben, indem du die Frage »**Habe ich richtig verstanden ...?**« regelmäßig und in allen Situationen stellst und das Gehörte paraphrasierst. Die Frage führt damit zu einer bewussteren Kommunikation, in der sowohl deine eigenen Gedanken als auch die deines Gegenübers sorgfältig wahrgenommen und verarbeitet werden. Du wirst sehen, es steigert die Qualität des Gesprächs und verhindert die Entstehung von Missverständnissen langfristig.

Unser Mädels-Trip und damit das Gespräch ist schon lange her. Seitdem nutze ich die Frage in meinen Coachings sehr gern: »**Habe ich richtig verstanden …?**« klingt einfach, doch die Wirkung ist oft überraschend tiefgehend. Sie ist mein Schlüssel, um im Gespräch Klarheit zu schaffen und den Kern dessen, was mein Gegenüber bewegt, sichtbar zu machen. Gerade im Business-Coaching erweist sich diese Technik immer wieder als entscheidend, denn oft sind es die feinen Nuancen im Gesagten, die den entscheidenden Unterschied machen.

Ein Beispiel aus einem Coaching mit einer Führungskraft macht das deutlich. Mein Klient, Stefan, war frustriert. Er sprach von den Herausforderungen seines Teams und beschrieb, wie er immer wieder das Gefühl habe, dass seine Anweisungen »im Sand verlaufen«. Mit zunehmender Erregung schilderte er verschiedene Situationen und Vorwürfe, die sich bei ihm über Monate angestaut hatten.

Ich hörte aufmerksam zu und stellte schließlich die Frage: »**Habe ich richtig verstanden**, dass du das Gefühl hast, nicht gehört zu werden, obwohl du dir sicher bist, klar zu kommunizieren?« Stefan hielt inne. Ein kurzer Moment der Stille entstand und er nickte langsam. »Ja … genau das ist es«, sagte er, fast ein wenig überrascht, wie präzise er seinen Frust plötzlich benennen konnte.

Diese Frage brachte uns beiden den entscheidenden Nutzen. Für Stefan wurde deutlich, dass sein Kernproblem nicht darin lag, dass sein Team die Arbeit nicht richtig umsetzte – sondern dass ihm das Gefühl fehlte, als Führungskraft wirklich wahrgenommen zu werden. Für mich als Coach war es ein klarer Hinweis darauf, dass das Thema weniger bei den Aufgaben oder Anweisungen selbst lag, sondern im zwischenmenschlichen Bereich, der oft subtil und unausgesprochen bleibt.

Die Frage »**Habe ich richtig verstanden …?**« bringt mir und meinen Klienten also immense Klarheit. Sie ermöglicht ihnen, ihre eigenen Gedanken präziser zu erkennen und weiterzuentwickeln.

Mir erlaubt sie, die Coaching-Sitzung so zu steuern, dass sie auf den tieferen Wunsch des Klienten abgestimmt ist und Lösungen entstehen, die wirklich von innen heraus passen.

Die Frage »**Habe ich richtig verstanden ...?**« bringt vor allem eins: Sie fasst das Gehörte präzise zusammen und überprüft durch die Frageform, ob mein Verständnis als Zuhörer:in wirklich dem entspricht, was mein Gegenüber gemeint hat. So entsteht Klarheit auf beiden Seiten. Missverständnisse werden vermieden und das Gespräch bleibt fokussiert auf das Wesentliche. Sie ist damit nicht nur ein Ausdruck von Aufmerksamkeit, sondern ein linguistisches Werkzeug, das Kommunikation auf eine präzise und wertschätzende Ebene hebt.

28 Woran machst du es fest?

Was dir dieser FragenQuickie bringt:
Tiefe – Subtext – Präzision

Neulich unterhielten sich Barbara Schöneberger und die Komikerin und systemische Familientherapeutin Cordula Stratmann über das Thema Fragen im Podcast *Mit den Waffeln einer Frau.*

»Weißt du, wie wenig Leute einem Fragen stellen?«, fragte Barbara Schöneberger.

»Dabei ist die entscheidende Perspektive, dass Fragen vielleicht Interesse sein könnte«, antwortet Cordula Stratmann darauf.

Was mir daran gefällt, ist die Deutlichkeit, dass wir das Fragenstellen scheinbar verlernt haben. Die Wichtigkeit des Fragenstellens wird am Ende des Interviews nochmal deutlicher, wenn sie darüber sprechen, dass wir permanent Statements bzw. unsere Meinung abgeben.

Ich sagte kürzlich zu einer Teilnehmerin, mit der ich beim Mittagessen saß:

»Fragen sind wie Flipper spielen – du weißt nie, wo die Kugel langläuft, aber du kannst ihr die richtige Geschwindigkeit für die Richtung geben.«

Ausschlaggebend war ein Erlebnis, von dem sie mir beim Essen erzählt hatte.

Sie arbeitet in einem innovativen Start-up-Unternehmen, wo Kreativität und Geschwindigkeit den Ton angeben. Mit ihren Teammitgliedern saß sie in einem offenen Konferenzraum. »Es war eines dieser hitzigen Montagsmeetings, bei dem die Wochenziele diskutiert und neue Ideen auf den Tisch geworfen wurden«, erzählte Mia mir. »Leon, das ist unser Projektmanager, stand vorne und erklärte gerade stolz die Erfolge des letzten Quartals. ›Unser Team ist das beste im ganzen Unternehmen‹, verkündete er mit fester Stimme und einem selbstsicheren Lächeln. ›Wir haben die meisten Projekte abgeschlossen und wir sind in Sachen Effizienz unschlagbar.‹«

Mia machte ihn nach, wie er mit stolzer Brust, fast schon wie ein Gorilla, auf diese trommelte. Das sah sehr amüsant aus. Sie arbeitet als Kreativdirektorin im selben Team und saß in der zweiten Reihe und runzelte die Stirn. Sie mochte Leon und schätzte seine Energie, aber seine Aussage brachte sie ins Grübeln.

Mia erzählte weiter: »Nach einer Weile hob ich die Hand und fragte ihn: ›**Woran machst du das fest, Leon?**‹ Leons Lächeln verschwand für einen Moment und die Energie im Raum schien innezuhalten. ›Was meinst du?‹, fragte er zurück. Ich erklärte ihm ruhig: ›Du sagst, wir sind das beste Team. **Aber woran machst du das fest?** An den abgeschlossenen Projekten? An den Zahlen? Oder an etwas anderem?‹« Sie hielt inne, als ob sie meine Bestätigung haben wollte. Ich gab sie ihr und nickte. Sie berichtete weiter. »Leon zögerte erstmal. Der war es gewohnt, in den Meetings von den Erfolgen des Teams zu berichten und darauf zu verweisen, dass die Arbeit pünktlich und unter Budget abgeschlossen wurde. Doch ich stellte eine tiefere Frage, weil wir doch immer über Fragen reden, die ihn echt aus dem Konzept brachte. ›Naja‹, sagte er ›die Ergebnisse sprechen doch für sich. Die Zahlen sind da. Wir haben mehr Projekte als alle anderen Teams abgeschlossen und unsere Effizienz ist höher.‹«

Mia nickte mir zu und ihre Körperhaltung wurde gerader, aufrechter, klarer. »Ich ließ nicht locker, weißt du. Ich hatte jetzt Spaß an der Herausforderung. Also machte ich weiter und sagte, dass das zwar stimme, aber ich fragte ihn, ob das wirklich das ist, was uns zu dem besten Team macht. Ich sagte ihm: ›Wir arbeiten schneller und liefern mehr ab, aber das bedeutet nicht unbedingt, dass wir das beste Team sind. Was ist mit der Qualität unserer Arbeit? Mit der Kreativität, die wir einbringen? Was ist mit dem Teamgeist?‹« Sie machte hier eine Pause. Dann erzählte sie, dass sich im Raum eine Stille ausbreitete, als die anderen Teammitglieder über Mias Worte nachdachten. Leon schaute sie an und bemerkte, dass ihre Frage mehr Gewicht hatte, als er zuerst angenommen hatte. Die Zahlen, auf die er sich so stolz stützte, erzählten nur einen Teil der Geschichte.

Aus meiner Erfahrung ist es wichtig, nicht nur eine Frage zu stellen, sondern auch dranzubleiben. Wenn bei dir das Gefühl besteht, dass die Antwort nach deiner Frage nur an der Oberfläche kratzt, frage weiter. Tiefere Erkenntnisse kommen oft nur durch hartnäckiges Nachfragen ans Licht. Dies gilt besonders in zwischenmenschlichen und beruflichen Kontexten, in denen oberflächliche Antworten oft nur einen Teil der Wahrheit zeigen.

Die erste Reaktion auf eine Frage ist oft allgemeingültig und zeigt nicht die tieferen Überlegungen oder echten Gefühle. Beobachte das einmal ganz konkret. Auch hier wieder: Spiele mit der Situation. Spiele mit dem Aushalten von Pausen und der Varianz von Fragen, die du in deinem Repertoire hast. Das Thema in der dysfunktionalen Kommunikation ist doch oft, dass wichtige Details, Bedenken oder verborgene Probleme im Verborgenen bleiben, was (langfristig) zu Fehlentscheidungen oder Missverständnissen führt. Durch das Verbleiben auf der Oberfläche entstehen keine tiefen Verbindungen oder echtes Verständnis zwischen Gesprächspartnern. So kann kein echtes Vertrauen wachsen. Wenn du nachhakst, erreichst du tiefere Ebenen des Denkens und entdeckst oft verborgene Ansichten, Motivationen oder Probleme, die sonst verborgen geblieben wären. Die Frage ist natürlich, willst du das?! Wenn ja, ermöglicht ein tieferes Verständnis fundiertere Entscheidungen, da du mehr Facetten eines Problems oder einer Situation berücksichtigen kannst. Und klar, das intensive Hinterfragen zeigt echtes Interesse, was das Vertrauen und die Beziehung zu deinem Gesprächspartner vertieft.

Das Nachhaken nutzt den Effekt der so genannten »kognitiven Dissonanz« – wenn Menschen spüren, dass ihre ersten Antworten nicht umfassend sind oder widersprüchlich erscheinen, fühlen sie sich unwohl. Erlebbar ist das vor allem dann, wenn du dranbleibst, wirkliches Interesse zeigst und auch auf deine Intuition achtest. Denn das Unbehagen führt dazu, dass dein:e Gesprächspartner:in tiefer über das Thema nachdenkt und oft ehrlicher und umfassender antwortet. Gleichzeitig fördert das »Dranbleiben« auch die Entwicklung deiner Empathie und schafft eine Atmosphäre des Vertrauens, weil beide eher bereit sind, authentische Einsichten zu teilen.

So auch bei Leon, wie Mia weiter berichtete. »Er ließ sich auf einen der Stühle fallen und sagte. ›Wenn ich ehrlich bin, habe ich darüber noch nicht wirklich nachgedacht. Ich habe mich immer auf die Zahlen konzentriert, weil ich dachte, das sei das Wichtigste. Aber du hast recht. Das allein macht uns nicht zu einem großartigen Team.‹

Ich nickte und sagte ihm in einem aufmunternden Ton: ›Versteh mich nicht falsch, ich schätze, dass wir effizient sind. Aber in letzter Zeit habe ich bemerkt, dass einige von uns ausgebrannt sind. Wir arbeiten schneller, aber es fühlt sich manchmal an, als würden wir nur durch die Projekte hetzen. Und ich glaube, das merken auch unsere Kunden.‹«

Mia lehnte sich zurück und berichtete, dass sich die Atmosphäre im Raum veränderte. Die Teammitglieder, die bisher noch zugehört hatten, begannen, ihre Gedanken zu teilen. Beispielsweise hatte ein Kollege neulich das Gefühl, dass sie bei einem Projekt nur das Nötigste getan hatten, um es erfolgreich abzuschließen. Anderen fehlte die Tiefe, die kreative Magie, die sie früher in jedes Projekt gesteckt hatten.

Die Geschichte und Erkenntnisse gingen noch weiter. Vor allem aber hatten sie am Ende des Meetings zwar keinen fertigen Plan, aber etwas viel Wichtigeres gewonnen: ein tieferes Verständnis dafür, dass Erfolg nicht nur an Zahlen und Deadlines festzumachen ist. Er basiert auf der Qualität der Arbeit, dem Teamgeist und dem Gefühl, dass man als Team nicht nur Projekte abschließt, sondern etwas Bedeutendes schafft – für die Kunden, für das Unternehmen und für sich selbst.

Nicht nur Leon brachte die Frage **»Woran machst du es fest?«** wirklich zum Nachdenken. Bereits Albert Einstein wies darauf hin, dass das ständige Hinterfragen zu tieferem Verständnis und Erkenntnissen führt. Sobald ich die Frage stelle, fordere ich dazu auf, die Grundlagen meiner Annahmen zu prüfen und nicht bei oberflächlichen Antworten zu bleiben, sondern tiefer zu gehen, um die wahre Natur der Dinge zu verstehen. Bei Einstein hört sich das so an:

»Das Wichtigste ist, nicht aufzuhören, Fragen zu stellen.«

Eine weitere Aussage von Cordula Stratmann im Podcast *Mit den Waffeln einer Frau* ist mir besonders in Erinnerung geblieben: »Sie fragen mich das, aber warten Sie, ich muss mal eben nachdenken … Und wenn ich darüber nachdenke, kann ich zu dieser Frage nicht wirklich was sagen.« Genial, oder? Da ist alles drin, was drin sein muss. Die Aussage zeigt, dass es in Ordnung ist, nicht sofort eine Antwort zu haben. Wenn du authentisch bist und zugibst, dass du Zeit zum Nachdenken brauchst, schaffst du damit Vertrauen und zeigst, dass du eine fundierte und durchdachte Antwort liefern möchtest, anstatt etwas Oberflächliches oder Unüberlegtes zu sagen.

Deshalb, beim Fragenstellen Denkzeit geben. Nicht gleich wieder reingrätschen mit einer Zusatzfrage oder gar der Antwort. Kommunikation muss nicht immer perfekt oder sofort sein, sondern Raum für Nachdenken und Ehrlichkeit bieten, um langfristig stärkere Verbindungen und Klarheit zu schaffen.

Ja, sagst du jetzt vielleicht, aber ich lese doch ein Fragenbuch, kein Antwortenbuch. Stimmt. Ist richtig. Nur redest du ja wahrscheinlich nicht mit der Wand. Außer du hast Kinder, da könnte das Gefühl durchaus manchmal aufkommen. Grundsätzlich hast du eine:n Gesprächspartner:in und damit sprechen wir vom Dialog. Eine Frage zu stellen bedeutet für mich auch, Interesse an der Antwort zu signalisieren, Antworten zu hinterfragen und eigene Ideen, wenn zielführend für das Gespräch, einzubringen.

Es war ein ruhiger Sonntagnachmittag und ich saß mit meiner 13-jährigen Stieftochter Lea auf dem Sofa. Sie wirkte gedrückt und nach einer Weile fragte sie: »Kann ich dir was erzählen?« Ich nickte. »In der Schule habe ich das Gefühl, dass mich meine Freundinnen ausgrenzen. Sie reden kaum noch mit mir und machen Sachen ohne mich.«

Ich vermutete, dass wir hier mehr Klarheit brauchten, also fragte ich: **»Woran machst du das fest?«** Lea zuckte mit den Schultern. »Naja, gestern haben sie ohne mich etwas unternommen.« »Aha«, hörte ich ihr zu. **»Und woran noch?«** »Naja, in der Schule standen sie kürzlich im Grüppchen zusammen und ich glaube, die haben über mich gelästert.« »Hast du sie mal gefragt, warum du nicht dabei warst?«, hakte ich nach. »Nein … aber sie haben nichts gesagt.«

»Und in letzter Zeit – reden sie wirklich weniger mit dir? Stehen sie öfter in einer Gruppe ohne dich zusammen?«

Lea dachte kurz nach. »Hm, vielleicht nicht wirklich. Ich glaube, ich hab's einfach angenommen. Ich hab ja auch bald meine Geburtstagsparty. Vielleicht besprechen sie auch was?!?«, sagte sie mehr zu sich selbst als zu mir.

Nach einem Moment der Stille sah Lea mich an. »Vielleicht übertreibe ich. Sie haben bestimmt nichts gegen mich, ich hab einfach nicht gefragt. Ich sollte fragen.« »Ja, sei mutig und sage, wie es dir geht. Dass du dich komisch fühlst, wenn sie im Grüppchen stehen. Mutig sein macht dich stärker. Glaub mir.« Jetzt lächelte sie und war mit einem Bein schon auf dem Sprung. »Manchmal fühlt es sich größer an, als es ist. Vielleicht spreche ich einfach mal mit ihnen.«

Dranbleiben heißt das Zauberwort. Wie in so vielen Lebenssituationen: dranbleiben. Eine Frage stellen ist schon gut, großartig ist, tiefer zu gehen. Das Thema hinter dem Thema zu verstehen. Mit der Frage »**Was noch? Und was noch?**« aus Kapitel 5 gibst du deinem Gegenüber die Gelegenheit, wirklich alle Details zu berücksichtigen. »**Woran machst du das fest?**«, fragst du dich jetzt bestimmt.

29 Wer, wie, was, wieso, weshalb, warum …?

Was dir diese FragenQuickies bringen:
Lebensgestaltung – Tiefe – Erfüllung

Jetzt erwischst du mich. Du erwischst mich dabei, dass ich keine Entscheidung fällen kann. Ich habe vier weitere gute Fragen, die in eine ähnliche Kategorie fallen, allerdings wären vier weitere Fragen doof für den Titel. »35 Fragen, die dein Leben bereichern« oder »30 A- bis E-Fragen, die dein Leben bereichern«? Wohl eher nicht …

Also, wenn ich eines gelernt habe auf meinem Jakobsweg, dann dass ich das tun möchte, was mir guttut. Egal was die anderen sagen, solange es sie nicht betrifft oder belastet. Ich erinnere mich, als ich 2013 auf den Camino del Norte von dem Ende Frankreichs aus gestartet bin und nach einigen Tagen nach Bilbao kam. An diesem Tag stand ich vor einer Entscheidung, die mir im Nachhinein noch deutlicher gezeigt hat, dass ich meine Reise auf meine eigene Weise gestalten wollte. Der Weg vor mir führte durch das Industriegebiet von Bilbao, eine Gegend, die sich über Kilometer erstreckte, voller Fabriken, Lärm und grauem Beton. Ein Marsch durch diese trostlose Landschaft hätte mich fast einen ganzen Tag gekostet. Aber während ich dort stand, mit der Karte in der Hand und den abfälligen Worten anderer Pilger im Ohr, wurde mir klar: Industriegebiet, da liegt die Antwort doch schon direkt im Gedanken. Ich wollte nicht durch diese triste Gegend gehen.

Ich entschied mich, den Bus zu nehmen. Ja, den Bus! Nicht, weil ich faul war oder weil ich den Weg abkürzen wollte, sondern weil es mir guttat. Ich wollte diese Momente des Lärms und des Betons gegen eine ruhigere Zeit eintauschen. Doch in den Herbergen gab es immer wieder diese Stimmen, die beim Abendessen laut verkündeten, dass nur ein »echter« Pilger alles zu Fuß gehen würde. Diese Leute saßen da, scharten sich um die Tische und erzählten stolz, wie sie jedes Stück des Weges bewältigt hatten, egal wie hart es war.

Ich war lieber leise. Nicht, weil ich mich schämte, sondern weil ich keine Diskussion darüber führen wollte, was es bedeutet, ein »echter« Pilger zu sein. Für mich war ich ein echter Pilger, auch wenn ich das Industriegebiet umging. Ein Pilger zu sein bedeutete für mich, auf mich selbst zu hören, nicht auf die Stimmen anderer. Ich wollte die Reise genießen, mich mit den Menschen und der Natur verbinden. Und nicht durch Abgase und lauten Verkehr laufen, nur um jemand anderem zu beweisen, dass ich »würdig« war.

Der Bus fuhr durch die grauen Straßen und ich saß am Fenster, sah den Rauch aus den Schornsteinen, die verfallenen Gebäude und die hektische Welt da draußen. Ich war froh, dass ich hier saß und nicht mittendrin lief. Ich wusste, dass das die richtige Entscheidung für mich war. Als ich schließlich an meinem nächsten Etappenziel ankam, fühlte ich mich erfrischt und bereit, die Gegend hinter Bilbao zu erkunden.

An diesem Abend in der Herberge sagte ich nichts über den Bus. Ich hörte den anderen zu, wie sie über ihre anstrengenden Etappen sprachen, und ich lächelte still in mich hinein. Denn ich wusste, dass mein Camino genau der war, den ich gehen wollte. Und das war alles, was zählte.

Was hat das mit diesem Kapitel zu tun? Wir treffen immer eine Entscheidung. Dem einen gefällt's, dem anderen nicht.

Meine Entscheidung damals prägt mich bis heute, so dass ich sage, ich muss gar nicht immer den schweren Weg gehen, warum?!? Ich gehe den Weg, der mir der beste scheint.

So ist es mit dem Kapitel. Ich will für dich nicht auf diese Fragen verzichten, also schreibe ich sie unkonventionell *alle* hier rein. Dann wird es eben etwas länger.

Die folgende Geschichte hat mir Antonia erzählt. Ich habe sie erst vor Kurzem kennengelernt, das Ereignis liegt allerdings schon ein paar Jahre zurück. Wir plauderten über scheitern und wieder aufstehen und wieder scheitern und Augen verdrehen und wieder aufstehen. Kennst du vielleicht?!

Sie konnte sich an ihre eigene Scheitern-Zeit sehr gut erinnern, weil es für sie ein Wendepunkt in ihrem Leben war. »Eine Frage, die ich mir damals selbst stellte, führte zu meiner entscheidenden Erkenntnis« sagte sie. Wie erwähnt, wir kannten uns noch nicht, daher wusste sie nichts von meiner Leidenschaft des Fragenstellens. Ich erzähle sie euch, wie ich sie erinnere. Hier nun ihre Wendepunkt-Geschichte:

Sie erzählte, dass sie in ihrem kleinen Büro im fünften Stock eines gelben Bürogebäudes in der Stadt saß. Der Geruch von frisch gebrühtem Kaffee und das Geräusch von Tastaturen umgaben sie, während sie an ihrem Laptop arbeitete. Es war das dritte Jahr in Folge, dass sie an ihrer Unternehmensidee arbeitete – einer Plattform für nachhaltige Mode, die es kleinen Designern ermöglichen sollte, ihre Produkte einer breiteren Öffentlichkeit zugänglich zu machen.

Trotz ihrer harten Arbeit und ihres Engagements fühlte sie sich oft frustriert. Die ersten Jahre waren geprägt von Rückschlägen, schlaflosen Nächten und der ständigen Angst, dass ihr Traum eines Tages platzen könnte. Sie stellte sich immer wieder die Frage: **Woran erkenne ich, dass ich es geschafft habe?**

Als sie mir es erzählte, überkam mich ein Schauer aus Stolz, obgleich ich mit der Frage nichts zu tun habe, sie allerdings für sehr relevant zur Reflexion halte. Ähnlich wie die RoTI-Frage in Kapitel 1.

Eines Morgens, als Antonia wieder einmal über den Zahlen ihrer Verkaufsberichte brütete, bekam sie eine E-Mail von einem ihrer Partner. »Wir haben eine Einladung zu einer großen

Modekonferenz in Berlin erhalten«, stand darin. »Das könnte eine großartige Gelegenheit sein, deine Marke vorzustellen!«

Die Aufregung überwältigte sie. Das war die Chance, die sie brauchte, um mit ihrer Vision durchzustarten. Doch gleichzeitig kamen die Zweifel zurück. Was, wenn niemand an ihrem Stand interessiert war? Was, wenn sie versagte? Trotz ihrer Ängste beschloss Antonia, die Herausforderung anzunehmen.

In den Wochen vor der Konferenz arbeitete sie Tag und Nacht. Sie entwarf ein ansprechendes Standdesign, bereitete sich auf mögliche Fragen vor und übte ihre Präsentation. Als der Tag der Konferenz endlich kam, war Antonia nervös, aber auch voller Vorfreude. Sie wollte endlich zeigen, was sie mit ihrer Plattform erreicht hatte.

Die Konferenz war großartig. Überall um sie herum gab es Menschen, die leidenschaftlich über Mode und Nachhaltigkeit sprachen. Antonia fühlte sich inspiriert und gestärkt. Als der Tag voranschritt, stellte sie fest, dass immer mehr Menschen an ihrem Stand Halt machten – neugierig auf ihre Produkte und ihre Geschichte.

Plötzlich stand ein großer, stilvoll gekleideten Mann vor ihr, der sich als Herausgeber eines angesehenen Modemagazins vorstellte. Er hörte gebannt zu, während sie über ihre Vision sprach, und fragte sie, ob er einige ihrer Produkte für ein bevorstehendes Editorial vorstellen könnte. Antonia konnte es kaum glauben – der Herausgeber war an ihrer Marke interessiert!

Die Tage nach der Konferenz waren ein Wirbelwind. Anfragen von Investoren, Kooperationen mit Designern und sogar Presseberichte folgten. Antonia spürte, wie ihre harte Arbeit endlich Früchte trug. Sie hatte es geschafft! Aber als sie zurückblickte, wurde ihr klar, dass der Erfolg nicht nur durch die Anerkennung und die positiven Rückmeldungen bestimmt wurde. Es war das Gefühl der Erfüllung, das sie in den letzten Wochen durchlebte.

Diese Erfüllung hat sie noch heute in sich, sie strahlt mich an, in dem Moment im Café, als sie mir ihre Geschichte erzählt.

In den folgenden Monaten entwickelte sich ihr Unternehmen rasant weiter. Antonia stellte fest, dass sie nicht nur in der Geschäftswelt erfolgreich war, sondern auch in der Art und Weise, wie sie sich selbst wahrnahm. Die emotionale Reise, die sie durchlebt hatte – die Höhen und Tiefen, das ständige Hinterfragen und das Finden von Antworten –, hatte sie nicht nur in ihrer Karriere wachsen lassen, sondern auch in ihrem persönlichen Leben.

Ich finde Antonias Erfahrungen so besonders, weil hier viele Komponenten enthalten sind. Natürlich ist es die Frage »**Woran erkenne ich, dass ich es geschafft habe?**«, auf die ich abziele. Diese Selbstreflexion ist auch heute für Antonia entscheidend, um ihre eigenen Werte, Ziele und Fortschritte zu erkennen und zu modifizieren. Nicht nur damals, bevor sie die Gelegenheit zur Konferenz annahm, auch heute kämpft sie immer wieder einmal mit Zweifeln und Ängsten. Sie hat damals gelernt, ihre Ängste zu akzeptieren und dennoch voranzuschreiten, was ein wichtiger Schritt im Prozess des persönlichen Wachstums ist. Durch ihre vielen Rückschläge und Herausforderungen, die sie überwunden hat, entwickelte Antonia Resilienz. So lässt sie sich auch heute von Rückschlägen nicht entmutigen, sondern lernt aus ihnen. Dafür bewundere ich sie. Sie ist sehr gut und schnell darin. Das muss damals aber anders gewesen sein. Das gibt mir und hoffentlich auch dir den Mut, zu reflektieren, zu analysieren und einfach weiterzumachen.

Woran erkennst du, dass du es geschafft hast?, fragte sie sich eines Abends, als sie in ihrem Büro saß und die neueste Ausgabe des Modemagazins mit ihrer Marke auf dem Cover betrachtete.

Damals im Café sagte sie: »Weißt du, es ist nicht nur die Anerkennung oder der Umsatz, den ich daraus erwirtschaftet habe, es sind die Beziehungen, die ich aufgebaut habe, die Herausforderungen, die ich gemeistert habe, und das Wissen, dass ich meinen Traum verwirklicht habe, während ich gleichzeitig anderen half, ihre Träume zu verwirklichen. Diese Sinnstiftung ist ein zentraler Aspekt meiner Psychohygiene.«

Antonia lächelte. Es war nicht nur der Erfolg ihres Unternehmens, der sie erfüllte, sondern die Gewissheit, dass sie mit ihrer Vision einen Unterschied machte. Sie hatte es geschafft – und das war erst der Anfang.

Auch ich erlebe das: Wenn ich mutig bin, die Menschen anzusprechen und von meinen Ideen zu begeistern, sind sie selbst überzeugt und fragen, wie sie mich unterstützen können. Dafür bin ich unendlich dankbar.

Der Zusatz »**Was ist dann anders?**« zwingt uns, nicht nur den Erfolg zu definieren, sondern auch, wie dieser Erfolg das eigene Leben oder die eigene Perspektive beeinflusst. Es gibt Hinweise, wie die Welt dann aussehen soll. Wie willst du dich fühlen? Was willst du sehen? Was hören? Der Zusatz fordert dazu auf, die Veränderungen auch zu erkennen, die mit dem Erreichen deines Ziels oder Erfolgs einhergehen. Rein nach dem Motto: If you can dream it, you can reach it.

Denke nicht an einen blauen Elefanten. Und? Denkst du an einen blauen Elefanten? Wenn du den blauen Elefanten immer wieder beschreibst, dir ins Gedächtnis rufst, setzt du automatisch den Fokus darauf. Merkst du es schon? Wenn du den Fokus auf etwas setzt, wie »**Daran erkenne ich, dass ich es geschafft habe. Das ist dann anders**«, wirst du beginnen, dein Leben danach auszurichten.

Mein Jakobsweg hat mir vieles aufgezeigt. Einen wichtigen Gedanken, mehr noch eine Empfindung möchte ich hier mit dir teilen. Vorweg ist wichtig zu wissen, dass ich mir selbst sehr wenig gegönnt habe. Mir und anderen. Keine Angst, das ist jetzt anders. Ich teile ja allein hier mein Wissen. Die Hintergründe dafür hier zu erläutern, würde zu weit führen. Daher nehmen wir das jetzt mal als Status quo vor dem Camino.

Der Regen prasselte unermüdlich auf mich herab, während meine Schritte immer schwerer wurden. Der Camino hatte mir in den vergangenen Tagen alles abverlangt – körperlich, mental und emotional. Nach 440 Kilometern spürte ich nicht nur den Schmerz in meinen Füßen, sondern auch eine tiefe Erschöpfung, die mich innerlich aufzufressen drohte. Der ständige Kampf gegen die Müdigkeit, die Einsamkeit und das monotone Geräusch des Regens ließen keinen Raum für Freude oder Leichtigkeit. Alles in mir zog sich zusammen, bis ich es nicht mehr aushalten konnte.

Und dann passierte es. Ich hielt an, mitten auf dem steinigen Pfad, umgeben von nichts als dem unbarmherzigen, grauen Himmel und der endlosen Weite Spaniens. Es war, als hätte mich mein Körper gezwungen, einfach loszulassen. Die Tränen begannen zu fließen – zuerst leise, dann heftig, bis ich schließlich unter dem Gewicht der Erschöpfung auf den Boden sank. Mein Körper zitterte, ich schluchzte krampfhaft. Die Einsamkeit war in diesem Moment erdrückend und ich fühlte mich verloren wie sehr lange nicht mehr. Es war ein Moment der totalen Erschöpfung, nicht nur körperlich, sondern auch seelisch.

Ich griff nach meinem Handy und schrieb eine Nachricht an einen Freund, den ich noch nicht lange kannte, aber dem ich vertraute. »Ich kann nicht mehr«, schrieb ich. »Es ist alles zu viel.«

Kurze Zeit später kam die Antwort, kurz und prägnant: **»Gitte, wo bleibt eigentlich der Genuss bei all der Anstrengung?«**

Diese Worte trafen mich wie ein Blitz. Sie schnitten durch den Nebel der Erschöpfung, als hätte er mir plötzlich den Schlüssel zu etwas Wesentlichem gegeben. Genuss? Ich war so fixiert auf die Härte des Weges, dass ich komplett vergessen hatte, dass dieser Weg nicht nur Leiden bedeuten sollte. Der Camino war eine

Reise zu mir selbst, doch wann hatte ich aufgehört, ihn als solchen zu sehen?

Noch immer am Boden sitzend, atmete ich tief durch. Es war, als hätte dieser eine Satz eine Kette von Gedanken in mir losgetreten. Zum ersten Mal seit Tagen dachte ich nicht daran, wie viele Kilometer noch vor mir lagen oder wie viel Anstrengung mich das kosten würde. Stattdessen dachte ich an etwas viel Einfacheres, viel Reineres: *Genuss.*

Ich stand auf, setzte den Rucksack auf meine Schultern und ging langsam weiter. Aber mein Ziel hatte sich geändert. Ich ging nicht mehr nur der Route nach, die mir der Camino vorgab. Ich ging in Richtung des nächsten Bahnhofs. Und dort, ohne lange zu überlegen, kaufte ich ein Ticket in das nächste kleine Dorf an der Küste, von dem ich gehört hatte.

Die Sonne brach plötzlich durch die Wolken, als hätte der Himmel beschlossen, meine Entscheidung zu segnen. Die Sonne – das erste Mal seit zwei Wochen! Ich suchte mir ein kleines Hotel direkt am Wasser, eines dieser versteckten Juwelen, wo der Klang der Wellen die Luft erfüllte und die Boote friedlich hin und her schaukelten. Zum ersten Mal seit Tagen atmete ich tief durch und zum ersten Mal seit Tagen gönnte ich mir eine heiße Dusche, frische Kleidung und dann ein gutes Essen in einem gemütlichen Restaurant mit Blick auf die Bucht. Die Meeresbrise auf meiner Haut, der Duft von frischem Fisch und Olivenöl – es war, als hätte ich all meine Sinne wiedergefunden. Ich ließ die Anstrengung der letzten Tage von mir abfallen, während ich mit jeder Gabel, jedem Bissen den Genuss förmlich zelebrierte. Und ich erlaubte mir, endlich nichts zu tun, außer den Moment zu spüren. Ich konnte mich nicht erinnern, wann ich das letzte Mal so präsent, so wirklich bei mir selbst gewesen war.

Am nächsten Morgen, es war ein Sonntag, spazierte ich in der Bucht entlang, bevor ich mich wie die Einheimischen in eines der kleinen Cafés setzte, das in der Sonne leuchtete. Ich bestellte mir ein Glas Wein, genau wie die Spanier um mich herum, und ließ meinen Blick über das ruhige Wasser gleiten. Es war kein großer Moment – aber es war ein Moment für mich. Ich saß da, ohne Eile, ohne Druck und ließ mich einfach in das Gefühl des Genusses fallen. Das Leben um mich herum floss so sanft wie das Wasser in der Bucht.

Es war der erste Tag auf meinem Jakobsweg, an dem ich bewusst nichts tat. Keine Sorge um das, was noch kommen würde, keine Gedanken daran, ob ich »gut genug« war oder ob ich den Anforderungen eines echten Pilgers gerecht wurde (mein Ego sagt mir gerade, dass ich immerhin 680 Kilometer gelaufen bin – danke Ego). Es waren einfach nur ich, der Wein, die anderen Menschen, das Wasser und die wärmende Sonne auf meinem Gesicht. Und da war er – der Genuss, nach dem ich so lange gesucht hatte. Kein schlechtes Gewissen. Nur der Moment, in seiner ganzen Schönheit und Einfachheit.

Ich saß da, mit meinem Wein in der Hand, beobachtete die Fischerboote direkt vor mir und spürte eine tiefe Ruhe in mir aufsteigen. Dieser Moment fühlte sich so unglaublich richtig an. Und plötzlich verstand ich es: Der Camino war nicht nur eine Reise des Gehens, sondern auch eine Reise des Loslassens. Eine Reise, die mir beibrachte, dass ich es mir wert bin, Pausen zu machen, das Leben zu genießen, und dass nicht jede Etappe ein Kampf sein muss.

Am Nachmittag schnürte ich wieder meine Stiefel und machte mich auf den Weg. Aber diesmal war es anders. Ich fühlte mich leicht, fast schwebend. Der Druck war weg, die Erschöpfung schien sich aufgelöst zu haben. Und als ich wieder auf den Camino zurückkehrte, trug ich nicht nur meinen Rucksack, sondern auch dieses neue Gefühl des Genusses mit mir. Es begleitete mich fortan, Schritt für Schritt, Kilometer für Kilometer.

Seit diesem Tag frage ich mich immer wieder: »**Was hast du dir heute gegönnt? Was hast du dir heute Gutes getan?**« Oder wie mein Freund fragte: »**Gitte, wo bleibt eigentlich der Genuss bei all der Anstrengung?**« – Es ist eine Frage, die mich immer wieder daran erinnert, dass das Leben, genau wie der Camino, nicht nur aus Pflichten und Zielen besteht. Man muss sich auch Raum schaffen, um zu genießen, um zu leben und um sich selbst etwas zu schenken.

Als Teamentwicklerin freue ich mich immer, wenn sich die Menschen auf besondere, manchmal auch ungewöhnliche Events einlassen. Nicht für jeden ist ein gemeinsames Kochen ungewöhnlich, für meine Gruppe von Abteilungsleitern, die ich über zwei Tage begleiten durfte, schon. Statt uns in einem Besprechungsraum zu versammeln und über das Thema »Als Team agieren und Mehrwert schaffen« schlicht zu reden, standen wir vor fünf Jahren in einer modernen, offenen Küche. Ich erinnere es noch heute sehr gut. Die Luft war erfüllt von frischen Zutaten, das leise Klappern von Kochutensilien vermischte sich mit gespanntem Lachen. Niemand ahnte, dass dieser Tag mehr verändern würde als nur ihr Verständnis von Kräutern und Gewürzen.

Es war eine bunt gemischte Truppe gestandener Führungskräfte, obgleich alle aus einem großen Bereich eines Konzerns stammten. Jeder von ihnen war es gewohnt, Teams zu leiten, Entscheidungen zu treffen und in anspruchsvollen Situationen die Verantwortung zu tragen. Doch heute ging es nicht darum, Anweisungen zu geben oder Ergebnisse zu kontrollieren. Es ging um Zusammenarbeit, um das Teilen von Ideen und – wie sich bald herausstellen sollte – um Reflexion und Veränderung.

Nachdem uns der Küchenchef begrüßt hatte, stellte er uns die Herausforderung des Tages vor: »Ihr werdet heute ein komplettes Menü zubereiten, aber ohne Rezept.« Ich grinste, die neuen Köche schauten sich etwas unsicher an. »Eure einzige Aufgabe: Arbeitet als Team, nutzt eure Kreativität und vertraut auf eure Fähigkeiten. Am Ende zählt nicht nur, ob das Essen schmeckt, sondern auch, wie ihr zusammengearbeitet habt.«

Sofort entstanden kleine Grüppchen, die sich um verschiedene Aufgaben kümmerten. Einige griffen zu den Messern, um Gemüse zu schneiden, andere versuchten sich an den Saucen und wieder andere debattierten darüber, wie das perfekte Dessert aussehen sollte. Ich beobachtete das Treiben eine Weile und merkte schnell, dass alte Muster aufkamen, über die ich mit meiner Auftraggeberin gesprochen hatte: Kollegen und Kolleginnen, die es gewohnt waren, das Sagen zu haben, verankerten schnell die Führung in ihren jeweiligen Bereichen. Es war, als würden sie unbewusst ihre Rollen aus dem Büro in die Küche übertragen.

Doch je länger der Tag dauerte, desto mehr spürte ich eine wachsende Unruhe. Kleine Konflikte schwelten: »Warum machst du das so?« »Das passt nicht zusammen!« »Wir haben keine Zeit mehr!« Die Uhr tickte, der Druck wuchs und die anfängliche Euphorie verwandelte sich in Frustration. Es war klar, dass sie nicht so gut zusammengearbeitet hatten, wie sie es gedacht haben. Das war zu erwarten. Und es war mein Thema hinter dem Thema.

Als sie schließlich die Hauptspeise fertigstellten, versammelten wir uns alle um die Herde. Ich hatte die Truppe die ganze Zeit über stumm beobachtet. Anstatt das Essen sofort zu servieren, stellte ich nur zwei einfache Fragen: **»Was werdet ihr morgen besser machen? Und was hat den Tag heute wundervoll gemacht?«**

Zuerst herrschte Stille. Es war, als ob meine Fragen die Luft durchschnitten hätten. Jede:r von ihnen begann, über den Tag nachzudenken – nicht über die Gerichte, sondern über die Zusammenarbeit. Sie hatten sich alle auf ihre gewohnten Rollen verlassen, aber war das wirklich der beste Weg gewesen?

Ein Kollege brach schließlich das Schweigen: »Ich habe gemerkt, dass ich zu sehr in meiner Führungsrolle gefangen war. Statt anderen zuzuhören, habe ich zu viel dirigiert. Ich werde mal versuchen, mehr auf die Ideen anderer einzugehen und weniger zu kontrollieren.«

Eine andere Kollegin fügte hinzu: »Ich habe heute gelernt, wie wichtig es ist, geduldig zu sein. Manchmal passieren Dinge nicht nach Plan, aber das bedeutet nicht, dass sie schlecht sind. Das werde ich am Montag mit in meine Abteilung nehmen.«

Und so ging es weiter. Jeder von ihnen dachte darüber nach, **was er oder sie besser machen könnte, aber auch, was diesen Tag trotz der Schwierigkeiten besonders gemacht hatte.** Es war nicht das perfekte Menü, das sie inspiriert hatte. Es war der Moment, in dem sie verstanden hatten, dass echte Teamarbeit darin besteht, gemeinsam zu lernen und sich ständig zu verbessern.

Die beiden Fragen, **»Was wirst du morgen besser machen?«** und **»Was hat den Tag heute wundervoll/erfolgreich gemacht?«** sind im Business-Kontext extrem wertvoll, insbesondere im Zusammenhang mit Teamentwicklung und Führung.

Warum auch im Business? Das sind doch eher weiche Fragen. Ja genau. Diese weichen Fragen fördern sowohl die Reflexion als auch das kontinuierliche Lernen und stärken das Bewusstsein für Erfolge und Verbesserungsmöglichkeiten.

Es geht darum, in eine kontinuierliche Entwicklung einzutreten. Stell diese Fragen und rege damit jedes Teammitglied an, täglich kleine Veränderungen vorzunehmen und sich täglich bewusst zu werden, was sie schon Großes geleistet haben. Als Führungspersönlichkeit profitierst du von einem Team, welches über sein eigenes Verhalten und seine Entscheidungen nachdenkt, anstatt externe Faktoren für Fehler oder Misserfolge verantwortlich zu machen. Du kennst es, sobald du selbst reflektierst, bist du offener für Feedback und neue Lösungen. Es hat sehr viel Sinn, es zur Routine werden zu lassen, da hier nachweislich bessere Entscheidern getroffen und Probleme effizienter gelöst werden. Auf dem Future LeaderSHIP Lab 2024 mit dem Motto »Let's define future competences« mit namenhaften Keynote Speakern und einer diversen, hochkarätigen Runde war Reflexion ein raumgreifendes Thema.

Da wir ständig in herausfordernden Zeiten leben, zielen diese Fragen darauf ab, den Blick auf Erfolge zu lenken, selbst wenn sie klein sind. Teams, das konnte ich über die vielen Jahre feststellen, die regelmäßig über das Positive nachdenken, entwickeln eine höhere emotionale Widerstandskraft. Resilienz ist der Fachbegriff dafür. Schon mal gehört? Es ist die Fähigkeit, in schwierigen oder stressigen Situationen widerstandsfähig zu bleiben, sich anzupassen und gestärkt daraus hervorzugehen. In einer volatilen, unsicheren, komplexen, mehrdeutigen (VUKA) Welt brauchen wir Resilienz, um flexibel auf ständige Veränderungen zu reagieren, mit Unsicherheiten umzugehen und kreative Lösungen für unerwartete Herausforderungen zu finden. Das sind aus meiner Sicht Kompetenzen, die wir im privaten wie im beruflichen Leben zukünftig dringend brauchen. Resiliente Menschen und Teams können Krisen entspannter bewältigen, schnell auf Wandel reagieren und bleiben auch in turbulenten Zeiten leistungsfähig.

Für dich als Führungskraft bedeutet das, dass du ein Team hast, das auch in stressigen Situationen motiviert und lösungsorientiert bleibt.

Zurück zu unserem Kochen: Am Ende des Abends hatten wir ein gutes, aber nicht perfektes Menü zubereitet. Doch der eigentliche Erfolg lag in etwas viel Tieferem. Diese zwei einfachen Fragen hatten meine Abteilungsleiter:innen gezwungen, über ihre Rollen und ihr Verhalten nachzudenken. Sie hatten sich von ihren gewohnten Denkmustern befreit und waren bereit, am nächsten Tag nicht nur als Führungspersönlichkeiten, sondern auch als Menschen besser zu sein. Ich bin beseelt nach Hause gefahren.

In den Wochen nach dem Koch-Event rief mich meine Auftraggeberin an und sagte, dass sich die Abteilungsleiter:innen von ihr gewünscht haben, in Meetings öfter die beiden Fragen zu stellen.

»Was wirst du morgen besser machen?« wurde sogar in einigen Abteilungen zu einem Mantra. Die Frage half, nicht nur ihre

Arbeit, sondern auch sich selbst ständig zu hinterfragen und weiterzuentwickeln. Und die zweite Frage – »**Was hat den Tag heute wundervoll gemacht?**« – brachte die Teilnehmer:innen immer wieder dazu, auf das Positive zu schauen, selbst in herausfordernden Zeiten.

Dieser eine Tag in der Küche veränderte ihre Denkweise. Es ging nicht nur darum, ein Team zu leiten, sondern darum, Teil eines Teams zu sein, das sich ständig verbessert.

Klar, Hand aufs Herz, es war nicht so, dass jede:r die Fragen wirklich verinnerlicht hatte und cool fand. Auch heute gibt es noch einige, die damit nichts anfangen können. Aber wie ist es mit dir?

Was wirst du morgen besser machen? Und was hat den heutigen Tag für dich wundervoll bzw. erfolgreich gemacht?

Noch etwas gewichtiger ist die folgende Frage, die ich sehr häufig in meinem Podcast stelle. »**Welche Entscheidung war/wird die richtungsweisende in deinem Leben?**«

Ich mag diese Frage, weil du durch die Beantwortung erkennst, dass das eigene Leben nicht nur vom Zufall, sondern von den eigenen Entscheidungen geprägt ist. Das gibt dir selbst die Macht, die Richtung zu ändern, wenn du das möchtest, und lässt dich bewusst Verantwortung für dein eigenes Leben übernehmen. Und sie ist auch deshalb so genial, weil sie dazu führt, dass wir innehalten und das eigene Leben aus einer Vogelperspektive betrachten – ähnlich wie der Blick vom Gipfel eines Berges auf das Tal. Die Frage ermöglicht dir, über die wichtigen Weggabelungen in deinem Leben nachzudenken über das, was dich zu dem Menschen gemacht hat, der du heute bist. Sie richtet damit den Blick nicht nur auf die Vergangenheit, sondern auch auf die Zukunft. Indem du darüber nachdenkt, welche Entscheidung in der Zukunft richtungsweisend sein könnte, wird dir klar, dass das Leben nicht statisch ist – wir sind immer auf einem Weg, der sich ständig verändert.

Es war ein klarer Herbstmorgen, als ich mit meinem langjährigen Freund Alex auf dem Weg zu einem der höchsten Gipfel in den Alpen war. Okay, objektiv war es sicher nicht so, wir hatten allerdings den Eindruck, dass wir enorme Höhen übersteigen würden. Wir hatten diese Wanderung schon lange geplant, um dem hektischen Alltag zu entfliehen, tief durchzuatmen und einfach die Natur zu genießen. Der Weg war steil und der Wind kühlte uns ab, während wir stetig an Höhe gewannen. Die Gespräche flossen wie immer leicht, von alten Erinnerungen über Arbeit, Beziehungen und Zukunftspläne. Doch niemand von uns wusste, dass an diesem Tag eine Frage gestellt werden würde, die alles verändern sollte.

Nach Stunden des Marschierens standen wir schließlich auf dem Gipfel. Die Aussicht war atemberaubend. Unter uns breiteten sich die Täler aus und in der Ferne ragten die Berge wie stille Wächter über die Landschaft. Die Sonne stand tief, tauchte die Welt in ein goldenes Licht und für einen Moment schien alles still zu stehen. Wir setzten uns auf einen großen Fels und ließen den Blick über die unendlichen Weiten schweifen. Dieser Augenblick fühlte sich fast wie Magie an – ein Moment, der das Herz leichter macht und den Geist öffnet.

Ohne es wirklich bewusst zu planen, sprach ich plötzlich aus, was mir durch den Kopf ging: »Alex, welche Entscheidung in deinem Leben war bisher die richtungsweisendste?«

Er sah mich überrascht an und für einen Moment herrschte Stille. Doch dann begann er zu lächeln. Es war ein Lächeln, das verriet, dass er die Tiefe der Frage erkannte. Er atmete tief ein und sah in die Ferne, als würde er in die Vergangenheit und in die Zukunft gleichzeitig blicken.

Alex überlegte kurz, dann sagte er: »Weißt du, ich glaube, es war der Moment, als ich mich entschied, meine berufliche Laufbahn komplett zu ändern. Ich hatte das Gefühl, in meinem Job festzustecken, und obwohl ich eigentlich gut war, war ich nie wirklich glücklich. Es war eine schwierige Entscheidung, weil ich so viel investiert hatte. Aber der Entschluss, neu anzufangen, hat mich schließlich auf den Weg gebracht, auf dem ich heute bin – und ich bin glücklicher als je zuvor.«

Ich hörte ihm aufmerksam zu und spürte die Schwere und Bedeutung seiner Worte. Entscheidungen dieser Art prägen das Leben – sie verlangen Mut und Vertrauen in sich selbst und manchmal die Bereitschaft, alles zu riskieren. Kenn ich. Du auch?

Er fuhr fort: »Es gibt aber noch eine andere Entscheidung. Die, bei der ich mich entschied, mehr Zeit mit meiner Familie zu verbringen. Beruflich erfolgreich zu sein, ist eine Sache, aber letztendlich zählt das Leben, das man um sich herum aufbaut, die Beziehungen, die man pflegt. Diese Entscheidung war nicht nur richtungsweisend, sie hat mir gezeigt, was wirklich wichtig ist.«

Wir sprachen noch lange darüber. Über die Entscheidungen, die wir bewusst treffen, und jene, die wir unbewusst fällen, ohne zu wissen, wie tiefgreifend sie sein werden. Der Gipfel, auf dem wir saßen, schien plötzlich ein Symbol für den Punkt im Leben zu sein, an dem wir innehalten und den Weg, den wir bis hierher gegangen sind, reflektieren.

Uns hat nicht nur die Erschöpfung, sondern auch die Frage **»Welche Entscheidung war die richtungsweisende in deinem Leben?«** gezwungen, innezuhalten und wirklich über die Momente nachzudenken, die uns geprägt haben. Sie hat uns die Türen zu Erkenntnissen geöffnet, die oft im Trubel des Alltags verloren gehen. Wir haben dort oben am Gipfel unseren Fokus auf das Wesentliche gelenkt – auf die Entscheidungen, die unser Leben gestaltet haben. Die Frage geht über Oberflächlichkeiten hinaus. Unser Gespräch hat sie auf eine tiefere Ebene gebracht. In diesem Moment auf dem Gipfel führte sie dazu, dass Alex und ich uns gegenseitig besser verstanden und uns noch näherkamen – freundschaftlich selbstredend. Mit einer Tiefe, die vorher nicht da war. Das empfehle ich übrigens jedem mal, steige auf einen Berg, richtig hoch, und betrachte die Welt von oben. Am besten machst du es, wenn du nicht mehr weiter weißt, dich Zerrissenheit und Herausforderungen schier auffressen. Du kannst dir sicher vorstellen, wie all das von oben betrachtet mit einer frischen Brise und größerer Perspektive aussieht.

Auf dem Rückweg, als wir langsam wieder in das Tal hinabstiegen, sagte Alex plötzlich: »Weißt du, diese Frage, die du oben gestellt hast, ist genial. Sie zwingt einen, über das Wesentliche nachzudenken. Man vergisst im Alltag oft, wie bedeutend manche Entscheidungen waren und wie sie unser Leben gelenkt haben.«

Ich lächelte. In einem kurzen Anflug wollte ich fragen, wer dieser Mann ist, von dem er da spricht. Aber das hätte den wertvollen Moment kaputt gemacht. Denn auch mir wurde in diesem Moment bewusst, wie kraftvoll diese Frage tatsächlich war. Es war nicht nur eine Frage nach Vergangenheit und Erlebnissen, sondern eine Einladung zur Selbstreflexion und zum Verstehen des eigenen Lebenswegs. Sie brachte uns dazu, den inneren Kompass zu überprüfen und zu erkennen, was uns wirklich bewegt.

Alex' Antworten inspirierten mich tief. Sie erinnerten mich daran, wie wichtig es ist, mutige Entscheidungen zu treffen, auch wenn sie unbequem sind. Sie gaben mir den Impuls, mich selbst zu fragen, ob ich meinem eigenen Weg folge und ob es nicht vielleicht Zeit für eine neue, richtungsweisende Entscheidung in meinem Leben ist. So war es auch, ich begann neue Prioritäten für die Zukunft zu setzen. Ich wollte nicht nur passive Teilnehmerin meines Lebens sein, sondern aktive Gestalterin. Das wurde ich und es war eine meiner besten Entscheidungen.

Am Ende der Wanderung fühlte sich alles anders an als zu Beginn. Die physische Anstrengung des Aufstiegs spiegelte den inneren Prozess wider, den wir durchlaufen hatten. Der Gipfel stand nicht nur für das Erreichen eines Ziels, sondern für den Moment, in dem wir einen klaren Blick auf unser Leben gewinnen konnten – ein Blick, der von der Frage »**Welche**

Entscheidung war die richtungsweisende in deinem Leben?« ausgelöst wurde.

Diese Frage bleibt seitdem bei mir. Sie ist mein Schlüssel zu Erkenntnis, Veränderung und Tiefe – eine Frage, die auch dir bewusst macht, wie machtvoll deine Entscheidungen wirklich sind.

Wenn du erfahren möchtest, wie erfolgreiche und impulsgebende Führungspersönlichkeiten und UnternehmerInnen auf die Frage reagiert haben, höre gern in den Podcast rein.

Hier findest du den Link zum Podcast »Leadership Masterclass – von den Besten lernen« oder nutze einfach den QR-Code oder deine gängigen Podcast-Anbieter wie Apple Podcast, Deezer, Spotify und Google Podcasts.

30 Auf einer Skala von 0-10, wie wertvoll war das heute? + Gamechanger-Frage – was brauchst du, um von X auf Y zu kommen?

Was dir dieser FragenQuickie bringt:
Verbesserung – Ehrlichkeit – Verständnis

Jetzt. Endlich. All die Fragen sind so wundervoll. Jede für sich im entscheidenden Kontext. Aber diese hier, die hat es echt in sich. Diese Frage hier hat nur positive Effekte. Die Frage ist eine Quantifizierung qualitativer Aussagen. Ja, denk ich mir, dass du das nochmal lesen möchtest.

Eine Quantifizierung qualitativer Aussagen bedeutet, dass die folgende Frage immer dann anwendbar ist, wenn du eine, nennen wir es, weiche, wenig greifbare Thematik hast. Beispiel: »Wie war das Meeting für euch?« Welche Antworten erhältst du dann aus deiner Erfahrung? Richtig: »Gut.« »Gut.« »Ach, gut.« Und was hast du davon? Nichts.

Stelle ich die Frage anders, wirkt sie anders. Als Beispiel hier: »War das Meeting für euch gut?« Die Antwort ist auch hier absehbar. »Ja.« »Ja.« »Ja, klar.«

Daher, Trommelwirbel, hier nun die Frage: »**Auf einer Skala von 0-10, wie wertvoll war das Meeting für euch?** Wobei 0 totaler Schwachsinn ist und 10, das war genial.«

Diese Frage klingt zunächst simpel und direkt. Sie scheint eine schnelle und klare Antwort zu bieten, wie nützlich das Meeting war. Doch unter der Oberfläche spielt sich viel mehr ab, als es auf den ersten Blick scheint. Um zu verstehen, was diese Frage bewirken kann, ist es wichtig, einen Blick auf die typischen Antworten, den Einfluss der sozialen Erwünschtheit und den tatsächlichen Nutzen dieser Feedback-Methode zu werfen. Stelle dir vor, du leitest dein nächstes Meeting. Am Ende stellst du die Frage: »Wie wertvoll war dieses Meeting auf einer Skala von 0 bis 10?« Wichtig ist es, die einzelnen Komponenten zu benennen. Der Zusatz »wobei 0 ist … und 10 bedeutet …« ist elementar. Erst dann haben wir ein gemeinsames Verständnis von den Rändern.

Die meisten werden sich irgendwo im Bereich zwischen 6 und 8 einordnen. Warum ist das so? Was passiert hier in den Köpfen der Teilnehmer:innen? Die meisten Menschen tendieren dazu, mittlere bis hohe Bewertungen abzugeben, also im Bereich von 6 bis 8. Niemand möchte allzu hart urteilen. Besonders in einer Gruppe, in der Vorgesetzte oder Kollegen anwesend sind, die das Meeting organisiert haben, vermeiden es viele, eine negative Bewertung abzugeben. Wenn andere Teilnehmer:innen eine positive Bewertung abgeben, entsteht ein subtiler Druck, diese Einschätzung zu übernehmen. Schließlich will niemand derjenige sein, der als Einziger mit »vier« oder »fünf« heraussticht und damit vielleicht als kritisch oder negativ wahrgenommen wird. Hier kommt der Begriff der sozialen Erwünschtheit ins Spiel. Menschen haben das Bedürfnis, so zu handeln und zu antworten, wie sie glauben, dass es von ihnen erwartet wird. Dieses Phänomen ist im Arbeitskontext besonders stark, denn niemand möchte als »schwierig« oder »Kritiker« gelten – besonders, wenn derjenige, der das Meeting leitet, ebenfalls im Raum ist. Soziale Erwünschtheit führt oft dazu, dass Bewertungen höher ausfallen, als sie es ohne äußere Einflüsse gewesen wären. Die Teilnehmer wollen nicht unhöflich erscheinen oder den Eindruck erwecken, die Zeit des Organisators nicht wertzuschätzen. Wenn ein Vorgesetzter oder Kollege das Meeting organisiert hat, tendieren viele dazu, eine höhere Zahl zu nennen, als sie tatsächlich empfinden. Der Wunsch, das Gesicht zu wahren und sich an die Normen der Gruppe anzupassen, ist tief in uns verwurzelt. Doch was sagt das wirklich über die Qualität des Meetings aus? Diese Standardantworten, so nützlich sie für den ersten Eindruck auch sein mögen, verdecken oft das wahre Potenzial der Feedback-Frage.

Trotz dieser Dynamiken hat die Frage nach der Einschätzung eines Meetings auf einer Skala von 0 bis 10 einen großen Wert, wenn man sie richtig einsetzt. Der Nutzen liegt nicht allein in der Zahl, die genannt wird, sondern darin, was wir daraus machen. Und hier, nochmal Trommelwirbel, kommt mein Gamechanger für dich. Jemand hat in deinem Meeting eine 6 gegeben. Bis dahin ist es schlicht eine Zahl. Dann fragst du weiter: »**Was brauchst du, um von der 6 auf eine 7 zu kommen?**« Nicht mehr. Die 10 interessiert uns nicht. Die 10 ist auch oft schwierig zu benennen. Jedoch eine Stufe weiter können die Menschen sehr klar beschreiben. Das gibt dir konkrete Hinweise darauf, was du beim nächsten Mal besser machen kannst, und es eröffnet den Dialog für wertvolles konstruktives Feedback.

Es war einer dieser Tage, an denen die Energie im Raum förmlich zu knistern schien. Ein toller Workshop, der sich intensiv entwickelt hatte, und die Teilnehmer – Abteilungsleiter, Teamverantwortliche und Führungskräfte – waren von Beginn an engagiert. Wir hatten gemeinsam an neuen Strategien gearbeitet, uns mit Teamentwicklung beschäftigt und darüber gesprochen, wie man in einer dynamischen Arbeitswelt nicht nur bestehen, sondern auch wachsen kann. Die Diskussionen waren lebendig und die Übungen schienen viele Aha-Momente ausgelöst zu haben.

Als sich der Tag dem Ende näherte, setzte ich mich mit den Teilnehmern im Kreis zusammen, um das Erlebte zu reflektieren. Es war ein Moment der Ruhe, nach einem intensiven Tag voller Gedanken und Erkenntnisse. Wie immer wollte ich wissen, wie wertvoll der Tag für jeden Einzelnen war. Und so stellte ich die Frage, die ich immer am Ende meiner Workshops stelle: »**Auf einer Skala von 0 bis 10, wie wertvoll war der Tag heute für euch? Wobei 0 bedeutet, dass ihr ihn euch hättet sparen können, und 10, dass er extrem bereichernd war.**« Die Antworten kamen schnell, als ich jeden schlicht um eine Zahl bat. Die meisten waren bei einer 8, 9 und 10. Zwei Personen gaben dem Tag eine 7. Eine 7 – diese Antwort, die irgendwo zwischen »Es war gut« und »Es war großartig« liegt. 7 ist eine sichere Antwort. Sie sagt: »Ja, es hat gepasst«, aber lässt Raum für mehr. Ich nickte und fragte, wie ich immer frage: **»Hans, du hast eine 7 gesagt – was hätte es gebraucht, damit du auf eine 8 kommst?«**

Es wurde plötzlich still im Raum. Hans war etwas überrascht, wir kannten uns noch nicht lange. Wahrscheinlich war er es gewohnt, seine Zahl ohne Rückfrage zu nennen, aber selten hatte er die Gelegenheit, darüber nachzudenken, was er braucht, um nur eine Stufe weiter zu kommen.

»Ich glaube, ich brauche mehr Zeit, um das Gehörte wirklich zu verarbeiten. Der Tag war vollgepackt mit wertvollen Inhalten, aber ich hatte kaum Zeit, alles richtig zu durchdenken.«

Das ist die häufigste Antwort im Übrigen. Gefolgt von »Ich hätte mehr Pausen gebraucht«. Ich bedankte mich und fragte Ursula, die zweite Person, was sie gebraucht hätte. Sie sagte: »Ich fand den Tag wirklich gut, aber ich glaube, was mich noch weitergebracht hätte, wäre mehr Raum für persönliche Reflexion. Es war viel Input und ich hätte mehr Zeit gebraucht.«

Dieser Augenblick ist immer auch eine Einladung zur Selbstreflexion. Die Teilnehmer:innen beginnen, sich intensiver mit ihren eigenen Bedürfnissen auseinanderzusetzen – was ihnen wirklich gefehlt hat, um den Tag als noch wertvoller wahrzunehmen. Mir ist es wichtig, wirklich zu erfahren, was ich besser machen kann und was jede:r selbst für ein gutes Gelingen beitragen kann.

Das Feedback ist für mich immer genauso wertvoll wie für die Teilnehmer:innen selbst. Ich nehme die Punkte auf, denke über Verbesserungen nach und integrierte sie in zukünftige Workshops. Aber das eigentliche Aha-Erlebnis kommt den Teilnehmenden selbst. Durch diese simple und tiefgründige Frage nach dem Schritt von der 7 zur 8 wird klar, dass sie oft selbst den Schlüssel in der Hand halten, um das Erlebnis noch besser zu machen.

Auf dem Weg nach draußen kam ein Teilnehmer zu mir, lächelte und sagte: »Die Frage, wie man von der 7 auf eine 8 kommt, ist genial. Sie hat mich wirklich zum Nachdenken gebracht. Ich werde sie mir in Zukunft öfter stellen – nicht nur bei Workshops, sondern auch in meinem Alltag.«

So wie der RoTI am Anfang (Kapitel 1) ermutigt die skalierende Frage am Ende die Teilnehmer:innen, sich bewusst mit der Qualität und Effizienz des Meetings auseinanderzusetzen. Sie zwingt jeweils dazu, über den Sinn und Zweck nachzudenken: War meine Zeit gut investiert? Habe ich etwas mitgenommen, das mich weiterbringt?

Eine simple Skalenfrage hat das Potenzial, deine Meetings zu verbessern, wenn du sie nicht nur als Punktzahl siehst, sondern als Instrument zur Reflexion und Weiterentwicklung – für dich und für die Teilnehmenden. Gerade in einer Welt, in der Meetings oft als Zeitverschwendung gelten, bietet diese Feedback-Frage einen einfachen, aber effektiven Weg, um Kontinuität und Effizienz zu sichern. Sie schafft Raum für Offenheit und Ehrlichkeit und bringt dich dem Ziel näher, nicht nur produktive, sondern auch bedeutsame und wertvolle Besprechungen abzuhalten.

Der Übergang von der Frage nach der Wertschätzung eines Meetings im Business-Kontext zur Reflexion über den Tag im privaten Umfeld zeigt, wie universell die Kraft der Reflexion ist – unabhängig davon, ob es sich um berufliche oder persönliche Situationen handelt. Nur wenn du nachfragst, erfährst du, wie es dem anderen wirklich geht und was er/sie braucht, um noch zufriedener zu sein. Während du im Geschäftsleben die skalierende Frage vornehmlich zur Verbesserung von Prozessen und persönlichen Weiterentwicklung nutzt, bewirkt sie zu Hause, im Umgang mit deinen Kindern oder dem/der Partner:in ebenso viel: Sie zeigt dir, wie du mit kleinen Gesten und aufmerksamen Momenten einen guten Tag in einen unvergesslichen verwandeln kannst. Meinen Kindern und mir hilft sie fast jeden Abend, bewusster auf das Erlebte zu schauen und herauszufinden, was den Unterschied zwischen einem guten und einem großartigen Tag ausmacht.

Gerade in den letzten Tagen mache ich es wieder bewusster – diese gemütlichen Abende genießen, die ich besonders schätze. Meine Töchter und ich haben letztes Wochenende einen wunderschönen Tag zusammen verbracht – voller Lachen, Abenteuern und kleinen Momenten, die das Herz erwärmen. Am Abend lagen wir alle drei im Bett der Kleinen, frisch geduscht und mit dem leichten Duft von Zahnpasta um die Nase, bereit für den Abschluss des Tages. Nach der Geschichte, die halb von der Großen, halb von mir gelesen wurde, fragte ich beide: **»Wie schön war der Tag heute auf einer Leiter, die 10 Stufen hat, von 0 bis 10 für euch? Wobei 0 total doof ist und 10 der beste Tag aller Zeiten. Und die Stufen dazwischen auch etwas zwischen doof und supergut.«** Beide grinsten mich an. Ich sagte ihnen, dass es wie immer nur um ein Gefühl geht, nichts, worüber man lange nachdenken muss. Einfach eine Zahl, die aus dem Bauch kommt. Meine Jüngere überlegte kurz, dann sagte sie: **»8«**. Ich lächelte. »8 ist ziemlich gut.« Aber wie immer fragte ich weiter: **»Was müsste denn passieren, damit es eine 9 wäre?«** Da leuchteten ihre Augen plötzlich auf und ohne zu zögern antwortete sie: **»Nochmal Gummibärchen … und einen dicken Kuss!«** Ich musste lachen. Es war einer dieser magischen Momente, in denen alles so klar wird. Manchmal sind es die kleinen Dinge – ein bisschen Süßes, eine liebevolle Geste –, die den Tag perfekt machen. Ich beugte mich vor, gab ihr einen dicken Kuss auf die Stirn und schon war da dieses Strahlen, das nur Kinder haben können, wenn die Welt für einen Moment absolut perfekt ist. Dann flüsterte sie: »Jetzt ist es eine 9.«

In diesem Moment wurde mir wieder einmal klar, wie oft wir Erwachsenen dazu neigen, nach dem großen Glück, nach dem perfekten Tag zu suchen – während für unsere Kinder ein paar

Gummibärchen und eine liebevolle Umarmung alles sind, was es braucht, um den Tag perfekt zu machen.

Ein sanfter Reminder: Es sind nicht die großen Dinge, sondern die kleinen Gesten und die Liebe, die den Tag wunderbar machen.

Und so ging der Tag zu Ende – mit einem Lächeln auf unseren Gesichtern und dem Gefühl, dass das Leben oft ganz einfach sein darf. Während die Große in ihr Bett rüberging, kuschelte sich die Kleine mit einem letzten, zufriedenen Seufzer an mich und war bereit für die Nacht. Und ich dachte für mich: Manchmal liegt der Sprung von der 8 zur 9 direkt vor uns – er ist so einfach und so schön.

Schlusswort

Welche dieser einfachen Fragen bereichern dich? Ich habe ein paar Lieblingsfragen, welches sind die deinen?

Diese minimalen Fragen mit maximaler Wirkung, die Fragen-Quickies, die uns durch das gesamte Buch begleiten, haben nicht nur meine Perspektive verändert, sondern auch mein Leben bereichert. Ich hoffe, sie haben auch in dir eine Neugier entfacht und dich dazu ermutigt, die Kraft der Fragen zu entdecken, die unser Leben so tiefgreifend beeinflussen kann.

Als ich dieses Buch geschrieben habe, dachte ich an all die Menschen, die mir auf dieser Reise begegnet sind. Ich möchte mich von Herzen bei all meinen Klienten bedanken, die ihre Geschichten und Herausforderungen mit mir geteilt haben. Ihr Mut, sich zu öffnen, hat mir gezeigt, wie vielschichtig die Suche nach Klarheit und Verständnis sein kann. Eure Erfahrungen waren der Nährboden für die Fragen, die in diesem Buch behandelt werden.

Ein ganz besonderer Dank gilt meinen Freundinnen, die mir erlauben, ihre Geschichten unverfälscht zu verwenden. Ihr seid nicht nur eine Quelle der Inspiration, sondern auch eine unverzichtbare Stütze in meinem Leben. Danke, dass ihr mich immer wieder zum Lachen bringt und mir in jeder Lebenslage zur Seite steht. Euer unermüdlicher Support und euer Humor machen die Herausforderungen des Lebens leichter und schöner. Mehrwert – ihr wisst schon.

Und an meine Kinder: Ihr seid das Herzstück meines Lebens. Euer lebendiger Geist, eure Neugier und die Fragen, die ihr mir jeden Tag stellt, bereichern meine Welt auf unermessliche Weise. Eure Fragen sind oft die einfachsten, aber sie bringen mich dazu, die Welt mit anderen Augen zu sehen. Eure ehrlichen, sicher nicht sozial erwünschten Antworten auf meine Fragen erinnern mich daran, wie wichtig es ist, offen und neugierig zu bleiben. Vor allem, eure Antworten und Perspektiven zu schätzen, die aus einem einfachen Gespräch erwachsen.

Die Künstliche Intelligenz wird uns vieles abnehmen. Eines kann sie allerdings nicht, unsere Menschlichkeit ersetzen. Lasst uns daher weiterhin die einfachen Fragen stellen – an uns selbst und an andere. Denn genau diese Fragen werden uns nicht nur näher zueinander bringen, sondern auch näher zu uns selbst. Mögen die Fragen, die du jetzt stellen wirst, dir Klarheit, Wachstum und außergewöhnlichen Erfolg bringen. Ich lade dich ein, jeden Tag aufs Neue zu fragen, zu hören und zu lernen.

Daher, Schluss ist noch lange nicht ...

Welche Fragen haben dich bereichert? Nutze die folgenden Zeilen für deine Top 3 der Fragen und stelle sie ganz bewusst, immer wieder.

Ich versichere dir viele inspirierende Gespräche und die Entdeckung der Menschen durch die Energie der Fragen. Die Kraft der einfachen Fragen liegt in deiner Hand – also stelle sie, lebe sie und lass dich von ihnen führen – sie werden dein Leben bereichern!

FragenQuickie 1: ______________________________

FragenQuickie 2: ______________________________

FragenQuickie 3: ______________________________

Entdecke dein volles Potenzial!

Deine Reise endet hier nicht – sie beginnt gerade erst! Wenn du bereit bist, dich weiterzuentwickeln, deine Führungsqualitäten aufs nächste Level zu heben und neue Horizonte zu entdecken, dann ist die *Future Leadership Academy* genau das Richtige für dich.

Als Dankeschön für deine Neugier und Entschlossenheit schenke ich dir **30 % Rabatt** mit dem exklusiven Code **30FRAGEN**. Melde dich einfach an unter https://brigitte-dyck.com/shop oder scanne den QR-Code.

Warte nicht auf den perfekten Moment – gestalte ihn jetzt. Die Zukunft gehört denjenigen, die heute die ersten Schritte gehen. Wir sehen uns in der Academy! 🚀

Literaturtipps

Kapitel 2

Das Sender-Empfänger-Modell wurde erstmals von Claude E. Shannon in seinem Aufsatz *A Mathematical Theory of Communication* (1948) vorgestellt, der später gemeinsam mit Warren Weaver erweitert wurde.

Shannon, Claude E. & Weaver, Warren (1949): *The Mathematical Theory of Communication.* Urbana, IL: University of Illinois Press.

Kapitel 4

Das Konzept der klarstellenden Rückfragen (»clarifying questions«) wurde unter anderem von Rosenshine und Meister (1994) in ihrer Metaanalyse zum »Reciprocal Teaching« hervorgehoben.

Rosenshine, Barak & Meister, Carla (1994): *Reciprocal Teaching: A Review of the Research.* Review of Educational Research, 64(4), 479–530.

Tannenbaum und Schmidt (1958) untersuchten bereits die Kommunikation in Führungssituationen und entwickelten dabei ihr Modell zu Führungsstilen.

Tannenbaum, Robert & Schmidt, Warren H. (1958): *Wie man ein Führungsmuster wählt.* Harvard Business Review, 36(2), 95–101.

Schneider und Ingram (1988) befassten sich mit dem Konzept des »aktiven Zuhörens« in der Kommunikation und betonten dabei die Bedeutung von Nachfragen.

Schneider, Herbert & Ingram, David (1988): *Aktives Zuhören in der Kommunikation: Ein Konzept für effektive Gespräche.* Zeitschrift für Kommunikationsforschung, 35(4), 276–290.

Kapitel 6

Das 4-Seiten-Modell (auch als Nachrichtenquadrat bekannt) wurde von Friedemann Schulz von Thun in seinem Werk *Miteinander reden 1* (1981) entwickelt.

Schulz von Thun, Friedemann (1981): *Miteinander reden 1: Störungen und Klärungen. Allgemeine Psychologie der Kommunikation.* Reinbek bei Hamburg: Rowohlt.

Kapitel 11

Die Verhaltens-Absichts-Lücke (auch als Intention-Behavior-Gap bekannt) wurde von Peter Gollwitzer eingeführt. Gollwitzer, ein deutscher Psychologe, beschäftigte sich mit der Frage, warum Menschen oft trotz klarer Absichten nicht in die gewünschte Handlung übergehen.

Gollwitzer, Peter M. (1993): *Zielerreichung: Die Rolle von Absichten.* In: *European Review of Social Psychology*, 4(1), 141–185.

Kapitel 13

Die Sprechakttheorie von John Searle (1969) besagt, dass Sprache nicht nur Informationen überträgt, sondern auch Handlungen vollzieht. Er unterscheidet dabei zwischen verschiedenen Arten von Sprechakten, wie etwa Aussagen, Fragen oder Versprechen, die durch ihre Äußerung soziale Wirklichkeiten schaffen.

Searle, John R. (1969): *Sprechakte: Ein Essay in der Sprachphilosophie.* Cambridge: Cambridge University Press.

Kapitel 17

Marshall B. Rosenberg (2003) entwickelte die Gewaltfreie Kommunikation (GfK), ein Kommunikationsmodell, das darauf abzielt, Konflikte gewaltfrei zu lösen und empathische Verständigung zu fördern.

Rosenberg, Marshall B. (2003): *Gewaltfreie Kommunikation: Eine Sprache des Lebens.* München: Junfermann Verlag.

Kapitel 21

George Lakoff und Mark Johnson (1980) entwickelten die Kognitive Semantik, die sich mit der Beziehung zwischen Sprache, Denken und Wahrnehmung beschäftigt und die zentrale Rolle von Metaphern in unserem täglichen Leben hervorhebt.

Lakoff, George & Johnson, Mark (1980): *Metaphern, nach denen wir leben.* Chicago: University of Chicago Press.

Kapitel 23

Byron Katie formulierte ihre vier Fragen in ihrem Werk *Liebst du noch oder lebst du schon?* (2003), das als Grundlage für ihre Methode »The Work« dient, um belastende Gedanken zu hinterfragen und zu transformieren.

Katie, Byron (2007): *Leben, was ist: Die vier Fragen, die dein Leben verändern können.* München: Ariston.

Kapitel 24

Viktor Frankl (2006) beschreibt in seiner Logotherapie die sogenannte Reiz-Reaktions-Lücke, die die menschliche Freiheit betont, zwischen einem äußeren Reiz und der eigenen Reaktion zu wählen.

Frankl, Viktor E. (2006): *Trotzdem Ja zum Leben sagen: Ein Psychologe erlebt das Konzentrationslager.* 42. Aufl. München: Piper.

Kapitel 25

Die Harvard-Verhandlungsmethode, wie sie von Fisher, Ury und Patton (2011) beschrieben wird, legt den Fokus auf die Interessen der Parteien statt auf ihre Positionen, um zu einer einvernehmlichen Lösung zu gelangen.

Fisher, Roger, Ury, William & Patton, Bruce (2011): *Das Harvard-Konzept: Der Klassiker der Verhandlungsführung.* 9. Aufl. Frankfurt am Main: Campus Verlag.

Die Autorin

Foto: Kitty Fried

Brigitte Dyck ist studierte Wirtschaftspsychologin, Performance Coach, Speakerin, Autorin und Podcasterin – und seit 2006 darauf spezialisiert, Menschen zu Führungspersönlichkeiten zu machen. Führungskräfte buchen sie für Keynotes, Coachings oder Moderationen, weil sie echte Veränderung bewirkt.

Mit klaren, umsetzbaren Impulsen bringt Brigitte ihre Zuhörer und Klienten ins Handeln, schafft Orientierung und hilft ihnen, eine starke innere Haltung zu entwickeln und sich selbst sowie andere wertschätzend zu führen. Sie versteht es, auf der Bühne ebenso wie im Coaching oder Podcast »Leadership Masterclass – von den Besten lernen« zu inspirieren und gleichzeitig nachhaltig zu bewegen.

In ihrer Future Leadership Online Academy finden sich unterschiedlichste Videokurse und Workbooks zum Thema Führung in der Zukunft in der Praxis. Wer mit Brigitte arbeitet, entdeckt neue Perspektiven und lernt, sich und andere klar und wertschätzend zu führen. Sie bringt Menschen in Bewegung, Schritt für Schritt, mit dem Fokus auf Selbstführung als Grundlage für erfolgreiche Führung. Bereit, die Führung zu übernehmen?